本书获得青海师范大学出版基金资助

特此致谢

中国西北地区小城镇发展问题研究

A STUDY ON THE DEVELOPMENT OF
SMALL TOWNS IN NORTHWEST CHINA

许光中｜著

人民出版社

序

    西北地区是中国西部的欠发达地区,土地面积占我国国土总面积的32.36%,人口占全国总人口的7.39%,既是我国主要的少数民族聚居地区之一,也是丝绸之路经济带的覆盖之地,具有极其重要的战略地位。由于其高寒的气候环境、错综复杂的地理环境和脆弱的生态承载力,长期以来城镇化发展步伐相对缓慢,城镇化质量不高。积极探求符合西北地区特色的城镇化发展之路,加快推进新型城镇化的步伐,以新型城镇化引领西北地区特别是西北民族地区经济社会的快速发展,成为西北地区在我国经济进入新常态后实现经济社会可持续发展的重要战略。

    西北地区的小城镇是中国城镇体系的重要组成部分,既是国家推进新型城镇化战略中的重要方面,直接影响国家的城镇化进程、城镇化水平以及城镇体系结构,影响西北地区经济社会的全面发展,也是我们进行民族地区经济社会发展战略研究必须重视的大问题。从研究西北地区经济社会发展战略,推进民族经济加速发展,全面建成小康社会的理论与实践出发,构建西北地区小城镇建设的模式及探寻适宜的路径和小城镇发展战略,对西北地区新型城镇化的推进具有十分重要的理论与现实意义。

    党的十九大报告提出,要以城市群为主体形态,构建大中小城市和小城镇协调发展的城镇格局。这一科学论断,为西北地区的小城镇发展指明了方向。构建协调发展的城镇新格局,就是在对现有的城镇格局进行不断调整和完善的过程中,在充分发挥中心城市辐射带动作用的同时,通过大力扶持中小城市和小城镇的发展,让中小城市和小城镇成为区域经济发展的重要节点,更好地"反哺"农牧区的经济建设,最终形成一个核心城市与周边地区中小城市及小城镇合理分布、互为补充、协调发展的城镇新格局。在这一城镇新格局中,在关注中心城市(城市群)发展的同时,充分发挥为数众多的小城镇在城乡融合发展中的作用,以镇区为核心,带动区域城乡融合发展是中国在县域层面推进新型城镇化进程,完成《乡村振兴战略规划(2018—2022年)》的重要内容。

西北地区地广人稀、生态保护和经济欠发达的现实决定了西北地区城镇化有其自身的特殊性。西北地区的小城镇发展,由于其高寒的气候环境、特殊而复杂的地理环境和脆弱生态环境的制约,无论从物化层面上的人口集中、空间形态和经济社会结构的改变,还是城镇意识、文化、行为方式及生活方式等软件方面的城镇化都严重滞后于中国整体城镇化发展的速度,尚未形成成熟的具有西北地区特色的小城镇发展模式及发展战略。在中国经济进入新常态后,西北地区的小城镇如何适应经济新常态,通过积极推进具有西北地区特色小城镇的建设,寻求适合西北地区小城镇建设的不同路径与发展模式,促进西北地区的发展尤其是推进农牧区的经济社会发展和乡村振兴,成为一个重要的研究课题。为此,探索适合西北地区的小城镇发展问题,研究西北地区小城镇发展与区域经济社会发展的调适关系,不仅有利于西北地区经济社会的发展,也有利于少数民族的全面发展,而且对实现我国经济社会发展总体战略目标、全面构建和谐社会具有重要的现实意义。

许光中教授的专著《中国西北地区小城镇发展问题研究》,是在多年对区域城镇化问题研究的基础上写就的一部专门研究中国西北地区小城镇发展问题的著作。该书以习近平总书记关于新时代中国特色社会主义城镇化问题的一系列重要讲话精神为指导,运用西方经济学的增长极理论、二元经济结构理论、辐射理论、区位理论、点—轴理论等,结合西部地区小城镇的现实状况和发展实践的经验,从多方面论证了西北地区小城镇发展在西北地区经济社会发展中的作用及其发展的路径,提出了一系列具有现实指导意义的、具有一定可操作性的政策建议,对西北地区小城镇的发展具有较高的借鉴价值。

第一,作者对小城镇的概念进行了辨析与界定,明确了小城镇的内涵。在对小城镇的镇区与镇域进行区分的基础上,指出:狭义的小城镇是区别于大中城市和农村牧区村庄的、具有一定规模的、主要由从事非农产业活动的人口所聚居的具有一定城市属性的镇区,是一定区域的政治、经济和社会文化生活的中心。广义的小城镇包括镇区及周边农牧区在内的建制镇所辖的行政区域。小城镇的发展过程本质上是农牧区的产业和人口随着生产方式的转变向镇区的集聚过程,是农牧业文明向以工商业为基础的城市文明的转化过程。同时对小城镇的形成与发展趋势进行了探讨,提出了小城镇的形成是农牧业经济发展效率提高,剩余产品不断增加,人们交易频繁结果的观点。交易场所"市"和"集"的出现与繁荣,使小城镇得以依"市"而生,依"集"而镇,成为农牧区商品交易的中心、区域物资的集散地。遍布农牧区的小城镇成为国家物资流通的重要枢纽,沟通着城乡之间各种要素的交流。随着中国城镇化率进入高位,城镇化的重心由注重城市发展开始转向城乡融合发展,小城镇成为促进乡村振兴、城乡融合发展最有效、最直接的载体,成为未来中国城镇化发展的重要动力。

第二,作者在简略介绍西北地区概况的基础上,对西北地区城镇的特点与城镇化的特殊性进行了阐述,进而对小城镇建设与西北地区发展的关系进行了分析,对小城镇建设在西北地区发展中的独特作用、面临的机遇与挑战进行了研究。指出:西北地区地域辽阔,自然资源丰富,但生态环境恶劣,基础设施建设滞后,经济发展水平落后,特别是城镇化发展程度低,小城镇建设与发展参差不齐,由于小城镇类型的多样性与发展阶段的不同步,处于不同区域的小城镇发展状况和功能差别很大。因此,不同区域的小城镇应准确定位,依托自身的区位、资源和环境等独特优势,积极发展特色产业,推动小城镇三次产业融合发展。以服务新型城镇化和乡村振兴战略为导向,促进就业岗位的增加,以就业集聚小城镇的人口,扩大小城镇的规模。

第三,作者分三个专题以三章的篇幅对小城镇发展与人口问题、小城镇与县域经济发展、旅游业与西北地区小城镇发展问题进行了专门论述。作者根据西北地区的具体情况,通过深入的研究,提出了以下观点:(1)一定的人口规模是小城镇发挥产业积聚、资源集中和促进第三产业发挥作用的基础。同时,小城镇发展还要有一定范围的资源腹地和人口来源,这样的小城镇才有持续发展的支撑力,使小城镇的建设资金和基础设施发挥效力。而西北地区的小城镇大多人口较少,特别是牧业区的小城镇镇区人口普遍只有几千人,大多达不到合理的人口规模,起不到小城镇凝聚资源和区域增长极的作用。其原因除了西北地区总人口太少且呈现高度的非均衡分布以外,主要原因在于自给自足的、低效的农牧业自然经济和人力资本欠缺使农牧民被束缚在土地上。因此,目前西北地区小城镇发展的核心问题首先是要通过推动土地流转发展现代农牧业来解放劳动力,使农牧民能离得开土地,能自由流动;其次要以多种形式提升在教育、医疗和经济发展中所形成的人力资本水平,强化农牧民适应城镇工作生活的资本和能力,让进入小城镇的农牧民有能力留下来成为小城镇的永久居民;而最关键的是要发展特色工商业,提高小城镇的就业、收入水平与生活质量,使其具有更强大的吸引人口向小城镇转移的拉力,有效地吸引人口入住小城镇,壮大人口规模,形成人口规模集聚,为小城镇有效发挥区域增长极作用提供前提条件。(2)县域经济是以县级行政区划为地理空间,以县级政权为调控主体,以市场为导向,优化配置资源,具有地域特色和功能完备的区域经济。小城镇建设作为县域城镇化的主要内容对县域经济发展具有至关重要的作用。西北地区的县域经济从总体上来看,具有县域广大、城镇少、农牧业和民营经济占主导地位、人口总量少等特点。小城镇在县域经济发展中起着主要推动力、城乡互动的重要枢纽、区域城乡融合发展的关键支点、特色产业发展的主要载体和推进县域城镇化的重要作用。县域经济发展中应充分发挥小城镇的功能,以产业为依托,以市场为导向,在充分发挥自身的特色资源和特色产业优势的前提下,吸引各类企业向小城镇集中,凝聚人口,发展成为大中城市经济辐射的接续地带和为农牧区产业与居民生活服务的区域基地。(3)在我国经济发展进入新常态,生态环境面临巨大压力,政府根据《全国主体功能区规划》将西北地区的生态脆弱区划为限制和禁止开发区,在生态脆弱区禁止发展重化工业的要求下,根据西北地区的区情,旅游业作为绿色产业成为西北地区最理想的产业选择。西北旅游业发展的问题主要在于地广人稀,景点景区之间距离遥远,交通不便。在保护生态环境的前提下,在促进旅游业发展中,以旅游业为纽带,以道路交通为轴线,以小城镇为支点,把小城镇打造成西北地区旅游业发展的基地,在进一步促进旅游业与小城镇建设融合发展的过程中,构建旅游业与小城镇的点—轴系统,成为西北地区推进旅游业与新型城镇化"双赢"发展的最佳路径选择。

第四,由于西北地区的大部分国土面积为牧区,作者以两章的篇幅对西北牧区的小城镇发展问题进行了专门的研究。作者认为,西北牧区占西北地区全部土地面积的90%以上,而生活在牧区的人口不足总人口的20%,地广人稀、生态脆弱、地理环境复杂的西北牧区,小城镇对于牧区的群众犹如沙漠中的绿洲,大海中的孤岛,对牧区群众的生产生活有着极为重要的基地作用。但由于牧区商品经济发展能力不足、畜牧经济效率低下和自我发展能力的欠缺,使牧区小城镇的发展缺乏内在动力,依靠牧区小城镇自我发展将是一个非常缓慢的过程,而国家为保护西北地区脆弱生态环境制定的生态保护战略客观上也限制了牧区产业的规模化发展。因此,西北地区牧区小城镇的发展主要取决于外力的推动和投入,国家的投入和政策支持至关重要。在保护好生态的前提下,建立合适的发展机制,立足自身的特色资源发展具有一定品质的特色产业,构建自身内在的发展动力,把牧区小城镇打造成为生态环境好、区位适中、交通便利、基础设施齐全、城镇化水平较高的,既有城市的品质、又有乡村的宁静与亲情的农牧民生活基地,满足农牧民对高品质生活的追求和区域农牧业现代化的服务基地既是未来牧区小城镇发展的一个重要选择,也是牧区小城镇可持续发展的基本路径和首选目标。为了进一步论证观点的合理性,作者专程赴青海省果洛藏族自治州的4个小城镇进行了问卷调研,以问卷统计数据为依据做了进一步的实证研究,佐证了以上观点的正确性,为提升西北牧区小城镇居民的生活质量和小城镇可持续发展提供了理论和现实依据。

第五,作者基于以上各方面的研究和立足于世界城镇化的一般规律与中国城镇化的进程及特点,进一步探讨了中国经济进入新常态后,中国新型城镇化的发展方向及西北地区小城镇发展的战略选择。在对党和政府新时期城镇化政策进行认真研究的基础上,提出西北地区基于区域生态地位和地理环境的特殊性,要以习近平总书记关于新时代中国特色社会主义城镇化问题的一系列重要讲话精神为指导,走生态型新型城镇化之路。在保护好生态环境的前提下,西北地区的小城镇发展,应实施以强化大城市(城市群)综合能力、适度扩大中等城市数量、积极完善小城镇功能,重点抓好两头的发展战略。

总之,作者在本书中在对西北地区的概况及各省区的地理环境、经济、人口、社会、文化的特点简要介绍和对改革开放以来西北地区城镇化的进程、小城镇的发展及其特点作出初步分析的基础上,对小城镇建设与西北地区经济社会发展的关系做了比较深入的分析论证。根据对小城镇建设在西北地区发展中重要作用的认知,对小城镇发展中的人口问题、旅游业问题、县域经济发展问题及牧区小城镇的发展问题做了专题研究,并在实地调研的基础上以青海省海西州乌兰县茶卡镇、黄南州同仁县旅游业发展的成功经验为案例对西北地区小城镇发展旅游业的模式、路径进行了实践经验的总结;以果洛州玛沁县拉加镇、久治县智青松多镇为案例对牧区小城镇的地位、作用、建设路径进行了案例分析。为了进一步说明西北地区在实施生态型新型城镇化发展战略中发展小城镇的重要性,在对果洛州小城镇进行问卷调研的基础上,对西北地区的小城镇建设进行了实证分析,对牧区小城镇建设给予了一个直观的考量。提出了西北地区要走以"抓大扩中完小"为目标的生态型新型城镇化发展战略设想。通过对以上各章研究成果的总结,本书得出的研究结论与政策建议具有较高的学术和实践价值。

城镇化是一个动态的发展过程,在中国新型城镇化推进的过程中,西北地区的小城镇发展面临着诸多问题,也还将出现许多新问题,需要学术界进行深入的研究。愿许光中教授的这本书能起到抛砖引玉的作用,吸引更多的人去关注西北地区城镇化面临的问题,研究西北地区的小城镇发展,为西北地区经济社会的发展尽一点学术人的力量。

顾西联

2020 年 12 月 20 日

目　　录

绪　　论

中国的西北地区是中国西部内陆的一个区域,包括陕西省、甘肃省、青海省、宁夏回族自治区和新疆维吾尔自治区五个省(自治区)。近年来,随着西部大开发战略、"丝绸之路经济带"和"21 世纪海上丝绸之路"(以下简称"一带一路")倡议、《国家新型城镇化规划(2014—2020 年)》和《乡村振兴战略规划(2018—2022 年)》的实施,西北地区的小城镇建设取得了长足的发展,但也面临许多新的问题。进一步探索新常态下西北地区小城镇的发展问题,不仅能从理论上更加深入地认知马克思主义的城乡关系理论,也能对西北地区小城镇发展实践中的诸多问题进行深入研究,提出西北地区小城镇建设的对策和促进其合理发展的政策建议,对西北地区小城镇的发展具有重要的理论意义及现实价值。

第一节　问题的提出及背景

一、问题的提出

党的十九大报告提出,以城市群为主体构建大中小城市和小城镇协调发展的城镇格局。在这一城镇格局中,在关注城市群和中心城市发展的同时,为数众多的小城镇的发展是不容忽视的重要内容。小城镇建设作为城镇化的一个重要内容,随着中国改革开放的不断深入有了巨大的发展,对区域经济社会的发展起到了极大的促进作用。作为深居中国西部内陆的西北地区,在面对国土面积广大、干旱缺水、荒漠广布、风大沙多、生态脆弱、人口稀少、资源丰富、开发难度大、国际边境线漫长、经济欠发达等现实状况下,积极探求西北地区小城镇在西北地区经济社会发展中的特殊作用及发展的路径、模式、动力机制与发展战略,通过积极推进小城镇的进一步发展,促进乡村振兴、城乡融合,实现以镇带村,城乡一体化发展,是当下西北地区推进新型城镇化的一个重要内容。

从城镇化的发展规律来看,当一个区域的城镇化进入高级阶段,进入逆城镇化时,会随着人口和产业从大城市向周边小城镇转移,小城镇会成为城镇化的重要载体,为逆城镇化提供基地,从而为小城镇的发展提供动力和条件。近年来,虽然中国的城镇化进程推进的速度很快,2019年年末的常住人口城镇化率达到了60.60%,户籍人口城镇化率提升到了44.38%[①],但离逆城镇化还有着遥远的距离。西北地区的小城镇发展,由于其弱小的工业化和特殊复杂的地理环境及脆弱生态环境的制约,无论从物化层面上的人口集中、空间形态和社会经济结构的改变,还是人们的城镇意识、文化、行为方式及生活方式等软件方面的城镇化都严重滞后于中国城镇化发展的平均水平,尚未形成成熟的具有西北地区特色的小城镇发展模式及发展战略。从城镇化发展的现实状况来看,西北地区小城镇的发展动力也并非来自逆城镇化,而主要是基于小城镇特殊的地理位置和处于"城"与"乡"两种系统之间、兼具城乡特点的社会结构及产业结构在对推进城乡融合发展重要作用下的政府推动。

在中国经济进入新常态以后,通过适应经济新常态发展的需求,积极推进具有西北地区特色小城镇的建设,寻求适合西北地区小城镇发展的不同路径与发展模式,发挥小城镇在城乡之间重要枢纽的作用,以小城镇为支点,积极促进西北地区城乡融合发展,是西北农村牧区实现经济社会全面发展,进而实现城乡一体化的一个重要路径。

二、问题提出的背景

1978年中国实行改革开放以后,农村实行了家庭联产承包责任制,

---

① 国家统计局:《中华人民共和国2019年国民经济和社会发展统计公报》,《经济日报》2020年2月29日。

农牧业生产得到了快速恢复和发展。但如何改变农村牧区的面貌,是当时我国政府面临的一个重大问题。1979年党的十一届四中全会通过的《中共中央关于加快农业发展若干问题的决定》指出:"我们一定要十分注意加强小城镇的建设","这是加快实现农业现代化,实现四个现代化,逐步缩小城乡差别、工农差别的必由之路。"①当时,我国大多数农村地区,包括一些小城镇,还是很贫穷落后的。1980年10月23日,胡耀邦同志到云南保山县视察,看到保山县板桥公社的小集镇破烂不堪,凄凄凉凉。随后在11月23日各省、自治区、直辖市政治工作座谈会上提出,"现在我们要发展商品经济,小城镇不恢复是不行的。……如果我们国家只有大城市、中等城市,没有小城镇,农村里的政治中心、经济中心、文化中心就没有腿"。1981年6月18日,《人民日报》发表的署名易之的文章《建设小城镇的战略意义》,提出了小城镇在中国现代化进程中的独特作用和有计划地建设小城镇的问题。② 在这种情况下,1983年3月在成都召开的社会学"六五(1981—1985)"规划会上,把"江苏省小城镇研究"列入了国家重点研究课题,由时任中国社会科学院社会学研究所所长的费孝通先生主持。1983年春末夏初,费孝通先生在他的家乡江苏省吴江县(2012年9月1日改制为吴江区,归苏州市管辖)住了一个月,对吴江县十几个小城镇的历史与现状做了调查,于1983年9月21日在南京"江苏省小城镇研究讨论会"上发表了著名的《小城镇　大问题》的讲话。费孝通先生的讲话在社会上引起了巨大反响,成为改革开放以后社会学的经典之作,也引起了时任党和国家领导人的高度关注,党和政府开始对小城镇的建设问题给予了高度重视。1983年12月,胡耀邦同志在视察四川时进一步提出,"发展专业户、小城镇,其意义不亚于责任制,这个前途是无量的,是发展社会主义商品生产、促进农民富裕的一大政策"。③

费孝通先生在发表了《小城镇　大问题》一文之后,在1983—1984

---

① 中共中央文献研究室编:《三中全会以来重要文献选编》(上),人民出版社1982年版,第184—185页。

② 易之:《建设小城镇的战略意义》,《人民日报》1981年6月18日第5版。

③ 转引自李培林:《小城镇依然是大问题》,《甘肃社会科学》2013年第3期。

年又连续发表了《小城镇再探索》《小城镇苏北初探》《小城镇新开拓》等论文,对小城镇发展问题进行了持续深入的研究。在费孝通先生等一大批学者的推动下,小城镇和乡村工业成为学术界的研究热点,同时在实践中也获得了快速的发展,成为中国改革开放后20世纪80年代经济社会成长的最大亮点。小城镇是农牧区政治、经济和文化的区域中心,建设好小城镇成为发展农牧区经济、解决农牧区富余劳动力出路的一个大问题。1995年,国家确定了52个国家新型小城镇进行综合改革试点。1997年国务院批转公安部《小城镇户籍管理制度改革试点方案》和《关于完善农村户籍管理制度意见》的通知。1998年10月,党的十五届三中全会通过的《中共中央关于农业和农村工作若干重大问题的决定》中首次明确指出:"发展小城镇,是带动农村经济和社会发展的一个大战略。"发展小城镇"有利于乡镇企业相对集中,更大规模地转移农业富余劳动力,避免向大中城市盲目流动,有利于提高农民素质,改善生活质量,也有利于扩大内需,推动国民经济更快增长"。① 把小城镇发展定位到了国家战略的高度,明确了发展小城镇在我国城镇化进程中的重大作用。2000年6月,又出台了《中共中央、国务院关于促进小城镇健康发展的若干意见》,根据该文件精神,各地的小城镇建设不再单纯追求数量,而是采取了灵活多样的规划、建设和管理方式,使小城镇的质量、规模得到了进一步的提高。

到20世纪90年代,随着乡镇企业黄金时代的结束,农民工进城成为农村劳动力转移的主渠道,"村村点火、处处冒烟"成为一种对小城镇和乡镇企业发展的诘难,曾一度被誉为"中国特色城镇化道路"的小城镇发展风光不再,小城镇在发展中遇到了很多新问题,小城镇发展战略也受到一些学者的质疑。90年代之后,随着城镇的扩张,尤其是大城市的快速扩张,土地城镇化成为国内生产总值(GDP)和财政快速增长的重要推动力,特大城市和大中城市的地域规模迅速扩大,而且出现了城市越大聚集经济效益越明显的趋势,相比之下小城镇发展则黯然失色,城乡发展差距

---

① 《中共中央关于农业和农村工作若干重大问题的决定》,《人民日报》1998年10月19日。

进一步扩大,小城镇和乡村建设出现了一系列的新问题。

　　进入 21 世纪后,人口向大城市快速集聚带来的"城市病"和"三农"问题日渐突出,为了更好地解决"城市病"和"三农"问题,2005 年、2008 年和 2010 年国家发改委分三批公布了改革试点的小城镇名单,2011 年住房和城乡建设部颁布了关于绿色重点小城镇示范实施意见和绿色低碳重点小城镇建设评价指标。2014 年中央出台了《国家新型城镇化规划(2014—2020 年)》,对中国城镇化发展到新阶段以后的新型城镇化发展进行了总体布局和规划。2016 年《中华人民共和国国民经济和社会发展第十三个五年规划纲要》明确提出"要加快发展中小城市和特色镇"。"因地制宜发展特色鲜明、产城融合、充满魅力的小城镇"。① 2017 年党的十九大报告提出了"以城市群为主体构建大中小城市和小城镇协调发展的城镇格局,加快农业转移人口市民化"②的城镇化发展战略。说明城市群已经成为我国城镇化发展的主体形态,小城镇也已不再是传统意义亦城亦乡的空间载体被隔离在城市系统之外自行独立地发展,而已成为现代化城镇体系的重要组成部分,是新型城镇化进程中非常重要的辅助形态。2018 年 9 月 26 日中共中央、国务院印发的《乡村振兴战略规划(2018—2022 年)》也明确地指出:要"增强城镇地区对乡村的带动能力",要"因地制宜发展特色鲜明、产城融合、充满魅力的特色小镇和小城镇,加强以乡镇政府驻地为中心的农民生活圈建设,以镇带村,以村促镇,推动镇村联动发展"。③ 目前,在我国经济发展进入新常态,在政府大力推进新型城镇化、推进乡村振兴战略和引导农村牧区土地经营权有序流转,发展农牧业适度规模化经营及促进城乡融合发展的新形势下,小城镇发展问题获得了新的战略意义,促进小城镇发展和繁荣重新成为新时期的一项重大课题。

　　① 《中华人民共和国国民经济和社会发展第十三个五年规划纲要》,《人民日报》2016 年3 月 18 日第 11 版。
　　② 习近平:《决胜全面建成小康社会　夺取新时代中国特色社会主义伟大胜利——在中国共产党第十九次全国代表大会上的报告》,《人民日报》2017 年 10 月 28 日第 1 版。
　　③ 中共中央、国务院:《乡村振兴战略规划(2018—2022 年)》,《人民日报》2018 年 9 月27 日第 1 版。

从上述党和政府对小城镇发展的政策演进来看,党和政府对小城镇的发展问题一直是非常重视的,把小城镇的发展放在了非常重要的位置。但由于在相当长一段时期,我国经济发展客观上主要集中在大城市和城市群的发展上,资源配置的重点也集中在大中城市和城市群的建设上,小城镇的建设处在无意中被忽略的地位,小城镇的发展比较缓慢。这主要是因为,大城市优先发展是城镇化发展的一般规律。一个地区在城镇化启动和快速发展阶段,资源和人口向大城市集聚是不以人的意志为转移的客观现实。在城镇化初期,大量的资源和农村牧区人口直接向大城市的集聚使小城镇的发展既缺乏产业的支撑又缺少集聚人口的能力,小城镇的发展自然也缺乏了应有的动力。

从发达国家走过的道路来看,城镇化建设的重点是与城镇化的发展阶段相联系的。在城镇化启动和快速上升的阶段,大城市可以创造出比中小城市和小城镇更多的就业岗位,按照推—拉理论的解释,由于城市创造的各种劳动岗位能提供较农牧业更高的收入,从而吸引着农牧区的劳动力快速向大城市集聚。但是,当城镇化发展到一定程度,大城市因产业结构趋向稳定,所能创造的一般性就业岗位会出现递减趋势,而中小城市和小城镇的发展潜力则开始逐渐显现出来,对一般性劳动力的需求逐步增加,农牧业转移人口开始向中小城市和小城镇集聚。从中国城镇化发展进程来看,截至 2011 年年末,中国常住人口城镇化率达到 51.27%,工作和生活在城镇的人口比重超过了 50% 及中国经济进入新常态,大城市产业结构进入了转型升级阶段,新增的一般性劳动岗位逐步减少,对一般性劳动力的需求减缓和以房价快速上涨为主要因素带来的生活成本上升,使大城市对人口的吸引力在逐步下降,中国的人口流动出现了以县镇为核心,就近就地城镇化的新趋势。而政府大力推进的特色小城镇建设和乡村振兴战略的实施加速了这个趋势的发展,不仅吸引了农村牧区人口向小城镇集聚,也吸引了众多流向大城市的农民工回流和乡村工商业向小城镇集聚,为小城镇的快速发展提供了良好的条件和机遇。

从世界城镇化的发展历程来看,城镇化发展一般有三个阶段:第一个阶段是"城市中心化",大量人口向城市中心集中;第二个阶段是"郊区化"，随着交通和通信技术的发展，城市向郊区辐射，人口向郊区分散；第三个阶段是"逆城市化"，实际上就是城乡一体化。由于城乡交通通信的便捷以及大城市的交通拥挤、空气污染和高房价，城市人口开始向乡镇疏散，多数居住在乡镇的居民不再是从事农牧业生产的农牧民，而是由社会各种阶层从事不同职业的人构成。乡镇由于城市人口和各类企业的到来，商场、酒吧、邮局、学校、诊所、储蓄所、文娱场所等生活设施丰富了起来，乡村社会得以重新构建和获得繁荣。

目前，我国城镇化正处在从第一个阶段"城市中心化"向第二个阶段"郊区化"的过渡时期，所呈现出来的城市和城市群面貌，和以往人们所想象的单核心城市有很大的不同。城市已经和周边的乡镇区域融为一体，若干个大中小城市和小城镇组成的大都市区，以及多个都市区相互交替，形成了城市区域的连绵地带，即城市群落。城市的基本形态已经不是被郊区和农村包围着的枢纽中心，而是由城市和郊区的景观形态、产业集群以及社会体制交互连接而成的整体，形成了一体化发展的态势。为了适应未来逆城镇化的要求，缓解特大城市中心城区压力，就必须强化中小城市的产业功能，增强小城镇公共服务和居住功能。也就是说，要把更多的产业，特别是第二产业，分散到周边的中小城市，而小城镇作为连接大中城市与乡村的桥梁，作为城乡接合部，应当增强公共服务与居住功能，以吸引更多城乡人口到小城镇居住。也就是说，要把小城镇作为转移农村牧区和返乡人口的重要载体。①

回顾小城镇作用的政策预期及其发展实践，纵观改革开放以来我国的小城镇发展，尽管其政策环境不断改善，政府对小城镇发展的作用定位始终聚焦于服务农牧区、农牧业、农牧民。但由于各地小城镇在发展中没有充分考虑到小城镇在城镇化发展不同阶段的不同作用和在城镇体系中的作用，致使小城镇的发展状况并不尽如人意，无论在对小城镇发展自身的服务与支撑作用上，还是在对农牧区人口的吸引与影响作用上，均没有

---

① 许经勇：《高度重视小城镇不可替代的特殊功能》，《吉首大学学报（社会科学版）》2011 年第 4 期。

充分发挥出预期的与国家政策引导相对应的作用。未来我国小城镇的发展政策不仅要关注增强镇区的服务功能和人口及经济的集聚能力,更应关注小城镇在城镇化不同阶段在城乡区域发展中的双向作用,在明确小城镇作用和发展方向的基础上,承接产业转移,优化配置好发展的要素资源,调整经济结构,提高供给质量和效率,更好地通过小城镇建设满足城乡两个市场对各自产品的需求,并培育和发展特色经济,促进小城镇经济社会的可持续发展。

第二节　研究的视角与基础

一、西北地区小城镇发展研究的视角

国外开展小城镇建设,最早可以追溯到 20 世纪初叶。在经历了工业城市的种种弊端,目睹了工业化浪潮对自然的毁坏后,英国著名的规划专家艾比尼泽·霍华德(Ebenezer Howard)于 1898 年提出了"花园城市"的理论,中心思想是使人们能够生活在既有良好的经济社会环境又有美好的自然环境的新型城市之中。英国以霍华德的"花园城市"理论为指导,从 20 世纪初开始推行"花园城市"运动:首先进行总体规划设计,在公有土地上选址施工,人口不超过 3 万人,配备全部的公用服务设施及管理中心,还有永久性绿化带和农业区环绕。20 世纪 20 年代,随着伦敦附近的莱斯奇沃思花园城、韦林花园城和澳大利亚首都堪培拉等一系列花园新村、花园新区、花园城市的规划建设,"花园城市"的理想变成了现实。霍华德"花园城市"的理论对欧美的城市建设产生了重要影响。50 年代,欧洲开始进行低密度的卫星城实验,瑞典在 60 年代提出了发展小城镇工业的方针,美国则在农业区域内发展加工工业,并在 60 年代采取民办公助的办法,兴建了一批隶属于超级城市的统一发展规划之中而不是自成一体的独立城市;国土面积不过 4 万多平方公里的瑞士,同时期则建设了3050 个小城镇,全国有 66% 以上的人口住在小城镇里。

在 20 世纪 70 年代之前,发展中国家在城镇建设上主要偏重于大城

市,搞"增长极核"战略,即把工业等建设快速地在少数大中城市推进,促进它们的增长和经济繁荣,以期来带动附近地区的发展。这种战略实施后,大多出现了两个问题:一是农村牧区及中小城市的人口加速向大城市迁徙,使大城市和特大城市人口急剧增加;二是偏重六城市发展,产生了一种把小城镇和农牧区腹地的劳动力、资金、生产要素和人才等资源汲取到大中城市的"虹吸现象",使小城镇和农牧区非但没有被大城市带动发展起来,反而抑制了小城镇和农牧区的发展,使其发展缓慢,设施落后,对农牧区经济社会发展产生了不利的影响。鉴于上述情况,发展中国家从20世纪70年代初开始,把城镇化战略重点转向小城镇、农村集镇和区域服务中心建设,以谋求整个国家经济和城镇、居民点布局上形成均衡发展。1980年联合国人类居住会议号召"发展一种充分机动的中间性的城镇居住体系来消灭特大城市的吸引力",并建议"发展适当规模的小城镇作为它们农村腹地的社会、经济、文化中心"。

二、西北地区小城镇研究的基础

随着世界各国对小城镇建设的重视,带动了国内外学术界对小城镇问题的研究,产生了二元经济结构理论、梯度转移理论、集聚理论、循环累积因果理论、要素禀赋理论、区域比较优势理论、增长极理论、点—轴理论等相关理论,极大地促进了世界性城镇化问题的研究。

目前,国外对小城镇研究的课题主要集中在以下几个方面:小城镇的分级和规模;小城镇建设道路和方法;小城镇建设的模式与路径;小城镇怎样才能有吸引力;小城镇的开发理论;小城镇建设的动因;小城镇建设效果评价;开发小城镇以限制大城市扩展的政策效果以及投资策略的形成及检验制度等。此外,关于布点问题,如一个区域内先开发哪些点作为新兴小城镇或村镇中心,从中可能获得的最大的经济效益,即选点方法的研究等问题,也是国外小城镇建设方面的重要研究内容。

在国内,中国著名社会学家费孝通先生通过对江苏省吴江县农村小城镇的调查研究,将所看到的和想到的问题归纳成文,于1983年9月发表的《小城镇　大问题》一文,在中国引起了广泛的社会影响,学术界对小城镇的研究也随之兴起,发展小城镇一度成为中国特色的城镇化道路。在小城镇的研究中,费孝通先生(1986)经过广泛的调查和比较提出了小城镇发展模式的概念,并总结出了小城镇发展的"苏南模式""温州模式""珠江三角洲模式";周一星、曹广忠(1997)提出了以邻村换地、集零为整的集地开发方式;魏劲松、许宝健(1999)提出了将乡镇企业和农村产业相结合带动小城镇发展的"襄樊模式";冯健(1998)结合江苏省若干集镇发展和规划的案例,提出了转型期间四种集镇发展模式,即集镇的历史累积效应触发模式、小区域联动效应及配套发展模式、特殊大型项目建设带来的随机效应和区域周期性集市的时空协同机制;陆百甫等(1999)认为,在小城镇规划中,应使城乡一体化的思想有所体现,使乡村城市化、城市田园化、城乡融为一体;冯健、刘庄(1999)提出,以小城镇规划、乡村土地利用规划和各种村庄规划的实施,作为城乡一体化的切入点、突破口和先行军;张小林(1999)提出,苏南乡村小城镇由传统的密集化到均衡化再到等级化的发展过程;林澎(1995)针对苏南的研究,重点讨论了该地域城镇化模式;经济学者徐荣安认为,小城镇经济学是一门区域性的城乡交叉的、综合性的、应用性较强的经济理论科学,其研究对象是小城镇的经济现象、亦城亦乡本质特征及其规律性,并从小城镇的形成与发展、总体战略与决策、功能与结构、工业类型与发展方向、财政信息与资金积累、交通邮电与经济信息、规划与土地使用、经济效益与自然资源开发、人口与人才及城镇化道路、两种文明建设与城乡一体化道路等方面构建了小城镇经济学研究的理论框架。

近年来,涉及西北地区小城镇问题研究的成果主要有:在专著方面,高永久主编的《西北少数民族地区城市化及社区研究》(2005),选取了西北四省区多个城市及乡村作为田野调查的地点,以点代面,以数个具有典型特征的城市及社区的研究辐射整个西北四省区的民族地区,对西北民族地区多形态的城市化战略进行了探讨;李学春的《中国西北民族地区农村城市化道路问题研究》(2009)采用实证的研究方法,从西部大开发的视角对西北民族地区农村城市化问题进行了研究,指出西北民族地区农村城市化是西部大开发的历史必然趋势,发展小城镇是西北民族地区

农村城市化的重点;毛生武的《西北民族省区城镇化模式与制度创新》
(2011)对西北民族地区城镇化模式这一战略问题进行了系统深入的研
究,指出西北民族省区城镇化发展的战略模式,应从其特殊区情出发,走
市场主导型多元城镇化之路,其核心和实质是城镇化必须尊重市场规律;
许光中的《青海推进新型城镇化问题研究》(2017)对青海省的新型城镇
化问题进行了系统的研究,从青海省推进新型城镇化的机遇与优势入手,
系统地分析了城镇化与经济增长的关系。

在论文方面,杨逢珉的论文《大中城市:我国西北城市发展的战略选
择》(1993)探讨了我国西北地区今后城市化发展的形式选择问题,指出西
北地区的城市化发展仍处于集中的城市化阶段,重点发展大中城市,应该
成为西北地区城市化发展的战略选择。孟海宁、张建强的论文《我国西北
小城镇特色研究》(1998)通过对西北地区独特的自然条件和社会环境及其
孕育的传统建筑、城市布局特色的回顾和总结,对合理发展现代西北特色
小城镇的特色做了探讨;葛剑雄的论文《从历史地理看西北城市化之路》
(2005)从历史地理的角度提出,西北地区走好城市化发展道路是保护和改
善西部自然与人文环境的必由之路;陈宇的论文《西部大开发进程中的西
北新型城市化模式探索》(2011),提出西北地区要紧紧把握国家深入实施
西部大开发战略带来的历史性机遇,在充分考虑资源环境承载力的基础
上,积极探索新型城市化发展模式,推动城市化健康发展。陈怀录、贾睿、
唐永伟的论文《新型城镇化理念下西北地区小城镇规划研究》(2013),在
分析新型城镇化的科学内涵、建设要求的基础上,立足于西北地区发展建
设的特征,通过对近年来西北地区小城镇规划的反思,探析了西北地区小
城镇在新型城镇化背景下的规划路径;李凯、苏宁的论文《西北地区中小
城镇发展评价指标体系设计——人口结构均衡的视角》(2014)从人口结
构均衡的视角出发,构建了西北地区中小城镇发展评价指标体系,研究了
人口结构因素对于西北中小城镇发展的影响;刘军的论文《新型城镇化
背景下西北小城镇发展的政策反思——以甘肃省为例》(2015),以西北
地区小城镇发展的政策为研究对象,并以甘肃省小城镇发展为典型案例
进行了研究,在分析甘肃省小城镇发展所取得成就和面临挑战的基础上,

就西北地区小城镇发展的政策进行了反思与重构。此外,尚有一些博士、硕士论文也对西北民族地区的城镇化问题做了一些研究,这些研究为西北地区小城镇的科学发展提供了应有的理论指导和政策建议。

总的来看,虽然学者对西北地区小城镇的发展问题从多方面进行了关注和研究,但其研究从数量和质量上尚有很多不足,需要进行更深入的关注和研究,这些不足和西北地区小城镇发展的客观需要为本书的研究留下了很大的研究空间,使此问题的研究具有了较大的理论和现实价值。尤其是在我国经济发展进入新常态,政府大力推进新型城镇化、引导农村土地经营权有序流转,发展农牧业适度规模化经营和乡村振兴的新形势下,对西北地区新型城镇化发展的研究提出了新的要求。认真研究如何促进西北地区新型城镇化发展中的小城镇问题,对新形势下西北地区经济社会的可持续发展尤其是民族地区的全面发展具有重要的实践及理论意义。鉴于以上的研究基础和条件,本书以西北地区及西北地区小城镇的特点和小城镇发展中如何处理好人口集聚、与县域经济、旅游产业等方面的关系为视角,探讨西北地区小城镇的发展路径、模式及其发展战略,以期为西北地区小城镇的发展提出适合自身发展的理论解释与政策建议。

第三节　研究的价值与意义

一、研究的价值

西北地区是西部的欠发达地区,由于其特殊的地理环境和脆弱的生态承载力,长期以来城镇化发展步伐相对缓慢,探求符合西北地区特色的新型城镇化发展战略,加快推进新型城镇化的步伐,以新型城镇化引领西北地区特别是西北民族地区经济社会的快速发展,成为西北地区在我国经济进入新常态后实现经济社会可持续发展的重要战略。

我国地势西高东低,主要的大江大河源头集中在西北高原地区,特殊的自然禀赋与生态功能,使这些地区承担着国家生态安全保护的重任。西北地区要依据国家的主体功能区定位,加大重点生态功能区的修复与保护,推进增强生态系统服务功能和生态产品生产能力;根据资源环境承载能力、发展潜力,选择合适的新型城镇化发展战略,以新型城镇化为引领,统筹谋划,优化人口、土地与环境等要素配置,控制开发强度,规范开发秩序,形成山清水秀、集约高效、宜居适度的生态空间、生产空间和生活空间,逐步形成人口、经济、资源环境相协调的空间保护与开发格局。

　　基于地广人稀、生态保护和欠发达的现实决定了西北地区新型城镇化推进有其自身的特殊路径和模式。从农牧区经济社会的发展和小城镇在广大农牧区发展中的重要作用来看,小城镇的功能与当下西北地区以传统农牧业为主的农牧区经济社会发展状况是相一致的。小城镇主要是服务于小农经济体系的,是中国传统农牧区的基层核心,是农牧产品的第一级市场——产地交易市场,起到了农牧业生产资料集散地、农牧产品一级批发市场的作用,同时也为传统农牧业生产提供着较为齐全的种子、农药、化肥、农机等的供给,是满足区域农牧业生产的基础市场。

　　站在农牧民的角度来看,小城镇是一种"城市生活的展示",是城市生活离自己最近的地方。这里有医院、学校、超市、农贸市场、批发市场、街边小摊和去往远方的车站。这些存在,为田野中劳作的农牧民提供了现代生活所需的一切,提供了直观地了解现代社会发展的一扇窗口,也为农牧民走出乡村提供了一个支点。因此,西北地区的新型城镇化应注重小城镇建设,走以大城市为引领、中等城市为枢纽、小城镇为基础、城乡融合发展的新型城镇化之路,实现以大中城市辐射带动小城镇、以小城镇服务于广大农牧区,通过形成小城镇发展与农牧区建设相互促进机制,实现区域城乡融合发展,对实现西北地区的全面发展,全面建成小康社会具有重大的实践价值。

二、研究的意义

　　西北地区面积广大,土地面积占我国国土总面积的34.5%,人口约占全国的7%,既是我国主要的少数民族聚居地区之一,也是"丝绸之路"经济带的覆盖之地,具有极其重要的战略地位。为此,探索适合西北地区的小城镇发展问题,研究西北地区小城镇发展与区域经济社会发展的调适关系,不仅有利于西北地区经济社会的发展,有利于少数民族的全面发展,而且对实现我国经济社会发展总体战略目标、全面构建和谐社会具有重要的现实意义。

西北地区小城镇是我国城镇发展体系的重要组成部分,是国家新型城镇化推进战略中的重要方面,直接影响国家的城镇化进程、城镇化水平以及城镇体系结构,影响西北民族地区社会经济的全面发展,也是我们进行民族经济发展战略研究必须重视的大问题。从研究西北地区经济发展战略,推进民族经济加速发展,全面建成小康社会的理论高度出发,构建西北地区小城镇建设的模式及探寻适宜的路径和小城镇发展战略,对西北地区新型城镇化的推进具有重要的理论与现实意义。

第四节　研究的思路与方法

一、研究思路

以中国进入经济新常态为前提,以《全国主体功能区规划》为基础,按照党的十八届三中全会《中共中央关于全面深化改革若干问题的决定》《国家新型城镇化规划(2014—2020年)》和《乡村振兴战略规划(2018—2022年)》的要求,本书的研究思路是:在我国经济发展进入新常态后,以生态保护为主体功能的西北地区,对应如何适应我国经济发展的变化,以生态保护为前提,以新型城镇化为主导,以小城镇建设为基础,对积极促进西北地区经济社会的发展进行理论探讨;着重论述西北地区在我国进入新常态后如何推进新型城镇化及积极推进小城镇发展的重要意义;对西北地区小城镇建设与乡村振兴、县域经济、旅游业发展、人口问题及牧区小城镇发展的路径、模式与统筹城乡融合发展等问题进行深入研究。同时选择部分典型的小城镇进行案例(实证)研究,为借小城镇发展促进城乡融合发展的方式提供可资借鉴的范例。进而在以习近平总书记关于新时代中国特色社会主义城镇化问题的一系列重要讲话精神指导下,提出西北地区要促进小城镇发展必须要在走生态型城镇化道路的前提下,实施以强化大城市(城市群)创新引领功能、扩大中等城市枢纽功能、完善小城镇居住服务功能为基础的城乡融合发展的城镇化战略,即"抓大扩中完小"的西北地区小城镇发展战略。以此来实现以大中城市辐射带动小城镇、以小城镇服务于广大农牧区,通过形成小城镇发展与农牧区建设相互促进机制,实现区域城乡融合发展,进而实现西北地区经济社会全面发展的目标。

二、研究方法

综合运用空间经济学、城市经济学与区域经济学等相关学科理论,探讨具有西北地区特色的新型城镇化道路及小城镇发展的路径、方法等;运用田野调查和类型比较法,选取西北地区小城镇建设的典型案例进行实证(案例)研究,通过对范例的研究探讨西北地区小城镇建设的成功经验、发展规律及可借鉴的模式;运用城镇化与经济发展的相关理论,分析西北地区经济社会的发展与城镇化发展的相关关系,阐明在政府引导农牧区土地经营权有序流转,发展农牧业适度规模经营的前提下,通过大力发展农牧经济发展需求的现代服务业,带动小城镇的发展和县域城镇体系的建设。

三、研究范围与宗旨

(一)研究范围

西北地区,是中国七大地理分区之一。行政区划上的西北地区包括陕西省、甘肃省、青海省、宁夏回族自治区、新疆维吾尔自治区五个省(自治区),简称"西北五省"。自然区划上的西北地区指大兴安岭以西,昆仑山—阿尔金山、祁连山以北的广大地区。

西北地区深居内陆,距海遥远,再加上周边高山高原峡谷地形对湿润气流的阻挡,只有西北地区的东南部为温带季风气候,其他区域为温带大陆性气候,冬季严寒而干燥,夏季高温,降水稀少,自东向西递减。由于气候干旱,气温的日较差和年较差都很大,荒漠广布,人口密度小。周边与俄罗斯、蒙古国、哈萨克斯坦等国相邻,接壤国家众多,国际边境线漫长。西北地区是中国少数民族主要聚居地区之一,少数民族人口约占西北地区总人口的1/3,主要有藏族、蒙古族、回族、维吾尔族、哈萨克族等。

表 0-1　西北五省（自治区）行政区划简表

陕西省	甘肃省	青海省	宁夏回族自治区	新疆维吾尔自治区
西安市	兰州市	西宁市	银川市	乌鲁木齐市
铜川市	嘉峪关市	海东市	石嘴山市	克拉玛依市
宝鸡市	金昌市	海北藏族自治州	吴忠市	吐鲁番市
咸阳市	白银市	黄南藏族自治州	固原市	哈密市
渭南市	天水市	海南藏族自治州	中卫市	昌吉回族自治州
延安市	武威市	果洛藏族自治州		博尔塔拉蒙古自治州
汉中市	张掖市	玉树藏族自治州		巴音郭楞蒙古族自治州
榆林市	平凉市	海西蒙古族藏族自治州		阿克苏地区
安康市	酒泉市			克孜勒苏柯尔克孜自治州
商洛市	庆阳市			喀什地区
	定西市			和田地区
	陇南市			伊犁哈萨克自治州
	临夏回族自治州			塔城地区
	甘南藏族自治州			阿勒泰地区
				石河子市（自治区辖市）
				阿拉尔市（自治区辖市）
				图木舒克市（自治区辖市）
				五家渠市（自治区辖市）

　　本书研究的范围以西北五省（自治区）的行政区划为准，以区划内国家正式设置的建制镇为研究对象。

（二）研究宗旨

　　本书以西北地区小城镇在西北区域发展中的独特作用为研究内容，以我国经济发展进入新常态、政府大力推进新型城镇化和积极引导农村土地经营权有序流转、发展农牧业适度规模化经营的新形势为条件，以"丝绸之路"经济带建设和乡村振兴战略规划的实施为机遇，探讨西北地区如何借助这些新条件和机遇,通过推动小城镇发展来完善县域城镇化布局与优化小城镇的空间结构,构建具有西北地区特色的新型城镇化战略格局。以通过小城镇建设带动县域特色产业、农牧业适度规模化经营来促进包括旅游业在内的县域经济发展,进而以强化县域经济来实现城乡融合发展,全面促进西北地区经济社会的进步为研究宗旨。

第五节　研究的主要内容与逻辑结构

一、研究的主要内容

除绪论外,本书研究的内容主要包括以下六个部分:第一部分为第一章小城镇概述。本章在简要介绍城市化与城镇化概念的异同,区分镇区与镇域关系的基础上明确了小城镇的概念与内涵并对小城镇的形成、演进及发展趋势进行了一般性的阐述。第二部分为第二章西北地区概况及城镇化进程、第三章小城镇建设与西北地区的发展。这一部分首先在对西北地区的地理环境、经济、文化、城镇、人口与社会等方面进行一般性概述的基础上,为进一步说明西北五省(自治区)之间的差异性,对西北五省(自治区)又分省(自治区)从各方面分别做了突出各自特点的介绍。在对西北地区及各省区的特点进行大致介绍的基础上,对西北地区的城市与小城镇、城镇化的进程、特点和现状做了评述。然后探讨了西北地区小城镇发展的条件、空间效应、有限生态承载力下小城镇的生态效应。其次就小城镇建设在西北地区发展中的独特作用、面临的机遇与挑战进行了研究。第三部分包括第四章小城镇发展与人口问题、第五章小城镇与县域经济发展、第六章西北旅游业与小城镇。这部分从小城镇发展与人口问题、小城镇与县域经济发展、西北旅游业与小城镇发展等方面分专题研究了西北地区小城镇发展中的人口问题、产业选择及县域小城镇的发展问题。第四部分为第七章西北牧区与小城镇发展、第八章西北牧区小城镇建设的实证研究。这部分在对西北牧区小城镇整体发展状况研究的基础上,以青海省果洛州4个小城镇建设的问卷数据为依据对西北牧区小城镇发展进行了实证分析,提出了西北牧区小城镇发展的路径与对策。第五部分是第九章西北地区推进小城镇发展的战略选择。对西北地区在我国经济进入新常态,政府大力推进新型城镇化、引导农村土地经营权有序流转,发展农牧业适度规模化经营的新形势下,探讨了如何在遵从《全国主体功能区规划》的要求下,西北地区推进小城镇发展的战略选择。提出了西北地区新型城镇化应走生态型城镇化之路,促进小城镇发展要实施"抓大扩中完小"的城镇化战略,强调了完善小城镇功能是西北地区小城镇发展和带动镇域城乡融合发展的基础条件。第六部分是第十章结论与展望部分,在对全书进行总结的基础上得出了西北地区小城镇发展的结论并提出了政策建议及其发展愿景。

二、逻辑结构

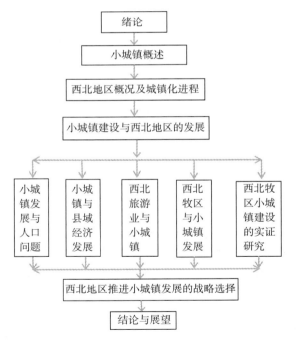

图 0-1 本书研究结构

第一章　小城镇概述

概念的变化反映着人们对问题认识的深度和广度的变化,通过辨析对概念进行准确的理解和界定既是分析问题的基础也是研究问题的前提。从城市化到城镇化概念的变化既反映了中国政府对城市化问题认知的进一步中国化,也反映了学术界对城市化研究的更加深入。对镇域与镇区及特色小镇关系的辨析,进一步明确了小城镇的内涵与外延,对小城镇的研究更具有针对性,避免了使用中的不确定性,立足于镇区对小城镇的研究更符合城镇化的本意。正确了解小城镇的形成可以更好地理解小城镇现状的合理性,可以更准确地把握小城镇发展的趋势并顺应趋势促进小城镇的发展。

第一节　概念辨析与界定

一、城市化与城镇化

"城市化"和"城镇化"在英文中都是一个词(Urbanization),其词尾 ization 由 iz(e)+ation 组成,表示某个行为的过程,意味"……化"。因此,"城市化"一词作为一种城乡经济社会关系变化的特征和趋势,强调的是人类社会由乡村形态随着生产方式的变化向城市形态的转变过程。

中国城市与区域规划学界和地理学界于 1982 年在南京召开的"中国城镇化道路问题学术讨论会"上,明确指出城市化与城镇化为同义语。2001 年公布的《中华人民共和国国民经济和社会发展第十个五年计划纲要》中首次提出:"要不失时机地实施城镇化战略。"学术界针对中国城市化的实际状况,为突出小城镇在中国城市化初中期进程中的作用,并与国家公布的正式文件的提法相一致,建议以"城镇化"取代"城市化"为统一用词,避免出现不必要的混淆。

城市化或城镇化,不同的学科从不同的角度对之有不同的解释。从一般意义上来说,城市化或城镇化,都是指随着一个国家或地区社会生产力的发展、科学技术的进步以及生产方式和产业结构的调整,其社会形态由以农牧业为主的传统乡村型社会向以工业(第二产业)和服务业(第三产业)等非农产业为主的现代城市型社会逐渐转变的历史过程。包括人口从农村牧区向城镇的空间转移、职业和身份的转换、生产方式和产业结构的转变、土地功能及地域空间的改变。由于多种因素的制约,世界各国的城市化道路及发展程度有较大的差异性。基于中国经济社会发展的特殊性,中国的城市化进程也呈现出自身的特殊性,"城市化"一词转换为城镇化就是这种特殊性的典型反映。

本书的研究认为,"城镇化"一词作为当下中国政府追求城乡融合发展语境下,强调中国城市化发展的一种导向性政策用语的体现,旨在在中国城市化的初中级阶段,面对庞大的想进城的农牧民的需求,以减轻大城市因人口增加过快带来的交通拥挤、资源紧缺、城市居民生活质量下降等"城市病"的困扰和促进城乡融合发展为目标,注重小城镇作用,强化小城镇建设,引导农牧民进入小城镇就地非农化、城市化并带动乡村发展的一种城镇化策略,与城市化并无本质区别。本书的研究侧重于从城乡融合发展的角度来理解"城镇化"一词,强调小城镇与乡村的天然联系及其发展的关联性,说明小城镇在城乡融合发展中的重要作用。

二、镇域与镇区

费孝通先生在 20 世纪 80 年代通过对江苏省吴江县十来个小城镇的历史与现状做了一个月的调查后,提出小城镇是"新型的正从乡村性社区变成多种产业并存的、向着现代化城市转变中的过渡性社区,它基本上已经脱离了乡村社区的性质,但还没有完成城市化"。"是比农村社区高一层次的实体的存在,这种社会实体是以一批并不从事农业生产劳动的人口为主体组成的社区。无论从地域、人口、经济、环境等因素看,它们都既具有与农村社区相异的特点,又都与周围的农村保持着不能缺少的联系。我们把这样的社会实体用一个普通的名字加以概括,称之为'小城镇'"。① 费孝通先生是把小城镇作为一个与周边农村牧区有着千丝万缕联系的社会实体来看待的。因此,在费孝通先生看来,小城镇应该是一个点,是以镇政府所在地为核心的城镇建成区,而不是镇政府管辖下的一个域。这是符合《中华人民共和国宪法》的相关规定,也是小城镇大战略的本意所在。

根据《中华人民共和国宪法》的规定,中华人民共和国的行政区域:全国分为省、自治区、直辖市;省、自治区分为州、自治州、县、自治县、市;县、自治县分为乡、民族乡、镇。宪法规定得很清楚,"镇"是同"省、市、县、乡"一样的国家行政区域划分中的一级行政建制。作为"县"以下层次的一级行政建制,其对应的行政管辖范围一般是面积达几十甚至几百平方公里的,包括大量农牧业用地和以农牧业人口居住为主的包括村庄在内的"镇域"。根据宪法的界定,现在通常所称的"镇"与传统意义上通俗说法"到镇上赶集"的"镇"已经不是一回事了,现在的"镇"已是国家的一级行政建制。根据《中华人民共和国城市规划法》第三条"本法所称城市,是指国家按行政建制设立的直辖市、市、镇"②的规定,镇属于城市范畴。

与行政建制"镇"有关的区域有"镇域"与"镇区"两部分。"镇域"是指镇的行政区划,包括农村牧区在内的镇政府管辖的所有区域。相对行政建制"镇"行政管辖的几十甚至几百平方公里"面状"的"镇域"而言,镇人民政府及其相关行政管理职能机构所在地的、非农业人口和非农产业活动相对集中的、面积一般不足一平方公里或至多几到十几平方公里的、可以相对视为是"点状"形态的区域,即为行政建制"镇"的"镇区"。"镇区"是"镇域"的很小一部分区域,但却是"镇域"中相对最具有城镇

---

① 费孝通:《小城镇 大问题》,《瞭望周刊》1984年第1期。
② 全国人大常委会编:《中华人民共和国城市规划法》,法律出版社2019年版,第2页。

形态的一部分,这一部分是小城镇的实体形态。"镇"(镇域)与"镇区"是两个有着本质区别的区域,两者分属于行政建制与城镇地理两个完全不同的系列(见表1-1、表1-2)。

表1-1　镇域与镇区差别比较

比较项目	镇(镇域)	镇区
概念	行政建制概念	地理概念、聚落概念、城镇社区概念
内涵	一级行政建制地域,行政区划名称	按形态、景观特征区分,实体地域、景观地域,居民点类型名称
范围	地域范围相对较大,有明确的行政区界线,界线相对稳定	地域范围相对较小,行政界线模糊不确定,建成区界线处于动态变化中
形成历史	由人为设置、圈定,历史较短	多为自然形成,历史相对悠久
形态	是"域""面","镇域"包含"镇区",大部分为农牧业、农村用地	相对而言是"点",是"镇域"的一部分,仅指城镇实体(建成区)
功能与设置	主要为农牧业生产活动场所,镇域中的大部分村庄以农牧业人口居住为主	主要为第二、第三产业活动场所,多为政府所在地,有基本市政设施与公共设施,以非农牧业人口居住和活动为主
审批与管理	归民政部门审批与管理	归建设部门审批与管理

注:行政建制"省"含"自治区、直辖市";行政建制"市"分"设区市(即地级以上市)"与"不设区市(即县级市)"两类,由于许多地方撤县设市,市区面积大为扩张,包含了大量农业地区与农业人口,因此从严格意义上讲,只有"市区"中的"城区"才是真正意义上的"城市";行政建制"镇"与行政建制"乡"行政等级相同,但分属两种管理体制,即"镇"属城镇管理体制,"乡"属农村管理体制;行政建制"乡"的政府驻地有时也称"镇区";狭义的"城镇"概念仅包括城市与建制镇,广义的"城镇"概念可以包括乡集镇。

表1-2　行政建制划分与其行政管辖范围和人民政府驻地的对应关系

行政制划分及其称谓	对应的行政管辖范围及称谓	对应的政府驻地及称谓	其他统称
省	省域	省会城市	省会城市和城区统称城市
市	市域	城区	城市和建制镇统称城镇
县	县域	城关镇	城关镇和行政建制镇统称建制镇
镇	镇域	镇区	城关镇和行政建制镇的镇区统称镇区(建成区)

续表

行政制划分及其称谓	对应的行政管辖范围及称谓	对应的政府驻地及称谓	其他统称
乡	乡域	镇区、集镇	行政建制乡的镇区、集镇可称为非建制镇

明确"镇域"与"镇区"的区别、明确行政建制的"镇"并不是"城镇"、树立小城镇属于居民点、城镇社区范畴的意识，是我们正确理解与认识小城镇概念的关键所在。通常所讲建设小城镇、发挥小城镇的中心作用和使小城镇成为集聚人口与企业的"蓄水池"等，其实都专指的是"镇"的"镇区"部分，而并不是指"镇域"。这是因为，如果把行政建制的"镇"（镇域）与"城镇"（镇区）混淆起来，把发挥小城镇的中心作用理解为发挥"镇"（镇域）的作用，那么已完成"撤乡设镇"任务、按国家规定县以下的行政建制均已设"镇"的地区，则其全地区都成了中心，都是中心也就没有了中心，这在道理上是讲不通的。再者，如果能起集聚人口和企业作用的"蓄水池"也指"镇域"的话，那么，本来就散布在"镇域"即"蓄水池"中的农村富余劳动力和企业，也就无须再靠吸纳和引导去促进他们集聚。《中共中央关于农业和农村工作若干重大问题的决定》指出，"发展小城镇，是带动农村经济和社会发展的一个大战略，有利于乡镇企业相对集中，更大规模地转移农业富余劳动力，避免向大中城市盲目流动，有利于改善生活质量，也有利于扩大内需，推动国民经济更快增长。"[①]如果小城镇指的是"镇域"，那也就无所谓什么"集中""转移"。可见，"镇区"与"镇域"，一个是"城"，另一个是"乡"，如果"城""乡"不分、城乡为一体，那么也就不需要再提"城乡统筹""乡村振兴""城乡融合发展"了。很明显，国家"小城镇大战略"中所指的小城镇绝不是行政建制"镇"的"镇域"，而是"镇区"。

现代意义上的"镇"已成为在以"镇区"为中心的地区设置的一种行

---

① 《中共中央关于农业和农村工作若干重大问题的决定》，《人民日报》1998 年 10 月 19日第 1 版。

政区域单位,在"镇区"以外还包括大范围的农牧业用地和大量以农牧业人口居住为主的村庄。从组织功能的角度来看,小城镇有自己的乡镇教育、乡镇文化、乡镇工业和乡镇人居环境,其主要功能是服务农牧业生产,是农牧产品的初步加工、集散和交换的中心,同时也为镇域内的各类工商企业、农牧场、文化旅游等提供服务,发展的目标或成为小城市或融入城市群。① 本书的研究把以"点"的形式存在于广大农牧区,无论从生活方式还是生产方式看,都具有城市与乡村双重特点的我国小城镇,当作一个非常复杂的特殊城镇社区形态来看待的。它既包括作为县域经济政治文化中心的城关镇和建制镇,也包括乡政府所在地的非建制镇,以及作为农村商品流通场所的农村集镇。

三、镇(乡)村关系及镇政府的职能

(一)镇(乡)村关系

建制镇在中国是县和县级市以下的行政区划单位,一般辖有若干个居委会和若干个村委会,是农牧业、工商业都有的,属于城市型行政区,是城市体系的最末一级。而行政村是依据《村民委员会组织法》设立的、由村民委员会进行村民自治的中国农村基层群众性自治单位。我国《村民委员会组织法》规定:"乡、民族乡、镇的人民政府对村民委员会的工作给予指导、支持和帮助,但不得干预依法属于村民自治范围的事项。村民委员会协助乡、民族乡、镇的人民政府开展工作。"村委会是基层群众性自治组织,既不是国家基层政权组织,也不是一级政府,更不是政府的派出机关。两者不是上下级行政隶属关系,是指导与协助的关系,具有平等性。

(二)镇政府的职能

镇政府"上联国家、下接乡村社会"的独特纽带地位和作为国家最基层的政权机关及最基本的独立行政单元的地位,决定了它的职能主要是面向农牧区,搞好农牧区工作。一般的建制镇政府具有以下职能:一是社会管理职能。执行国家意志,贯彻执行上级的各项方针政策,对乡村社会

---

① 晏群:《小城镇概念辨析》,《规划师》2010 年第 8 期。

进行管理,维护社会稳定,保障村民享有宪法规定的经济、政治和文化权利。二是发展经济职能。包括:(1)组织制定本乡镇产业发展规划,指导产业结构调整,形成地域产业特色;(2)组织营造良好的投资环境,包括政策环境、硬件环境、社会环境,加大招商引资力度;(3)通过推动和引导农村经济合作组织的发展,指导农村生产,提高农村生产组织化程度;(4)加强信息服务,密切本地农产品的市场衔接,促进农业新技术的推广。三是公共服务职能。包括:普及义务教育,计划生育,积极发展农村卫生事业,繁荣农村文化,建立农村社会保障制度,加强社会公德建设,加强农民思想道德教育,倡导健康文明新风尚,组织好农村公共产品的供应等。四是基层组织建设职能。(1)抓好乡镇党委、村党支部领导班子和党组织建设;(2)抓好村委会班子建设,依法指导和帮助组织好乡村基层组织和社区自治,为落实公民在选举、决策、管理和监督等方面的民主权利创造条件;(3)抓好农村村民的思想建设,加强农村牧区思想政治工作和社会主义精神文明建设,倡导乡村社会文明新风。

四、小城镇的概念界定与内涵

(一)小城镇的概念

基于以上的探讨,本书认为狭义的小城镇是区别于大中城市和农村牧区村庄的、具有一定规模的、主要由从事非农产业活动的人口所聚居的具有一定城市属性的镇区,是一定区域的政治、经济和社会文化生活的中心,是具有城乡二元属性的一种特殊城市社区。广义的小城镇是指包括镇区及周边农牧区在内的建制镇所辖的行政区域。

(二)小城镇的内涵

尽管小城镇在我国已成为一个通用名词,频繁地出现在政府的各种文件中,但对小城镇的内涵界定还不是很规范。从小城镇的众多概念来看,其内涵主要包括以下几个方面:(1)区位条件比较好,有一定的公共服务设施,教育、医疗、文化、交通、通信事业有一定的基础,一般地处交通要道,是乡镇政府的所在地;(2)第二、第三产业比较集中,有一定的产业规模,是农村牧区工商业的聚集地;(3)镇区居民非农人口占比较大,一般设有一定规模的农贸市场,是周边农牧区的物资集散地,商贸、服务业比较繁荣;(4)居民中农牧业户籍人口的比重比较高,居民生活具有比较明显的城乡二元特点,兼业现象比较普遍;(5)镇政府的治理面向城乡两个方面,其治理内容和方式既有城市的特征又具备农村牧区的特点。

(三)小城镇与特色小镇

2014年10月时任浙江省省长的李强在参观云栖小镇时提出:"让杭州多一个美丽的特色小镇,天上多飘几朵创新'彩云'。"这是"特色小镇"概念在中国的首次出现。2015年9月,时任中办主任、国家发改委副主任刘鹤深入浙江调研特色小镇建设情况。在调研中刘鹤表示,浙江特色小镇建设是在经济发展新常态下发展模式的一种有益探索,符合经济规律,注重形成满足市场需求的比较优势和供给能力,是"敢为人先、特别能创业"精神的又一次体现。2015年12月底,习近平总书记在中央财办《浙江特色小镇调研报告》上作出重要批示,强调"抓特色小镇、小城镇建设大有可为,对经济转型升级、新型城镇化建设,都大有重要意义。浙江着眼供给侧培育小镇经济的思路,对做好新常态下的经济工作也有启发"。① 2016年10月11日,住建部印发了《住房城乡建设部关于公布第一批中国特色小镇名单的通知》,公布了第一批127个国家级特色小镇名单。2017年8月22日,住建部印发了《住房城乡建设部关于公布第二批全国特色小镇名单的通知》,公布了第二批276个国家级特色小镇名单,特色小镇在中国得到了快速发展。

从住建部的相关文件中可以看出,中国的特色小镇是"非镇非区",既不是行政区划单元上的一个镇,也不是产业园区的一个区,而是适应逆城镇化的规律,按照创新、协调、绿色、开放、共享发展理念,聚焦当地信息经济、环保、健康、旅游、时尚、金融、高端装备七大新兴产业,融合产业、文化、旅游、社区功能,在小城镇的镇区或集镇的基础上,利用其特色资源发展起来的一种新型的高科技产业发展平台,类似于欧美发达国家依托一

---

① 转引自成岳冲:《发掘优秀文化资源 创建现代特色小镇》,《行政管理改革》2017年第12期。

个或多个高科技、金融、高教等新兴高端产业或企业总部发展起来的专业小镇。如美国的格林尼治小镇就是因为集中了五百多家对冲基金,成为世界著名的对冲基金小镇;而法国的戛纳小镇以"戛纳电影节"而闻名全球,成为以电影节为招牌的著名的旅游胜地;集聚了 Google、Intuit、微软、NASA 研究所等高科技公司总部的美国山景城小镇因这些大公司云集于此而成为著名的也是最富裕的科技小镇。因而,特色小镇并非一般意义上的小城镇,也不是一级行政机构,而是政府为高科技企业发展提供的一个平台或专业社区。

第二节　小城镇的形成与发展趋势

一、小城镇的形成与演进

(一)小城镇的形成

学术界一般认为,小城镇的产生是生产力发展的结果。早在原始社会末期,随着人们工具的使用和不断改进,劳动生产率不断得以提高,劳动产品的剩余导致了交换的频繁,经常进行贸易的"集"或"市"成为小城镇的最早萌芽。从历史文献来看,我国大致在东晋之后,随着农牧业生产力水平的提高,大量自耕农得以出现。大量自耕农的出现,不仅使剩余农牧业产品、手工业产品增多,而且自耕农可以自主交换,交换的频繁使广大乡村中的交换场所——集市得以大量产生。集市的大量出现,意味着乡村范围内专门从事商品交换的专门市场趋向成熟。集市在活跃了乡村经济、满足农民生活需要的同时,也促进了乡村商品经济的发展,为手工业的专门化起到了积极的推进作用,使资本主义的萌芽在明末得以在中国产生。手工业的专门化和贸易的发展,使集市向集镇转化,集镇成为具有一定人口规模、能进行独立商品生产交换的小城镇。随着集镇功能的强化,以集镇为中心、以周边乡村为腹地的经济小区域的逐步形成,使集镇成为城乡资源流通的主要枢纽。

（二）小城镇的演进

作为一个农业大国，中国的集镇一直依附于农牧业，基本上是一种自然经济的形态，赶集成为农村经济社会活动的一个重要组成部分，至今在很多地方仍然是人们生活的重要内容。

作为现代行政区划意义上的建制镇的出现，则是到了20世纪初的清末。1909年，清政府颁布的《城镇乡地方自治章程》第一次提出了城乡分治，规定了划分城镇乡的标准：府厅州县所在地的城厢为城，城厢以外的集市地，人口满5万的为镇，不满5万的为乡。"中华民国"成立后，1928年9月南京国民政府颁布了我国历史上的第一个《县组织法》，经1929年6月修订的《县组织法》中，将镇作为行政区划建制首次列入法律，"百户以上的街市为镇"。

1949年新中国成立时，民国政府时期设立的镇有两千多个。随着土地改革后农村经济的迅速恢复和发展，快速地推动了小城镇的复兴，小城镇进入了历史上的兴盛时期，到1953年，建制镇发展到了5402个。1955年6月9日，国务院颁布了《国务院关于设置市、镇建制的决定》。该决定第二条规定：镇，是属于县、自治县领导的行政单位。县级或者县级以上地方国家机关所在地，可以设置镇的建制。不是县级或者县级以上地方国家机关所在地，必须是聚居人口在2000人以上，有相当数量的从事工商业生产的居民，并确有必要时方可设置镇的建制。少数民族地区如有相当数量的工商业居民，聚居人口虽不及2000人，确有必要时，亦得设置镇的建制。镇以下不再设乡。① 1956年以后随着国家对城镇私营工商业进行社会主义改造，推行公私合营，取消个体商贩和手工业者，小商小贩、个体手工业分别进入集体合作商店和手工业合作社，加之1958年后在农村推行人民公社，实行"政社合一"的行政体制，商品自由贸易被统购统销所取代，城乡商品流通仅限于国营、集体经营的供销合作社，支撑小城镇发展的商品自由贸易几乎消失，除了政府行政机关所在地的小城

① 《国务院关于设置市、镇建制的决定》，1955年6月9日国务院全体会议第十一次会议通过。

镇外，一般小城镇的发展受到了严重制约。1963年12月7日中共中央、国务院下达了《关于调整市政建制、缩小城市郊区的指示》，根据该指示的规定，进行了撤区并乡，城市减少到169个，建制镇减少到2817个。改革开放以后，随着社会主义市场经济体制的建立和联产承包责任制实施后农牧业经济和工商业的恢复，城乡商品贸易得以快速恢复和发展，使过去长期处于萎缩状态的传统市镇很快焕发了活力。

随着农村经济的快速发展和城市国有企业改革的深入，1984年国家相继发布了关于调整建制镇的标准和允许农民进镇落户的决定。新的建制镇规定大大拓宽了镇的定义，为小城镇数量的增加提供了运律依据。而允许农民进镇落户的政策使大批农民进入小城镇经商务工和居住，冲破了小城镇原来只是农副产品贸易集市的性质，促使小城镇从乡村性质的社区转变为多种产业共同发展的新型城镇社区。

小城镇的蓬勃兴起，与改革开放后农村乡镇企业的崛起有很大的关联性。在改革开放的大背景下，从20世纪80年代中期开始到21世纪初期，我国各地政府部门本着加速资源开发、扩大产业模式、提高经济总量的目的，凭借当地可支配资源，动用行政手段大力创办起了乡镇企业。乡镇企业的兴起不但有力地提高了国民经济的总量增长、改善了农村劳动力产业结构、就业结构和国内工业的分布结构，在我国传统的二元经济结构中发挥了一种介于计划体制和市场体制间特殊的资源配置作用，还为吸纳大量农业剩余劳动力作出了巨大贡献。随着国有企业改制的深入发展和中国加入世界贸易组织，大城市的集聚能力和规模效益使国有企业与"三资企业"成为市场的主力，乡镇企业的优势不复存在，劳动力向东部沿海地区大规模转移，小城镇的发展趋缓。90年代中后期政府推进乡镇合并，中国小城镇的数量开始缓慢下降，小城镇的发展从绝对数量的增加转向规模增长和质量提升上，尤其是镇区质量建设成为小城镇发展的主要内容。

二、小城镇的范围与类型

（一）小城镇的范围

关于小城镇涵盖范围的界定，学界主要有以下六种观点：（1）小城镇=小城市+建制镇+集镇;(2)小城镇=小城市+建制镇;(3)小城镇=建制镇=镇域;(4)小城镇=建制镇+集镇;(5)小城镇=县城(县政府所在地的建制镇)+其他建制镇和有一定规模的集镇+大中城市郊区的卫星城镇;(6)小城镇=镇区。

从这些小城镇范围的界定来看,小城镇包括小城市,从属于县的县城所在地城关镇、县城以外的建制镇和尚未设镇建制但相对发达的农牧区集镇。根据《中华人民共和国城市规划法》的法定含义,我国狭义上的小城镇是指人口少于20万的小城市(县级市)和建制镇,包括县城所在地的城关镇,是农村牧区一定区域内政治、经济、文化和社会生活服务的中心。

因西北地区经济不发达,人口少,居住分散,集聚度低,地域广大集镇比较少且不稳定,而小城市规模普遍比较小,所以本书的研究把小城镇的范围界定在县城所在地的城关镇+建制镇,把城关镇和一般建制镇的镇区作为研究的主要对象,以便使本研究更具有针对性和典型性。

(二)小城镇的主要类型

从中国小城镇的形成、发展及其结构、功能等因素综合起来考察,小城镇可分为两大基本类型:一类是区域性中心城镇,如州、地、县所在地的城关镇和农村牧区的建制镇。一般特点是:(1)以农牧业为基础,以支持农牧业发展的第二、第三产业为经济支柱,以周围区域的农牧业生产和居民为主要服务对象;(2)社会结构比较均衡,社会功能比较齐全,具有较大的综合性;(3)宏观分布比较均匀,纵向联系比较紧密,有明显的等级性和隶属关系;(4)发展资金主要来自内部的积累,发展过程具有较大的渐进性和稳定性。另一类是功能性专业小城镇,如卫星城、工矿镇、交通镇、旅游镇、军事镇等。一般特点是:(1)以大城市和特殊的自然资源或地理环境为主要依托,以非农产业为主要支柱;(2)骨干产业非常突出,社会结构不太均衡,社会功能不够齐全;(3)宏观分布不平衡,辐射范围十分广泛,跨地域的横向联系比较发达,但与周围区域联系不太密切;(4)建设初期主要依赖外部大量投入,发展速度和规模主要取决于国家的宏观布局,发展过程具有较大的跳跃性。从城镇化发展的趋势来看,随着科学技术的进步和社会生产力的发展,区域性中心城镇将随着高端产业和高科技企业的入驻,逐渐向专业化方向发展,而功能性专业城镇将随着资源的变化和产业多样化,逐渐向综合性方向发展。

三、小城镇发展现状与趋势

(一)小城镇发展现状

1.小城镇的数量与人口

从 1978 年到 2019 年年底,我国建制镇的数量从 2176 个发展到21013 个,其中西北五省(自治区)为 2527 个。镇区面积、人口、产业和公共服务设施有了质的飞跃。目前,我国农村小城镇大约集中了 2.75 亿的常住人口,分别占全国总人口和农村总人口的 22% 和 32%。① 由于区域差异较大,我国小城镇的人口差异也很大,最大的镇区人口超过 40 万人,最小的仅一百多人。绝大部分小城镇人口规模偏小,镇区常住人口不足1 万人的建制镇占 72%,2 万人以下的约占 90%,3 万人以上的仅占5%。② 从整体上来看,是数量增长快,人口集聚度偏低,镇区规模偏小,公共服务设施不足,居民生活质量偏低。

2.小城镇的经济状况

支撑多数小城镇的经济形式仍然是传统商业。小城镇的镇区是农牧区物资集散和交易的中心,是镇域的商贸、工业、公共服务、文教、医疗、娱乐等各类活动的中心,是初级产品的消费市场,镇区居民的日常消费基本上都在镇区内解决。镇区是县城以下区域的核心,掌握着县域以下的商业贸易。以小卖部和传统集市为主要载体的小城镇商业,对域乡商品交换起着重要的集散作用。商铺和农贸市场以售卖生活必需品和提供日常服务为主,主要以满足镇区居民和周边农牧民的日常生活需求为主。农牧民 80% 的日常购物通过镇区的商铺和农贸市场解决。从全国范围来

---

① 国家统计局编:《中国统计年鉴 2020》,中国统计出版社 2020 年版,第 3 页。
② 赵晖等:《说清小城镇》,中国建筑工业出版社 2017 年版,第 7 页。

看,由于镇区工商业的繁荣,镇区居民在收入上一般比周边农牧民要高出60%以上。

3. 小城镇的产业结构

小城镇的经济发展水平虽然区域差异很大,但从产业结构来看,大多以初级产业为主,围绕服务"三农"形成的第二、第三产业,主要为当地居民和周边农牧民提供初级工业品和日常生产生活服务。除了商贸业之外,镇区是初级农牧产品加工业的主要原料集散地,也是初级工业品的主要制造地。这种初级产业结构为周边农牧民提供了较多的就业岗位,去镇上赚钱,回村里居住,成为一些小城镇周边农牧民的生活选择。

4. 小城镇的基础设施

近年来,随着国家新型城镇化的推进和特色小城镇的建设,镇区建设加速:商品房、自来水、污水处理设施、通信交通设施等在大部分镇区得以建设和完善;教育、医疗等公共服务水平不断提高,餐饮、商贸等服务业质量不断提升;镇区的环境保护也不断强化,使小城镇的生活质量在不断提升,吸引了很多周边农牧民进入镇区居住、生活,对集聚镇区人口起到了积极的推动作用,镇区对镇域整体发展的带动能力显著增强。

5. 小城镇的居民生活

据全国小城镇详细调查与研究委员会对全国 121 个小城镇的深度调查,我国镇区常住居民 70%为农业户籍,21%的居民在乡村从事农业生产,13%的居民在农村有宅基地和老房子,20%的居民有三代以内近亲在农村居住。[1] 小城镇居民的生活方式与生产方式城乡混杂,农村气息浓厚,城市生活特征不显著,兼业现象普遍,具有明显的城乡二元属性,处在从乡村文明向城市文明的过渡阶段。

(二)小城镇的发展趋势

小城镇的形成是农牧业经济发展效率提高,出现剩余产品,交易频繁的结果。交易场所"市"和"集"的出现与繁荣,使小城镇得以依"市"而生,依"集"而镇,成为农牧区商品交易的中心、区域物资的集散地。遍布

---

① 赵晖等:《说清小城镇》,中国建筑工业出版社 2017 年版,第 16 页。

农牧区的小城镇成为国家物资流通的重要枢纽,沟通着城乡之间的各种要素的交流。

从小城镇的发展来看,随着城镇化率的不断提高,已完成工业化和城镇化、进入逆城镇化的欧美发达国家,小城镇摆脱了农牧业时代的土气与简陋,华丽转身成为城镇化的主要载体和高端形态。专业小城镇的不断涌现,成为新兴高科技的成长之地。小城镇优良的人居环境成为社会高端人士追求高品质生活的重要选择。发达国家小城镇发展的图景,为中国目前推进的城乡融合发展提供了良好的愿景,科技与生活的结合,必将为小城镇的发展带来美好的未来。

从中国小城镇的发展来看,随着中国城镇化率进入高位,城镇化的重心由注重城市发展开始转向城乡融合发展,小城镇成为促进城乡融合发展最有效、最直接的载体,成为未来中国城镇化发展的重要动力。从近年来的发展来看,随着交通设施的完善、现代通信技术的发展、互联网经济的兴起、电商微商的发展,小城镇经济正在从半封闭循环状态走向更加开放的运营模式。小城镇依靠农牧区提供的新、鲜、特农副产品的优势,通过电商微商和现代物流业,开拓了广阔的市场。良好的交通设施、现代通信技术的发展和互联网经济的兴起为高新技术企业进驻小城镇发展专业小镇提供了条件,为我国高新科技产业发展提供了新的选择。

第二章 西北地区概况及城镇化进程

　　西北地区无论是人文资源还是自然资源都非常丰富,且越来越表现为与现代人的生活方式有着巨大的适配空间,再加上互联网和大交通的基本赋能,使这些地区的资源面临前所未有的价值重估。进入 21 世纪以来,西北地区成为国家战略支持政策投放最为密集的地区,从西部大开发到新型城镇化规划、从"一带一路"引领下的全面发展到乡村振兴战略规划,从对口支援、精准扶贫、美丽乡村建设、特色小城镇建设、推动民族地区发展到生态文明建设等,为西北地区的发展提供了良好的政策环境。认真审视西北地区的资源价值,审视西北地区在全国乃至在世界的价值,对推进西北地区新型城镇化的发展,对小城镇的建设有着非常重要的现实意义。

第一节　西北地区概况

一、西北地区概况

(一)西北地区的地理环境

　　西北地区地处亚欧大陆腹地,作为中国的内陆地区,地理环境总体上呈现以下特征。

　　1. 地形

　　地形以高原、盆地和山地为主,地势起伏较大。主要有青藏高原、内蒙古高原、黄土高原、塔里木盆地、准噶尔盆地、河套平原、宁夏平原、鄂尔多斯高原和大面积的温带沙漠等。甘肃省的河西走廊、新疆维吾尔自治区的阿尔泰山、准噶尔盆地、天山、塔里木盆地、昆仑山、阿尔金山和吐鲁番盆地、塔里木河、塔克拉玛干沙漠等山脉、沙漠和盆地相间。其中,青藏高原上海拔很高的高大山脉,是许多大江大河的发源地及水源涵养地,特别是青海省的三江源地区,是长江、黄河、澜沧江的发源地,对亚洲乃至世界的气候影响很大。

2. 气候

西北地处欧亚大陆腹地,大部分地区属于干旱半干旱气候,植被覆盖率低,水资源匮乏,境内沙漠戈壁广布,土地荒漠化、盐渍化问题严重,可利用土地较少。西北地区地处内陆,地形封闭,气温冷热变化剧烈,年降水量表现出由东向西逐渐减少的态势,整体上气候干旱少雨,气温年日温差大,属于典型的温带大陆性气候,冬冷夏热,降水稀少。总的来说,干旱是西北地区自然环境的主要特征。干旱缺水、土地沙漠化(荒漠化)、草原退化、生物多样性减少等问题的日益严重,使西北地区的宁夏回族自治区、青海省、甘肃省成为全国生态最脆弱的三个省(自治区)。

3. 水文

西北地区属于干旱、半干旱地区,多数市县生态环境较差,突出的整体性表现就是干旱。虽然黄河、长江、澜沧江等大江、大河发源于西北的青藏高原,但西北地区整体上河流较少,径流量小,以内流河为主,汛期主要在夏季,冬季有冰期甚至断流,地表水比较缺乏,普遍缺水。新疆维吾尔自治区的东部和南部降水甚少,吐鲁番盆地西部的托克逊年降水量仅5.9毫米,是全国降水最少的地方。新疆维吾尔自治区西北部因受西风气流的影响,降水略多一些。由于海拔较高和云量较少,西北地区成为太阳辐射高值区。西北地区地广人稀,森林覆盖率和植被覆盖率相当低,进一步加剧了这一地区的水土流失、土地沙化和荒漠化。根据中国林业数据库、各省市统计公报、统计年鉴、环保厅、林业厅的数据,2018年西北五省、自治区的森林覆盖率陕西省43.06%、宁夏回族自治区14%、甘肃省13.77%、青海省7.26%、新疆维吾尔自治区4.87%。

4. 生物

西北地区地面植被由东向西为草原、荒漠草原、荒漠、石质戈壁、沙丘。有少量围绕内流河、内陆湖形成的绿洲。受人类活动的影响,自然植被有逐渐减少的趋势。以贺兰山为界,以东主要以温带草原植被为主,以西主要以温带荒漠为主。植被覆盖率低,从东到西变化明显,东南部森林植被较好,向西北方向逐步演变为高寒草甸草原、高寒荒漠。

5. 土地

地表面以草原和荒漠为主,土壤发育差,比较贫瘠。人类活动集中于有灌溉水源的高山山麓地带和河谷地带;农业多为沿河谷发展的灌溉农业、绿洲农业和畜牧业。

(二)西北地区的经济

改革开放以来,西北地区的工业化有了较快的发展,能源工业发展取得了较好的成绩,交通线沿河谷或山麓地带延伸,铁路、航空运输和高速公路铁路发展较快,西北地区经济社会取得了长足发展,经济实力明显增强,人民生活水平显著提高,绝大部分农村牧区人口解决了温饱问题,正在逐步地向小康社会迈进。但从全国经济高速增长的宏观背景来看,虽然改革开放以来,特别是 2000 年国家实施的西部大开发战略,使西北地区经济得到了较快发展,减缓了与东中部地区发展差距拉大的速度,但西北地区经济增长速度相对缓慢,与全国其他地区,尤其是东南沿海地区的差距仍在快速拉大。根据国家统计局 2020 年 3 月公布的 31 个省份 2019年年末居民人均可支配收入来看,西北五省(自治区)居民人均可支配收入均低于全国 30732.8 元的平均水平。陕西省居民人均可支配收入24666.3 元,位列第 19 名,宁夏回族自治区居民人均可支配收入 24411.9元,位列第 21 名,新疆维吾尔自治区居民人均可支配收入 23103.4 元,位列第 26 名,青海省居民人均可支配收入 22617.7 元,位列第 27 名,甘肃省居民人均可支配收入 19139.0 元,位列第 31 名。[1] 西北地区整体上属于经济基础薄弱、经济不发达、交通基础设施比较落后的地区。

从矿产资源来看。西北地区矿产资源的潜在价值估算达 33.7 万亿元,煤、石油、稀土、铁、镍、黄金、盐、宝石等储量很大。其中,煤炭保有储

---

① 国家统计局编:《中国统计年鉴 2020》,中国统计出版社 2020 年版,第 180 页。

量达 3009 亿吨,占全国总量的 30% 左右,主要分布在陕西省、新疆维吾尔自治区和宁夏回族自治区;石油储量为 5.1 亿吨,占全中国陆上总储油量的近 23%,新疆维吾尔自治区是中国 21 世纪的后备石油基地;天然气储量为 4354 亿立方米,占全国陆上总储气量的 58%,其中,陕北地区的天然气储量居全国前列;甘肃省的镍储量占到全国总镍储量的 62%,铂储量占全国总量的 57%;中国钾盐储量的 97% 集中在青海省。

从灌溉农业来看。西北地区气候干旱,缺少灌溉水源,大部分地区农业发展水平很低。在部分水资源比较丰富地区形成的绿洲农业是西北地区农业发展的一大特点。绿洲农业是指在荒漠地区依靠地表水、地下水或泉水进行灌溉的农业。在天山山麓、河套平原、河西走廊、宁夏平原、塔里木盆地和准噶尔盆地的边缘、河西走廊、新疆高山山麓及河流两岸,分布着较多的绿洲,这些绿洲农业生产的农产品具有特有的西北特色。

从畜牧业来看。青海省、甘肃省和新疆维吾尔自治区是全国最重要的畜牧业基地。青海省和甘肃省是我国第四、第五大牧区,草场面积分别为 10.8 亿亩和 6.8 亿亩。可利用的草场青海省为 5 亿亩,甘肃省为 1.3 亿亩。两省牲畜存栏数都在 2000 万头以上。其中,青海省有牦牛近 500 万头,占全国牦牛总数的 40%,奶的乳脂率比一般奶牛高 1 倍多,是我国牦牛头数最多、质量最好的省份。新疆维吾尔自治区属于山地牧场,是我国第二大牧区,草原面积 12 亿亩,其中可利用的 7.5 亿亩,占全国可利用草场面积的 26.8%。最高饲养量为 3590 多万头,草场类型多样,牧草种类繁多,品质优良,给多种畜类发展提供了有利条件。专门从事畜牧的劳动力占农业劳动力的 11.5%,年产值达 6.9 亿元(不包括畜产品和畜产品加工),约占农业总产值的 20%。主要的畜牧名种有:细毛羊、羔皮羊、阿勒泰大尾羊、和田羊、伊犁马、骆驼等。

(三)西北地区的人口与社会

西北地区国土面积为 310.65 万平方公里,占全国总面积的 32.36%,2019 年年底常住人口为 10349 万人,约占全国总人口的 7.39%。西北地区是中国少数民族主要聚居地区之一,少数民族人口约占西北地区总人口的 1/3,主要有藏族、蒙古族、回族、维吾尔族、哈萨克族等。面积广大、人口稀少、民族众多、多民族混居是西北地区社会的基本特征。

（四）西北地区的文化

西北地区的文化比较特殊。一是以汉族为代表的旱作农业文化与以藏族、蒙古族、哈萨克族为代表的游牧文化及以维吾尔族为代表的河西走廊的绿洲文化同生共存，在交流和融合中促进了各民族文化的发展。二是对外交流多于中原和东部地区，形成了汉、胡文化的多元融合。三是通过西北地区的丝绸之路向中原地区引进、传播欧洲、中亚等地区的文化，丰富了中原文化。四是西北地区农业区和牧业区、半农半牧区交错并存，在多民族和睦共处、融合发展中形成了独具特色的少数民族及其特色文化。如青海省的土族、撒拉族，甘肃省的东乡族、保安族和裕固族等。五是独特地域下形成的粗犷、豪放的特色西北文化。如延安腰鼓、藏族锅庄、汉族的社火、青海省和甘肃省的河湟花儿等，构成了西北地区丰富多彩的区域文化。

（五）西北地区的城镇

改革开放以来，西北地区城镇发展总体上有了很大提高，到 2019 年年末，地县级城市的数量增加到 76 个，城关镇 246 个，建制镇达到 2527 个，城镇人口增加了十几倍，人口的城镇化水平达到 55.03%（见表 2-1）。

表 2-1　2019 年年末西北地区建制市与小城镇人口规模

省区	人口总数（万）	城镇化率（%）	地县级市（个）	县城（个）	县辖镇（个）
陕西	3876	59.43	16	71	975
甘肃	2647	48.49	17	64	892
宁夏	695	59.86	7	11	103
新疆	2523	51.87	30	67	413
青海	608	55.52	6	33	144
总计	10349	55.03	76	246	2527

资料来源：国家统计局编：《中国统计年鉴 2020》，中国统计出版社 2020 年版，第 3、34、35 页。

受水资源的制约，西北地区的城镇格局与水资源密切相关。由于地貌结构复杂，高山、高原、沙漠、戈壁阻隔，人类聚落多依山傍水，相对集中在平原、河谷、盆地和条件较好的高原地区，因此导致西北地区居民点和城市相对集中于区位条件相对优越的河湟谷地、关中平原、河套平原、河西走廊及绿洲区，城镇空间分布不均衡。由于人口和城镇多分布于盆地边缘和河流两岸，所以西北地区的人口和城镇多呈带状或点状分布，沿着大江大河形成了银川—包头—呼和浩特黄河沿岸城市带、西宁—兰州—西安沿河沿岸城市带、武威—张掖—酒泉河西走廊城市带和以乌鲁木齐为中心的天山北麓城市带、新疆南部沿塔里木盆地边缘绿洲分布的城市环带为特征的"四带一环"城市基本格局。另外，约有1/4的城镇是依托矿产资源的开发利用而发展起来的工矿业城镇，这些城镇所处的地理位置通常也是生态环境和水资源条件相对较好的地区。

西北地区的城镇化发展与东中部地区相比，存在较大差距，主要表现为以下几个方面。

1. 城镇化率较低，城镇密度小，聚集与辐射力弱

2019年年末，全国的常住人口城镇化率为60.60%，而西北五省（自治区）的城镇化率为55.03%，比全国低5.57个百分点，是我国城镇化水平较低的区域之一。城市密度是全国的21.43%和东部的6.47%，建制镇密度只有东部的3.38%和全国的10.81%。在西北五省区中，青海省是城市总量最少的省份，数量仅占全国的0.45%。[①] 城市的辐射能力受到限制，城镇的聚集、带动作用没有得到有效发挥，在一定程度上影响了区域经济的发展。

2. 城镇体系结构不合理，中小城市短缺现象明显

占国土面积32.58%的西北五省（自治区），城市总数只占全国的6.14%，其中特大城市占5%、大城市占1.9%、中等城市占5.1%、小城市占7.7%、建制镇占3.28%。从表2-1的数据来看，宁夏回族自治区没有特大城市和大城市，青海省没有特大城市，甘肃省也是大城市短缺，并且普遍缺少作为区域经济中心的中等规模城市，小城市和建制镇短缺现象也比较突出。总的来看，西北五省（自治区）城镇体系的等级结构、职能

① 国家统计局编：《中国统计年鉴2020》，中国统计出版社2020年版，第3、35页。

结构不合理,体系内不同等级城镇间的传导机制、扩散机制难以到位,产业的扩散、承接条件尚不成熟,制度性的障碍影响着各类要素的流动与集聚。城镇体系结构不合理,大城市"一枝独秀",中小城市发展不足,小城镇功能单一,缺乏与农村牧区的有机互动。这种不合理的城镇体系结构制约着大城市作为区域增长极向周边中小城市的辐射扩散作用,也影响中小城市向小城镇和农村牧区辐射扩散等功能的发挥。

3. 省会城市社会经济的首位度突出

城市首位度是一个区域最大城市与第二位城市人口的比值,作为衡量城市规模分布状况的一种常用指标,在一定程度上代表了城市体系中城市人口在最大城市的集中程度。西北地区地域辽阔,自然环境差,人口密度小且分布不均,距离全国经济重心较远,造成省会城市一家独大,城市首位度明显高于其他地区,"虹吸效应"明显。由于产业与人口过分集中于省会城市,抑制了中小城市的发展,形成了中小城市数量少、规模小,小城镇功能单一的城镇发展格局。例如,从城镇户籍人口的比例来看,青海省的省会城市西宁市户籍人口 170.98 万,第二大城市海东市的户籍人口为 56.91 万,其首位度为 3,比正常值 2 明显偏高。由于缺乏其他各级规模的城镇作纽带、桥梁与大城市相配合,既削弱了大城市的辐射力,也堵塞了周边地区对大城市的向心力,使大城市对区域经济的发展带动作用受限。

4. 城镇化进程明显滞后

西北地区城镇化发展滞后集中反映在产业结构和质量两个方面:从产业结构占比上看,在 21 个地级城市中,第二产业比例超过 50%的只有12 个,第三产业比例超过 50%的只有呼和浩特、西宁和乌鲁木齐 3 个省会城市。而克拉玛依、金昌、嘉峪关、延安等典型的工矿城市,第三产业比例只有 20%左右。与全国平均水平相比,非农产业增加值占 GDP 的比例低 4.24 个百分点,非农业人口占总人口的比例低 2.5 个百分点。从质量上看,西北城市各项基础设施的平均水平均低于全国平均水平;城市居民的可支配收入只有全国平均水平的 82%;农牧区居民的收入更低;各级各类教育的水平也不同程度地低于全国平均水平,文盲率比全国平均高出3个百分点。

5.市场发育不良,行政效率不高

市场经济发展滞后,营商环境欠佳,政府效率不高,市场发育不良,本地市场规模本来就偏小,很多地方还存在严重的地方保护主义思想,让外来资本和品牌进入困难。劳动力综合素质的不足和人才的缺乏也使当地的传统产业难以转型升级,更无力通过技术创新促进本地新兴产业的发展。

6.城镇建设千城一面,城市形象基本趋同

城镇主题文化是一个城市的特有标志,它使这个城市具有不同于其他城镇的底蕴和气质,是一个城镇展示其个性与品质的重要符号。综观世界名牌城镇,无一不具有鲜明的城镇主题文化特征,如建筑之都罗马、音乐之都维也纳、雕塑之都佛罗伦萨。这些城镇给人最重要的印象,首先体现在城镇的主题文化上,其次才体现在城镇的经济、建筑和景观上。小城镇建设中的历史文化传承不足,城市主题文化不突出带来的千城一面,使城镇形象缺乏个性。

7.城镇化滞后于工业化,工业化倒逼城镇化

现代西北地区的工业化主要得益于20世纪六七十年代国家实施的"三线"建设和2000年实施的西部大开发战略。由于国防战备的需要,六七十年代国家向西北地区转移了大量军工企业、重工业,带动了当地工业的发展,在一定程度上缩小了与东部地区的差距。2000年国家实施西部大开发战略后,加大了对西北地区的支持力度,使西北地区工业化发展驶入了"快车道"。这种整体化外嵌型的工业化虽然促进了西北地区的工业发展,但大部分为国防工业、重工业,门类比较单一,结构简单,没有形成完整的工业体系。在主要以矿产资源、化工、军工、机械等资本、技术密集型企业为主导的西部大开发中,西北地区扮演着能源、资源输出地的角色,轻工业、服务业处于发展劣势,在经济部门中没有发挥应有功能。由于未能有效地与当地的城镇化相结合,对当地小城镇建设和农牧区劳动力人口的转移影响不大,对带动当地城镇化的发展影响有限,相比于工业化的发展,城镇化的速度滞后于工业化。

8.城市群发展不足

在22个国家级城市群中西北地区虽然有兰西城市群、关中城市群、乌昌石城市群、宁夏沿黄城市群位列其中,但无论从城市数量还是人口总量、经济规模及对区域的影响力,这些城市群都属于初级阶段,需要长时间的建设与发展。

二、西北五省(自治区)的省域差异及特点

西北地区从大区角度来看,各省(自治区)有其共同点,但从各省(自治区)的省域来看,西北五省(自治区)内部的差异性也很大,各自具有明显的不同特征。

(一)陕西省

陕西省简称"陕",是西北地区经济的桥头堡、重要依托和物资流通的集散地;是西北地区对外开放的窗口,吸纳扩散生产要素的中心;国家高新技术产业、技术装备工业、国防科技工业和军转民、现代农业等技术创新的基地;东西方文化的交流中心、重要的国际旅游城市;发展高等教育、专业技术教育和培养、开发人才、智力资源的基地。

省会城市西安市在西北地区经济中,处于第一阶梯和"桥头堡"的战略地位。其区域位置和中心城市的聚集、辐射功能,在全国尤其是西部地区经济发展中发挥着重要的作用。主要体现在四个方面:一是西安市地处我国两大经济区域的结合部,是西北地区最大的中心城市,具有承东启西、贯通南北的区位优势,已形成的交通、通信网络中心功能,在西部大开发中发挥着重要枢纽作用。二是综合科技优势位居全国大城市前列,是我国重要的高等教育、科研、国防科技工业、高新技术产业基地。三是西安市是一个闻名于世的历史文化名城和国际旅游热点城市,文化遗产丰富,旅游资源具有密度大、保存好、级别高的特点,是了解中国古代社会的天然历史博物馆。四是"丝绸之路"经济带的起点,对"丝绸之路"经济带的建设起着重要的引领作用。

1.地理环境

陕西省位于中国的内陆腹地,全省总面积20.58万平方公里,横跨黄

河和长江两大流域中部,周边与山西省、河南省、湖北省、四川省、甘肃省、宁夏回族自治区、内蒙古自治区、重庆市8个省、直辖市、自治区接壤,是国内邻接省(自治区)数量最多的省份,具有承东启西、连接西部的区位之便,是连接中国东、中部地区和西北、西南的重要枢纽,是由中原进入西北地区的桥头堡。陕西省地势的总特点是南北高、中部低。同时,地势由西向东倾斜的特点也很明显。北山和秦岭把陕西省分为三大自然区域:北部是陕北高原,中部是关中平原,南部是秦巴山区。

2. 人口与民族

陕西省2019年年末常住人口为3876万人,城镇常住人口为2304万人,城镇化率为59.43%。除汉族外,有42个少数民族在全省杂居、散居。根据全国第五次人口普查数据,汉民族占99.51%,少数民族占0.49%。陕西省的少数民族多为其他地区迁入。少数民族中,回族人口最多,占少数民族人口的89.1%。此外,千人以上的少数民族有满族、蒙古族、壮族、藏族,百人以上的有朝鲜族、苗族、侗族、土家族、白族、锡伯族,其他少数民族的人口均在百人以下。

3. 经济

根据陕西省统计局2020年1月公布的数据,陕西省2019年年末生产总值为25793.17亿元,同比2018年增量为1851.29亿元,实际增长速度为6.0%。其中,第一产业增加值1990.93亿元,增长4.4%;第二产业增加值11980.75亿元,增长5.7%;第三产业增加值11821.49亿元,增长6.5%。城镇居民人均可支配收入36098元,农村居民人均可支配收入12326元。[①]

表2-2 2019年陕西省各市生产总值及增长情况

排名	城市	2018年GDP (亿元)	2019年GDP (亿元)	增量 (亿元)	名义增速 (%)
	陕西省	23941.88	25793.17	1851.29	7.73

---

① 陕西省统计局编:《陕西统计年鉴2020》,中国统计出版社2020年版,第18、20、49、76页。

续表

排名	城市	2018 年 GDP（亿元）	2019 年 GDP（亿元）	增量（亿元）	名义增速（%）
1	西安	8499.41	9321.19	821.78	9.67
2	榆林	3818.28	4136.28	318	0.33
3	咸阳	2135.45	2195.33	5988	2.80
4	宝鸡	2110.94	2223.81	112.87	5.35
5	渭南	1724.33	1828.47	104.14	6.04
6	延安	1555.33	1663.89	108.56	6.98
7	汉中	1429.47	1547.59	118.12	8.26
8	安康	1065.17	1182.06	116.89	10.97
9	商洛	775.33	837.21	61.88	7.98
10	铜川	331.92	354.72	22.8	6.87
11	杨陵	154.03	166.77	12.74	8.27

资料来源:陕西省统计局编:《陕西统计年鉴 2020》,中国统计出版社 2020 年版,第 50、59—62 页。

表 2-3 2019 年陕西省各市人均 GDP 情况

排名	城市	2019 年 GDP（亿元）	2019 年常住人口（万人）	2019 年人均 GDP（元）	人均排名
	陕西省	25793.17	3876	66649	
1	西安	9321.9	1020.35	91353	2
2	榆林	4136.28	342.42	12080	1
3	咸阳	2195.33	435.62	50396	6
4	宝鸡	2223.81	376.01	59142	5
5	渭南	1828.47	527.81	34643	11
6	延安	1663.89	225.57	73764	4
7	汉中	1547.59	343.70	45027	8
8	安康	1182.06	267.49	44191	9
9	商洛	837.21	237.91	35190	10
10	铜川	354.72	78.01	45471	7
11	杨陵	166.77	21.23	78554	3

资料来源:陕西省统计局编:《陕西统计年鉴 2020》,中国统计出版社 2020 年版,第 20、50、59—62、79 页。

4. 文化

陕西省是中华民族的发祥地之一,周、秦、汉、唐等十三个朝代都在这里建都,又是革命圣地延安的所在地,悠久的历史、深厚的文化底蕴和独特的地理位置,使陕西省成为全国非物质文化遗产的重要代表地区,典籍、文化遗存丰富。在陕西省这块黄土地上,由于地理环境、气候、经济等多方面因素的影响,孕育了许多瑰丽独特的民俗文化,形成了独特的秦楚文化。发源于陕西省的秦腔是中国汉族最古老的戏剧之一,起于西周,源于西府,形成于秦,精进于汉,昌明于唐,完整于元,成熟于明,广播于清,几经演变,蔚为大观,堪称中国戏曲的鼻祖。秦腔又称"乱弹",流行于中国西北的陕西省、甘肃省、青海省、宁夏回族自治区、新疆维吾尔自治区等地。陕西民歌根据地域特征和艺术特点分为陕北民歌、陕南民歌和关中民歌。陕北民歌种类繁多,当地俗称"山曲"或"酸曲",有信天游、小调、劳动号子、榆林小曲、陕北套曲等 20 多个曲种,其中信天游最富有特色、流传最广。陕南民歌内容丰富,形式多样,紫阳民歌是陕南民歌中最具代表性的曲种,代表性曲目有《郎在对门唱山歌》《南山竹子》等。关中民歌有船工号子、打夯号子、搬运号子等曲种和各种小调。腰鼓是陕北各地广泛流传的一种民间鼓舞形式,尤以延安地区安塞县,榆林地区的横山、米脂、榆林等地最为盛行,是陕西省民间舞蹈具有较大影响的舞种之一。2006 年入选第一批国家级非物质文化遗产名录的"安塞腰鼓"是陕北腰鼓中最具有代表性的一种,多在重大节日庆祝、庆典、庙会中演出。"社火"是陕西省民间一种广泛的、传统的、规模壮观的群众娱乐活动,来源于古代先民对土地与火的崇拜。陕西省"社火"通常在正月、节日盛会或庙会演出,包括鼓乐、芯子、高跷、竹马、旱船、秧歌、舞龙、舞狮、花灯等。关中是陕西省"社火"活动最活跃的地区,宝鸡市更是被誉为"中国社火之乡"。陕西省皮影戏起源于汉代以前,发源地在华县,鼎盛于唐代,又称"影戏""影子戏",流传于民间,保留着民间说书的历史痕迹,是近代陕西省诸种戏曲的前身。陕西省民间刺绣广泛流行于农村,内容有翎毛花卉、动物和人物等,风格淳朴,色彩鲜丽,构图充实,具有鲜明的地方特色。陕西省民间刺绣有记载的历史可以追溯到周秦时代,《诗经》中就有对豳风刺绣的记载。陕西省民间刺绣与农村婚嫁和节日等乡俗紧密相连,所以绣品随着传统的习俗世代流传,迄今不衰。常见的品种有枕顶、耳枕、袜底、鞋垫、鞋头、信插、钱包、针包、裹肚、荷包和香包等。面花俗称"花花馍",自古盛行于北方民间,形式丰富多彩,品类繁多,属面塑艺术,尤以合阳、华县面花为佳。种类有婚礼、丧礼、寿礼、节日花馍。面花起源于汉族民间祭祀活动,源于汉代,成于唐代,盛于宋代,到了明代之后,面花就广泛流行于民间。清末,北京还出现了专门制作面人的艺人。

5. 城镇

陕西省辖有副省级城市西安市和宝鸡市、咸阳市、铜川市、渭南市、延安市、榆林市、汉中市、安康市、商洛市9个地级市,兴平市、韩城市、华阴市、神木市、彬州市5个县级市,其中西安、宝鸡两市城市人口过百万。陕西省现共有21个乡,975个镇(见表2-4)。

表2-4　陕西省的市、县、镇

城市	市辖区、县、重点镇	备注
西安市	莲湖区、新城区、碑林区、雁塔区、灞桥区、未央区、阎良区、临潼区(骊山街道)、长安区(韦曲街道)、高陵区(鹿苑镇)、蓝田县(蓝关镇)、户县(甘亭镇)、周至县(二曲镇)	辖9个市辖区、4个县。市人民政府驻莲湖区
铜川市	耀州区、王益区、印台区(城关街道)、宜君县(城关镇)	辖3个市辖区、1个县。市人民政府驻耀州区正阳路
宝鸡市	渭滨区、金台区、陈仓区(虢镇)、岐山县(凤鸣镇)、凤翔县(城关镇)、陇县(城关镇)、太白县(嘴头镇)、麟游县(九成宫镇)、扶风县(城关镇)、千阳县(城关镇)、眉县(首善镇)、凤县(双石铺镇)	辖3个市辖区、9个县。市人民政府驻渭滨区
咸阳市	秦都区、渭城区、杨陵区、兴平市、礼泉县(城关镇)、泾阳县(泾干镇)、永寿县(监军镇)、三原县(城关镇)、彬县(城关镇)、旬邑县(城关镇)、长武县(昭仁镇)、乾县(城关镇)、武功县(普集镇)、淳化县(城关镇)	辖3个市辖区、10个县,代管1个县级市。市人民政府驻秦都区
杨陵区	兴平市、礼泉县(城关镇)、泾阳县(泾干镇)、三原县(城关镇)、彬县(城关镇)、旬邑县(城关镇)、长武县(昭仁镇)、乾县(城关镇)、武功县(普集镇)、淳化县(城关镇)	

续表

城市	市辖区、县、重点镇	备注
渭南市	临渭区、韩城市(新城街道)、华阴市(太华路街道)、蒲城县(城关镇)、潼关县(城关镇)、白水县(城关镇)、澄城县(城关镇)、华县(城关镇)、合阳县(城关镇)、富平县(杜村镇)、大荔县(城关镇)	辖1个市辖区、8个县,代管2个县级市。市人民政府驻临渭区东风街83号
延安市	宝塔区、安塞区(真武洞镇)、洛川县(凤栖镇)、子长县(瓦窑堡镇)、黄陵县(桥山镇)、延川县(延川镇)、富县(富城镇)、延长县(七里村镇)、甘泉县(城关镇)、宜川县(丹州镇)、志丹县(保安镇)、黄龙(石堡镇)、吴起县(吴旗镇)	辖1个市辖区、12个县。市人民政府驻宝塔区
汉中市	汉台区、留坝县(城关镇)、镇巴县(城关镇)、城固县(博望镇)、南郑区(城关镇)、洋县(城关镇)、宁强县(汉源镇)、佛坪县(袁家庄镇)、勉县(勉阳镇)、西乡县(城关镇)、略阳县(城关镇)	辖1个市辖区、10个县。市人民政府驻汉台区民主路
榆林市	榆阳区、清涧县(宽洲镇)、绥德县(名州镇)、神木市(神木镇)、佳县(佳芦镇)、府谷县(府谷镇)、子洲县(双湖峪镇)、靖边县(张家畔镇)、横山区(横山镇)、米脂县(银州镇)、吴堡县(宋家川镇)、定边县(定边镇)	辖1个市辖区、11个县。市人民政府驻榆阳区
安康市	汉滨区、紫阳县(城关镇)、岚皋县(城关镇)、旬阳县(城关镇)、镇坪县(城关镇)、平利县(城关镇)、石泉县(城关镇)、宁陕县(城关镇)、白河县(城关镇)、汉阴县(城关镇)	辖1个市辖区、9个县。市人民政府驻汉滨区
商洛市	商州区、镇安县(永乐镇)、山阳县(城关镇)、洛南县(城关镇)、商南县(城关镇)、丹凤县(龙驹寨镇)、柞水县(乾佑镇)	辖1个市辖区、6个县。市人民政府驻商州区

资料来源:中华人民共和国民政部全国行政区划信息查询平台。

(二)甘肃省

1.地理环境

甘肃省地处黄河中上游,地域辽阔。介于北纬32°11′—42°57′、东经92°13′—108°46′之间,大部分位于中国地势二级阶梯上。东接陕西省,南邻四川省,西连青海省、新疆维吾尔自治区,北靠内蒙古自治区、宁夏回族自治区并与蒙古人民共和国接壤。东西蜿蜒1659公里,南北宽530公里,纵横45.37万平方公里,占中国国土总面积的4.72%。

甘肃省深居西北内陆,海洋温湿气流不易到达,成雨机会少,大部分地区气候干燥,属大陆性很强的温带季风气候。冬季寒冷漫长,春夏界限不分明,夏季短促,气温高,秋季降温快,气候干燥,光照充足,太阳辐射强。从东南到西北包括了北亚热带湿润区到高寒区、干旱区的各种气候类型。省内年平均气温在 0—16℃,各地海拔不同,气温差别较大,日照充足,日温差大。

甘肃省地处黄土高原、青藏高原和内蒙古高原三大高原的交汇地带,海拔大多在 1000 米以上。四周为群山峻岭所环抱,北有六盘山和龙首山,东为岷山、秦岭和子午岭,西接阿尔金山和祁连山,南壤青泥岭。境内地形复杂多样,山脉纵横交错,海拔相差悬殊,山地、高原、盆地、平川、河谷、沙漠和戈壁等兼而有之,交错分布,是山地型高原地貌。甘肃省是个多山的省份,最主要的山脉有祁连山、乌鞘岭、六盘山、阿尔金山、马鬃山、合黎山、龙首山、西倾山、子午岭山等,多数山脉属西北—东南走向。省内的森林资源多集中在这些山区,大多数河流也都从这些山脉形成各自分流的源头。地势自西南向东北倾斜,地形狭长,大致可分为各具特色的六大区域:陇南山地、陇中黄土高原、甘南高原、河西走廊、祁连山地、河西走廊以北地带。

甘肃省荒漠化面积占全省 45.37 万平方公里土地的一半,生态环境脆弱,但生态地位非常重要,是国家重要的生态屏障。甘肃省作为"国家生态屏障建设、保护与补偿试验区",承担着国家生态保护的重大责任。

2. 人口与民族

根据《甘肃统计年鉴 2020》的数据,2019 年年末甘肃省常住人口为 2647.43 万人,人口自然增长率为 3.85‰,城镇常住人口为 1283.74 万人,城镇化率为 48.49%。

甘肃省是一个多民族聚居的地区,拥有汉族、回族、藏族、东乡族、裕固族、保安族、蒙古族、哈萨克族、土族、撒拉族等 54 个民族。少数民族总人口 264.48 万,占全省总人口的 9.99%。世居甘肃省的少数民族有回族、藏族、东乡族、土族、裕固族、保安族、蒙古族、撒拉族、哈萨克族、满族等 16 个少数民族。其中,东乡族、裕固族、保安族为甘肃省的独有民族。省内现有甘南、临夏两个民族自治州,天祝、肃南、肃北、阿克塞、东乡、积石山、张家川 7 个民族自治县,32 个民族乡。①

3. 经济状况

2019 年甘肃省地区生产总值 8718.3 亿元,比 2018 年增长 6.2%,增速比 2018 年提高 0.1 个百分点,实现了 6% 左右的预期发展目标。其中,第一产业增加值 1050.5 亿元,增长 5.8%;第二产业增加值 2862.4 亿元,增长 4.7%;第三产业增加值 4805.4 亿元,增长 7.2%。② 甘肃省城镇居民人均可支配收入 32323.4 元,比上年增长 7.9%。其中,工资性收入 21707.5 元、经营净收入 2483.9 元、财产净收入 2539.2 元、转移净收入 5592.8 元,分别增长 8.9%、6.4%、0.5% 和 8.3%。全年甘肃省农村居民人均可支配收入 9628.9 元,比上年增长 9.4%。其中,工资性收入 2769.2 元、经营净收入 4322.0 元、财产净收入 129.5 元、转移净收入 2408.2 元,分别增长 9.2%、13.0%、-38.8% 和 7.8%。③ 甘肃省农业经济中种植业居突出地位,主要种植小麦、玉米、马铃薯、糜子、胡麻、油菜籽、甜菜、棉花、大麻、烟叶、当归、党参等,此外,还有各种蔬菜瓜果种植栽培,形成了种类繁多、布局合理的种植体系,很多产品已成为甘肃省的名优特产,如河西甜菜(含糖率居全国第二位)、敦煌长绒棉、山丹油菜籽、兰州水烟、黑瓜子、天水花牛苹果、岷县当归、纹党、潞党等。畜牧业是仅次于种植业的农业经济部门,畜禽品种齐全,大家畜有马、牛、驴、骡、骆驼;小畜禽有猪、羊、鸡、兔等,有 28 个优良畜禽品种,其中河曲马、山丹马、岷县黑裘皮羊、合作猪、静宁鸡、甘肃双峰驼等是闻名中国的优良畜种。随着多种经济的发展,利用 2 万余公顷宜养鱼水面发展的渔业生产,共养殖 100 多个鱼种,其中虹鳟鱼、细鳞鲑、大鲵、甲鱼、黄河鲤鱼、鸽子鱼、石花鱼为名优特水产品。依靠省内森林资源和宜林土地资源积极发展林业生产,形成了以用材林、防护林、特用林、经济林、薪炭林为结构,以冷杉、云杉、油松、华山松、栎类林、杨桦林等为优势种的林业生产体系,活立木总蓄积量

---

① 甘肃省统计局编:《甘肃统计年鉴 2020》,中国统计出版社 2020 年版,第 25、176、178、189 页。

② 甘肃省统计局编:《甘肃统计年鉴 2020》,中国统计出版社 2020 年版,第 27 页。

③ 甘肃省统计局编:《甘肃统计年鉴 2020》,中国统计出版社 2020 年版,第 123—124 页。

1.74 亿立方米。

工业是甘肃省国民经济的主导产业,利用丰富的优势资源,重点发展了基础工业,形成了以重工业为主,轻重工业协调配合,包括煤炭、石油、电力、冶金、机械、化学工业、建材、森林、食品、纺织、造纸等十几个部门在内的生产体系,已成为中国有色金属、电力、石油化工、石油机械制造和建筑材料的重要基地。2019 年工业生产增速回升,企业效益运行良好,全省工业地区生产总值达到了 2319.75 亿元,比上年增长 2.94%。①

4. 特色文化

甘肃省的文化历经八千年岁月,中华民族的传说始祖伏羲、女娲和黄帝皆诞生于甘肃省,是华夏文化的代表,也是中医的发祥地之一。甘肃省是一个多民族聚居的地方,56 个民族中有 54 个在甘肃省留下足迹。这些民族,各有独特的民族文化和习俗,构成了甘肃省特色的地方文化。甘肃省还是古丝绸之路的锁钥之地和黄金路段,境内文化古迹星罗棋布,民俗文化多姿多彩,红色文化地位特殊,石窟文化、丝路文化、始祖文化、长城文化、农耕文化、黄河文化等在全国乃至全世界具有重要影响,融丝路文化、敦煌文化、黄河文化、伏羲文化、藏传佛教文化、伊斯兰文化以及陇东黄土地文化为一体,是多民族、多文化共生的地带。甘肃省境内长达1600 多公里的丝绸之路是历史序列最为完整、遗存比较丰富的路段,也是中国华夏文明、游牧文化、外来文化交流融合特征最为明显、风格最为独特的核心区段,有"世界历史的主轴,世界文化的大运河"之美誉。季羡林先生曾说过,"世界上历史悠久,地域广阔,自成体系,影响深远的文化体系只有四个:中国、印度、希腊、伊斯兰,再没有第五个;而这四个文化体系汇流的地方只有一个,就是中国的敦煌和新疆地区,再没有第二个。"②

甘肃省是中华民族的重要发祥地之一,特色文化资源丰富多彩。驰名世界的敦煌文化,屹立于世界文化之林。以长城、石窟、汉简、彩陶、青

---

① 甘肃省统计局编:《甘肃统计年鉴 2020》,中国统计出版社 2020 年版,第 203 页。
② 转引自高山:《丝绸之路史上最有名的"贼"》,《世界文化》2019 年第 4 期。

铜器、铜奔马、古遗址、遗书经卷等为主要内容的"丝绸之路"文化,对"亚欧大陆桥"的文化内涵有重要的影响作用。历史悠久的黄河文化和伏羲文化,是中华民族优秀传统文化的重要渊源之一,令世人瞩目,影响深远。多民族特色鲜明、绚丽多彩的民间民俗文化,地域特色浓郁,民族风格突出,成为中华民族文化百花园中一朵耀眼的奇葩。陇东边区、哈达铺会议、榜罗会议、会宁会师、腊子口战役等辉煌灿烂的革命历史文化遗存,是中国人民的宝贵精神财富。

5.城镇

甘肃省有14个地级市,5个县级市,892个镇,305个乡,32个民族乡。人口规模100万人以上的特大城市1座,是兰州市。城区人口规模50万—100万人的大城市1座,是天水市;城区人口规模20万—50万人的中等城市4座,分别是白银市、平凉市、武威市和酒泉市;城区人口规模20万人以下的小城市10座。[1] 甘肃省城镇规模结构总体呈现"头重、脚轻、腰杆细"的特征。城镇的空间分布极不均衡,陇中和陇东地区城镇密度高于全国平均水平,集中分布了全省65%以上的城镇,而酒泉、甘南等地的城镇密度极低,每万平方公里仅有两三座城镇,临夏和酒泉的城镇密度比为21:1。城镇布局区域间差异较大。

表2-5 甘肃省的市、县、镇

城市	市辖区、县、重点镇
酒泉市	肃州区、玉门市、敦煌市、瓜州县、金塔县、肃北蒙古族自治县、阿克塞哈萨克族自治县、金塔县、瓜州县、玉门镇、沙州镇、金塔镇、渊泉镇、党城湾镇、红柳湾镇
张掖市	甘州区、山丹县、民乐县、临泽县、高台县、肃南裕固族自治县、洪水镇、沙河镇、城关镇、清泉镇、红湾寺镇
金昌市	金川区、永昌县、城关镇
武威市	凉州区、民勤县、古浪县、天祝藏族自治县、古浪镇、三雷镇、华藏寺镇
白银市	白银区、平川区、靖远县、会宁县、景泰县、乌兰镇、会师镇、一条山镇

---

[1] 甘肃省统计局编:《甘肃统计年鉴2020》,中国统计出版社2020年版,第164页。

续表

城市	市辖区、县、重点镇
兰州市	城关区、七里河区、西固区、安宁区、红古区、榆中县、永登县、皋兰县、石洞镇、城关镇
定西市	安定区、通渭县、漳县、陇西县、岷县、渭源县、临洮县、清源镇、巩昌镇、平襄镇、洮阳镇、武阳镇、岷阳镇
天水市	秦州区、麦积区、清水县、秦安县、甘谷县、武山县、张家川回族自治县、永清镇、兴国镇、大像山镇、城关镇、张家川镇
临夏回族自治州	临夏市、临夏县、康乐县、永靖县、广河县、和政县、东乡族自治县、积石山保安族东乡族撒拉族自治县、吹麻滩镇、韩集镇、附城镇、刘家峡镇、城关镇、锁南镇
甘南藏族自治州	合作市、临潭县、卓尼县、舟曲县、迭部县、玛曲县、碌曲县、夏河县、拉卜楞镇、城关镇、柳林镇、电尕镇、尼玛镇、玛艾镇
陇南市	武都区、成县、文县、宕昌县、康县、西和县、礼县、徽县、两当县、汉源镇、城关镇
平凉市	崆峒区、华亭市、泾川县、灵台县、崇信县、庄浪县、静宁县、东华镇、城关镇、中台镇、锦屏镇、水洛镇
庆阳市	西峰区、庆城县、环县、华池县、合水县、正宁县、宁县、镇原县、城关镇、庆城镇、环城镇、柔远镇、西华池镇、山河镇、新宁镇
嘉峪关市	峪泉镇、文殊镇、新城镇

资料来源:中华人民共和国民政部全国行政区划信息查询平台。

(三)宁夏回族自治区

1.地理环境

宁夏回族自治区,简称宁,是中国五大自治区之一。地处中国西部的黄河上游地区,东邻陕西省,西部、北部与内蒙古自治区接壤,南部与甘肃省相连。总面积为 6.6 万多平方公里。自治区首府为银川市。

宁夏回族自治区位于中国中部偏北,处在黄河中上游地区及沙漠与黄土高原的交接地带,与内蒙古自治区、甘肃省、陕西省等省区为邻。宁夏回族自治区疆域轮廓南北长、东西短。北起石嘴山市头道坎北2公里的黄河江心,南起泾源县六盘山的中嘴梁,南北相距约456公里;西起中卫市营盘水车站西南10公里的田涝坝,东到盐池县柳树梁北东2公里处,东西相距约250公里。根据边界四端点的经纬度,自治区疆域的地理坐标是:东经104°17′—109°39′,北纬35°14′—39°14′。在中国自然区划中,宁夏回族自治区跨东部季风区域和西北干旱区域,西南靠近青藏高寒区域,大致处在我国三大自然区域的交汇、过渡地带。

在中国国土开发整治的地域划分上,宁夏回族自治区位于中部重点开发区的西缘或西部待开发区的东缘,是以山西为中心的能源重化工基地和黄河上游水能矿产开发区的组成部分,北部和中部系"三北"防护林建设工程的重点地段,南部属于黄土高原综合治理区和"三西"地区的范围。宁夏回族自治区地势南高北低,山地、高原约占全区的3/4,剩下的1/4为平原地区,其中沙漠占宁夏回族自治区土地面积的8%。从地形分布来看,自北向南为贺兰山地、宁夏平原、鄂尔多斯草原、黄土高原、六盘山地等,平均海拔在1000米以上。北面的贺兰山脉绵亘250公里成了宁夏平原的天然屏障,南边则为郁郁葱葱的六盘山脉。古老的黄河穿越宁夏中北部地区向北流淌,在宁夏回族自治区境内总流程达397公里,流经12个县市,形成的1.7万平方公里的银川冲积平原,是西北地区最重要的商品粮生产基地。

2. 气候

宁夏回族自治区深居西北内陆高原,南高北低的地形决定了它属于典型的大陆性半湿润半干旱气候,雨季多集中在6—9月,具有冬寒长、夏暑短、雨雪稀少、气候干燥、风大沙多、南寒北暖等特点。由于宁夏回族自治区平均海拔在1000米以上,所以夏季基本没有酷暑;此外,宁夏回族自治区地处高纬度,日照时间长,太阳辐射强,昼夜温差大,白天太阳直射温度相对较高,晚间气流扫射余热温度明显降低,夏日昼夜温差在15度左右。降水量南多北少,大多集中在夏季,降水量不大。

3. 人口与民族

据《宁夏统计年鉴2019》的数据,2018年年末宁夏回族自治区总人口为688.11万人,回族人口251.49万,占总人口的36.55%,城镇常住人口405.16万人,常住人口城镇化率为58.88%[1]。

宁夏回族自治区是一个多民族聚居的地方。回族、维吾尔族、东乡

---

[1] 宁夏回族自治区统计局编:《宁夏统计年鉴2019》,中国统计出版社2019年版,第12页。

族、哈萨克族、撒拉族和保安族等信奉伊斯兰教,汉族中的部分群众信仰佛教、基督教、道教、天主教。

4. 经济状况

宁夏平原西南起自中卫市沙坡头,北止于石嘴山,宛如一条玉带,斜贯整个自治区的北部。南北长约 320 公里,东西宽约 10—50 公里,总面积达 1 万平方公里。它是由黄河冲积而成的平原,地势平坦,土层深厚,引水方便,利于自流灌溉。因此虽处于温带干旱区,年降水量不足 200 毫米,但黄河年均过境水量达 300 余亿立方米,加上年 3000 小时的日照时数,光、热、水、土等农业自然资源配合良好,为发展农林牧渔业提供了极其有利的条件。小麦、水稻高产稳产,枸杞、瓜果品质优良。银川附近遍布的湖沼是宁夏回族自治区的水产基地,而贺兰山前广袤的草场,则是宁夏滩羊的重要产区。

黄河宁夏段水面宽阔,沟渠纵横,灌溉农业发达,从而造就了银川所在地宁夏平原的富庶。宁夏平原自古即享有稻香鱼肥、瓜果飘香、风光秀美的"塞上江南""西北明珠"的美称,而今依旧是中国西北重要的商品粮基地和特色农业基地。这从唐代诗人"贺兰山下果园成,塞北江南旧有名"的诗句中就可得到印证。

有 300 多万人口的宁夏平原灌区农作物单产量不亚于长三角与珠三角,今天其富裕程度也堪与成都平原媲美。以银川市为例,2006 年时人均生产总值已达到 29965 元,农民人均收入为 3799 元,均高于全国平均数;而居民消费价格指数为 104.1%,商品零售价格指数为 102.2%,均低于全国平均数。宁夏平原的大气质量优良,近年来,城市污水处理率已接近 60%。但黄河来水的减少,对绿洲生态环境产生了负面影响,2017 年全区粮食种植面积 1163.3 万亩,比 2016 年减少 4.1 万亩。

2018 年全区实现生产总值 3705.18 亿元,按可比价格计算,比上年增长 7.0%。其中,第一产业增加值 279.85 亿元,增长 4.0;第二产业增加值 1650.26 亿元,增长 6.8%;第三产业增加值 1775.07 亿元,增长 7.7%。第一产业增加值占地区生产总值的比重为 7.6%,第二产业增加值比重为 44.5%,第三产业增加值比重为 47.9%,比上年提高 1.1 个百分

第二章 西北地区概况及城镇化进程

点。按常住人口计算,全区人均生产总值 54094 元,增长 6.0%。①

5. 特色文化

宁夏回族自治区是中华文明的发祥地之一,位于"丝绸之路"上,历史上曾是东西方贸易的重要通道,作为黄河流经的地区,这里同样有着古老悠久的黄河文明。宁夏回族自治区灵武市水洞沟旧石器时代晚期人类活动的遗址和遗物表明,早在 3 万年前就有人类在这里繁衍生息。秦始皇统一中国后,派兵在宁夏屯垦,设置了俊北地,境内修筑了闻名世界的秦长城,还兴修了著名的秦渠,开创了引黄河水灌溉的历史。到汉代(公元前 206—前 220 年),这里农耕经济已相当繁荣。唐代天宝十四年(755年)爆发了"安史之乱",太子李亨进入宁夏,在灵武登基称帝,即唐肃宗。当时,宁夏已成为中国东西交通贸易的重要通道之一。北宋宝元元年(1038 年),党项族首领李元昊以宁夏为中心建立了大夏国,史称西夏,定都兴庆府(今银川市)。蒙古灭西夏后,于元至元二十四年(1287 年)设宁夏府路,始有"宁夏"地名。明设宁夏卫,清设宁夏府。民国初年,宁夏府改为朔方道,1929 年成立宁夏省。1949 年中华人民共和国成立后,于1954 年撤销宁夏省,将阿拉善等旗划归内蒙古自治区,其余部分并入甘肃省。1958 年 10 月 25 日成立宁夏回族自治区。

宁夏回族自治区是一个多民族聚居的地方,历经 2000 多年的多民族发展融合,形成了宁夏回族自治区独特的以西夏王陵为代表的西夏文化、以吴忠千塔为代表的河套文化。地处"丝绸之路"的独特地理优势使印度文化、西方文化、汉族文化、佛教文化与党项民族文化有机结合形成的西夏文化是西方文化和党项族、汉族、藏族、回鹘族等多民族文化长期交融、彼此影响、相互吸收而形成的一种多来源、多层次的文化,是多民族文化交融的结晶,是中华民族历史文化辉煌的一章。河套文化是草原文化和黄河文化的融汇之产物,河套文化的重要交汇地吴忠市是北方游牧民族与汉族文化的交汇点。吴忠市的一百零八塔是中国现存最大的古塔群

---

① 宁夏回族自治区统计局编:《宁夏统计年鉴 2019》,中国统计出版社 2019 年版,第11 页。

之一,被誉为东方的千塔之城,而吴忠市精美的清真寺建筑群落仿佛让人来到了中东的穆斯林国度。

6. 城镇

宁夏回族自治区是西北地区面积最小的省份,城市也较少,现有 5 个地级市,9 个市辖区,2 个县级市,11 个县,1 个开发区,103 个镇,90 个乡。①

表 2-6 宁夏回族自治区的市、县、镇

城市	市辖区、县、重点镇
银川市	兴庆区、金凤区、西夏区、灵武市、永宁县、贺兰县、杨和镇、习岗镇、东塔镇
石嘴山市	大武口区、惠农区、平罗县、城关镇、黄渠桥镇、宝丰镇、头闸镇、姚伏镇、崇岗镇、陶乐镇、红果子镇、尾闸镇、园艺镇
吴忠市	利通区、红寺堡区、青铜峡市、同心县、盐池县、古城镇、上桥镇、胜利镇、金星镇、金积镇、金银滩镇、高闸镇、扁担沟镇、红寺堡镇、太阳山镇、花马池镇、大水坑镇、惠安堡镇、高沙窝镇、豫海镇河西镇、丁塘镇、韦州镇、下马关镇、预旺镇、王团镇、小坝镇、大坝镇、青铜峡镇、叶盛镇、瞿靖镇、峡口镇、邵刚镇、陈袁滩镇
固原市	原州区、西吉县、隆德县、泾源县、彭阳县、吉强镇、城关镇、香水镇、白阳镇
中卫市	沙坡头区、中宁县、海原县、宁安镇、三河镇、常乐镇、香山镇、鸣沙镇、石空镇、新堡镇、恩和镇、兴仁镇、镇罗镇、文昌镇、东园镇、滨河镇、永康镇、柔远镇

资料来源:中华人民共和国民政部全国行政区划信息查询平台。

(四)新疆维吾尔自治区

1. 地理环境

新疆维吾尔自治区,简称"新",首府乌鲁木齐市,位于中国西北边陲,是中国五个少数民族自治区之一。面积 163.1585 万平方公里,是中国陆地面积最大的省级行政区,占中国国土总面积六分之一,其中的沙漠、戈壁面积约 71.3 万平方公里,占全国沙漠、戈壁总面积的 55.6%。新

---

① 宁夏回族自治区统计局编:《宁夏统计年鉴 2019》,中国统计出版社 2019 年版,第 27 页。

疆维吾尔自治区的戈壁主要分布于东部地区。其中,天山和库鲁克塔格广阔的山前平原,为洪积或洪积—冲击戈壁,又称砭质荒漠;哈密以南的噶顺戈壁为剥蚀戈壁又叫石质荒漠。虽然新疆维吾尔自治区的沙漠、戈壁造就了许多美丽而又奇特的自然景观,也保留了大量的珍贵的古代文化遗迹,但并不适合人类的生存与发展。新疆维吾尔自治区由北向南排列着阿尔泰山、准噶尔盆地、天山、塔里木盆地、昆仑山形成了"三山夹两盆"的地理形态。新疆维吾尔自治区属温带大陆性干旱气候,年平均降水量只有 150 毫米。干旱、冬寒夏暑、昼夜巨大的温差使人类生存受到严峻的挑战。

新疆维吾尔自治区地处亚欧大陆腹地,陆地边境线 5600 多公里,周边与俄罗斯、哈萨克斯坦、吉尔吉斯斯坦、塔吉克斯坦、巴基斯坦、蒙古、印度、阿富汗八国接壤,在历史上是古丝绸之路的重要通道,现在是第二座"亚欧大陆桥"的必经之地,战略位置十分重要。

2. 人口与民族

据新疆维吾尔自治区 2019 年发布的国民经济和社会发展统计公报的数据,2018 年年末新疆全区常住人口 2486.76 万人,比 2017 年年末增加了 42.09 万人,其中,城镇常住人口 1266.01 万人,占总人口比重(常住人口城镇化率)为 50.91%,比 2017 年年末提高了 1.53 个百分点。①

新疆维吾尔自治区共有 47 个民族,是一个多民族聚居的地区,其中世居民族有汉族、维吾尔族、哈萨克族、回族、柯尔克孜族、蒙古族、塔吉克族、锡伯族、满族、乌孜别克族、俄罗斯族、达斡尔族、塔塔尔族等 13 个民族。

3. 经济状况

2018 年地区生产总值 12199.08 亿元,比 2017 年增长 6.1%。其中,第一产业增加值 1692.09 亿元,增长 4.7%;第二产业增加值 4922.97 亿元,增长 4.2%;第三产业增加值 5584.02 亿元,增长 8.0%。第一产业增

---

① 新疆维吾尔自治区统计局编:《新疆统计年鉴 2019》,中国统计出版社 2019 年版,第 3 页。

加值占地区生产总值的比重为 13.9%,第二产业增加值比重为 40.3%,第三产业增加值比重为 45.8%,第三产业成为拉动经济增长的第一动力。全年人均地区生产总值 49475 元,比上年增长 4.1%。年全区规模以上工业战略性新兴产业增加值比上年增长 15.1%,高技术制造业增加值增长 32.1%,分别占规模以上工业增加值的比重为 4.9% 和 1.5%。全年规模以上服务业中,战略性新兴服务业营业收入 253.70 亿元,比 2017 年增长 7.1%。高技术服务业营业收入 490.68 亿元,增长 5.4%。全年全部工业增加值 3743.85 亿元,比 2017 年增长 3.9%。规模以上工业增加值 3564.05 亿元,增长 4.1%。全年货物进出口总额 200.49 亿美元,比上年增长 -2.9%。其中,出口 164.62 亿美元,增长 22.4%;进口 35.87 亿美元,增长 22.4%。货物进出口顺额(出口减进口)128.75 亿美元,比 2017 年减少 19.2 亿美元。全年全区城乡居民人均可支配收入 21500 元,比上年增长 7.6%,扣除价格因素,实际增长 5.5%。全年全区粮食种植面积 2219.64 千公顷,比上年下降 3.3%。粮食产量 1492.55 万吨,比上年增产 1.0%。①

4. 特色文化

新疆维吾尔自治区幅员辽阔,地大物博,山川壮丽,瀚海无垠,是西北地区与外国接壤国家最多的省份,是中国东西方文化交流的重要通道,造就了新疆维吾尔自治区古迹遍地,民族众多,民俗奇异,文化多元。西汉时期,随着东西方经济文化的交流传播,在极大地促进了西域社会经济发展的同时,也带来了东西方文化的交融。琵琶、箜篌、鼓、角等西域传统乐器经"丝绸之路"传入内地,成了唐代以及后世音乐演奏中的主要乐器。西域的龟兹乐、高昌乐、疏勒乐等在隋唐时期乐曲中占有重要地位,西域的胡腾舞、胡旋舞、拓枝舞等舞蹈传入中原宫廷乃至民间,成为隋唐文化的重要内容。民族传统文化活动如维吾尔族"麦西来甫"、哈萨克族"阿肯弹唱会"、柯尔克孜族"库姆孜弹唱会"、蒙古族"那达慕大会"、锡伯族

---

① 新疆维吾尔自治区统计局编:《新疆统计年鉴2019》,中国统计出版社 2019 年版,第 3、4、6、45 页。

"西迁节"、汉族的"元宵灯会"等久传不衰,使新疆维吾尔自治区成为举世闻名的歌舞之乡。随着佛教由印度沿丝绸之路传入西域乃至中国内地,佛教文化成为当时西域文化中最重要的内容。喀拉汗王朝(9世纪末至1211年)时期,随着伊斯兰教传入西域并逐渐扩展,伊斯兰文化对西域文化的影响越来越大,在新疆维吾尔自治区产生了众多的历史文化名城。

5. 城镇

新疆维吾尔自治区现有 4 个地级市、5 个地区、5 个自治州,13 个市辖区、24 个县级市、61 个县、6 个自治县(其中 33 个为边境县),386 个镇,489 个乡(包括 43 个民族乡)(见表 2-7)。

表 2-7 新疆维吾尔自治区的市、县、镇

城市	市辖区、县、重点镇
乌鲁木齐市	天山区、沙依巴克区、新市区、水磨沟区、头屯河区、达坂城区、达坂城镇、米东区、古牧地镇、乌鲁木齐县
克拉玛依市	克拉玛依区、独山子区、白碱滩区、乌尔禾区
吐鲁番市	高昌区、鄯善县、鄯善镇、托克逊县、托克逊镇
哈密市	伊州区、伊吾县、伊吾镇、巴里坤哈萨克自治县、巴里坤镇
阿克苏地区	阿克苏市、温宿县、温宿镇、库车县、沙雅县、沙雅镇、新和县、新和镇、拜城县、拜城镇、乌什县、乌什镇、阿瓦提县、阿瓦提镇、柯坪县
喀什地区	喀什市、疏附县、托克扎克镇、疏勒县、疏勒镇、英吉沙县、英吉沙镇、泽普县、泽普镇、莎车县、叶城县、喀格勒克镇、麦盖提县、麦盖提镇、岳普湖县、岳普湖镇、伽师县、巴仁镇、巴楚县、巴楚镇、塔什库尔干塔吉克自治县、塔什库尔干镇
和田地区	和田市、和田县、墨玉县、喀拉喀什镇、皮山县、固玛镇、洛浦县、洛浦镇、策勒县、策勒镇、于田县、木尕拉镇、民丰县、尼雅镇
昌吉回族自治州	昌吉市、阜康市、呼图壁县、呼图壁镇、玛纳斯县、玛纳斯镇、奇台县、奇台镇、吉木萨尔县、吉木萨尔镇、木垒哈萨克自治县、木垒镇
博尔塔拉蒙古自治州	博乐市、阿拉山口市、精河县、精河镇、温泉县、博格达尔镇
巴音郭楞蒙古自治州	库尔勒市、轮台县、轮台镇、尉犁县、尉犁镇、若羌县、若羌镇、且末县、且末镇、和静县、和静镇、和硕县、特吾里克镇、博湖县、博湖镇、焉耆回族自治县、焉耆镇
克孜勒苏柯尔克孜自治州	阿图什市、阿克陶县、阿克陶镇、阿合奇县、阿合奇镇、乌恰县、乌恰镇

续表

城市	市辖区、县、重点镇
伊犁哈萨克自治州	伊宁市、奎屯市、霍尔果斯市、伊宁县、吉里于孜镇、霍城县、水定镇、巩留县、巩留镇、新源县、新源镇、昭苏县、昭苏镇、特克斯县、特克斯镇、尼勒克县、尼勒克镇、察布查尔锡伯自治县、察布查尔镇
塔城地区	塔城市、乌苏市、额敏县、额敏镇、沙湾县、三道河子镇、托里县、托里镇、裕民县、哈拉布拉镇、和布克赛尔蒙古自治县、和布克赛尔镇
阿勒泰地区	阿勒泰市、布尔津县、布尔津镇、富蕴县、库额尔齐斯镇、福海县、福海镇、哈巴河县、阿克齐镇、青河县、青河镇、吉木乃县、托普铁热克镇
自治区直辖县级行政单位	石河子市、阿拉尔市、图木舒克市、五家渠市、北屯市、北屯镇、铁门关市、双河市、可克达拉市、昆玉市

资料来源:中华人民共和国民政部全国行政区划信息查询平台。

(五)青海省

1.地理环境

雄踞世界屋脊青藏高原东北部的青海省,因境内有国内最大的内陆咸水湖——青海湖而得名,简称"青",首府为西宁市。全省东西长1200多公里,南北宽800多公里,总面积72.23万平方公里,介于东经89°24′3″—103°04′10″,北纬31°36′2″—39°12′45″。地势总体呈西高东低,南北高中部低的态势,西部海拔高峻,向东倾斜,呈梯级下降,东部地区为青藏高原向黄土高原过渡地带,地形复杂,地貌以山地为主,兼有平地和丘陵。东北和东部与黄土高原、秦岭山地相过渡,北部与甘肃省河西走廊相望,西北部通过阿尔金山和新疆维吾尔自治区塔里木盆地相隔,南与藏北高原相接,东南部通过山地和高原盆地与四川盆地相连。东北部由阿尔金山、祁连山数列平行山脉和谷地组成,平均海拔4000米以上,蕴藏着丰富的冰雪资源;西北部的柴达木盆地,是一个被阿尔金山、祁连山和昆仑山环绕的巨大盆地,海拔2600—3000米,东西长800公里,南北宽200—300公里,面积20万平方公里,盆地南部多为湖泊、沼泽并以盐湖为主;南部是以昆仑山为主体并占全省面积一半以上的青南高原,平均海拔4500米以上。各大山脉构成全省地貌的基本骨架。全省平均海拔3000米以上,北部和东部同甘肃省相接,西北部与新疆维吾尔自治区相邻,南部和西南部与西藏自治区毗连,东南部与四川省接壤,是联结西藏自治区、维吾尔自治区新疆与内地的纽带。

青海省属于高原大陆性气候,具有气温低、昼夜温差大、降雨少而集中、日照长、太阳辐射强等特点。冬季严寒而漫长,夏季凉爽而短促。各地区气候有明显差异,东部湟水谷地,年平均气温在 2—9℃,无霜期为100—200天,年降雨量为250—550毫米,主要集中于7—9月,热量水分条件皆能满足一熟作物的要求。柴达木盆地年平均温度 2—5℃,年降雨量近200毫米,日照长达3000小时以上。东北部高山区和青南高原温度低,除祁连山、阿尔金山和江河源头以西的山地外,年降雨量一般在100—500毫米。

2. 人口与民族

2019 年年末青海省常住人口 607.82 万人,比 2018 年年末增加 4.59万人。按城乡分,城镇常住人口 337.48 万人,占总人口的比重(常住人口城镇化率)为 55.52%,乡村常住人口 270.34 万人,占总人口的 44.48%。少数民族人口 289.99 万人,占总人口的 47.71%。① 青海省人口总量少,但人口集中度高,68%的青海省人口居住在西宁市及海东市等仅占全省面积 2.8%的河谷地带。

3. 经济状况

2019 年青海省地区生产总值 2965.95 亿元,按可比价格计算,比2018 年增长 6.3%。分产业看,第一产业增加值 301.90 亿元,增长4.6%;第二产业增加值 1159.75 亿元,增长 6.3%;第三产业增加值1504.30 亿元,增长 6.5%。第一产业增加值占青海省地区生产总值的比重为 10.2%,第二产业增加值比重为 39.1%,第三产业增加值比重为50.7%。人均地区生产总值 48981 元,比上年增长 5.4%。全年青海省货物进出口总额 37.25 亿元,比 2018 年下降 22.7%。其中,出口额 20.20亿元,下降 35.1%;进口额 17.04 亿元,下降 0.1%。全年青海省全体居民人均可支配收入 22618 元,比 2018 年增长 9.0%。城镇常住居民人均可

---

① 青海省统计局编:《青海统计年鉴 2020》,中国统计出版社 2020 年版,第 28 页。

支配收入 33830 元,比 2018 年增长 7.3%。农村常住居民人均可支配收入 11499 元,比 2018 年增长 10.6%。[①]

青海省是长江、黄河、澜沧江的发源地,故被称为"江河源头",又称"三江源",素有"中华水塔"之美誉。全省有 270 多条较大的河流,水量丰沛,水能储量在 1 万千瓦以上的河流就有 108 条,流经之处,山大沟深,落差集中,水能丰富。

青海省风能资源丰富,年平均风速总的地域分布趋势是西北部大、东南部小。柴达木盆地中、西部,青南高原西部及祁连山地中、西段年平均风速均在 4 米/秒以上。

青海省地处中纬度地带,蕴藏着极为丰富的光能资源。太阳辐射强度大,光照时间长,年总辐射量每平方厘米可达 690.8—753.6 千焦耳,直接辐射量占辐射量的 60% 以上,年绝对值超过 418.68 千焦耳,仅次于西藏自治区,位居中国第二。全省日光辐射在 160—175 大卡/平方厘米,柴达木地区年日照时数为 3533.9 小时,是著名的阳光地带。

4. 特色文化

辽阔的青藏高原,自古以来就是各民族活跃的舞台,在漫长的历史发展进程中,各民族在这块神奇的高原上生息、繁衍、迁徙、融合、发展,创造了独具特色的民族文化。由于青海省特殊的地理环境、区位条件、历史发展背景等,使青海省的民族文化显示出多元文化的特点,并成为中华多元文化的有机组成部分,具有鲜明的地域特色。主要表现在农牧文化共存、多种宗教文化共生、多种民族文化共举、节庆风俗文化迥异等几个方面。

由于历史上数次民族大迁徙和融合,至元末明初,形成了汉族、藏族、回族、土族、撒拉族、蒙古族等多民族聚居的格局,民族构成上的多元性,必然带来文化上的多元性。在长江、黄河、澜沧江的源头,在广阔丰饶的大美青海,在这片多民族聚居的沃土中,蕴藏着中华民族丰富的精神宝藏,绽放着绚丽的多元文化之花。在这里,昆仑文化源远流长,宗教文化庄严神秘,农耕文化底蕴深厚,节庆文化异彩纷呈。在这里,青海"花

---

① 青海省统计局编:《青海统计年鉴 2020》,中国统计出版社 2020 年版,第 28、31、32 页。

儿"、塔尔寺"艺术三绝"、黄南热贡艺术、柳湾彩陶、都兰吐谷浑大墓等无不彰显着青海省先民的文明与智慧。唐卡、刺绣、剪纸、绘画、雕塑、皮影、银器、铜器、玉器等为代表的民间艺术品,无不呈现着青海省民族民间艺术的神秘、粗犷、成熟和庄重。

青海省的世居少数民族主要有藏族、回族、土族、撒拉族和蒙古族,其中土族和撒拉族为青海省所独有。佛教、伊斯兰教、道教、基督教和天主教五大宗教在青海省都有传播,其中藏传佛教和伊斯兰教在信教群众中有着广泛深刻的影响,藏族、回族、土族、撒拉族和蒙古族等几个世居民族,基本上是全民信教。宗教作为一种有组织的社会力量,宗教的教义和戒律等,对历史上青海地区社会经济的发展与稳定、民族风俗习惯的形成和文化的发展等方面都发挥了十分重要的作用。

青海省的农业和畜牧业都具有十分悠久的历史,基本上以日月山为界,日月山以西为畜牧区,以东为农业区,构成了青海省两种基本的、长期共存的经济文化类型。东部农业区以汉族、土族、回族、撒拉族为主,由于地理环境相同,这些民族的生产、生活习俗比较接近。在饮食习俗上,均以面食为主,住房则以土木建筑、屋顶平坦、四面土墙高围的"庄廓"为主,更多地体现出了农业文化的风格;西北部牧业区的藏族和蒙古族过着逐水草而居的游牧生活,共同的生产方式和环境条件使这两个民族的饮食习惯都以吃牛羊肉和酥油炒面、喝牛奶为主,居住的是适合游牧生活、便于搬迁的蒙古包和帐篷,体现出了游牧文化的主要特色。①

5. 城镇

青海省有地级市 2 个,自治州 6 个,市辖区 6 个,县级市 4 个,县 26个,自治县 7 个,镇 144 个,乡 194 个,民族乡 28 个(见表2-8)。② 在国家政策导向等因素的推动下,海西州、河湟地区的城镇化水平比较高,但在各种因素的制约下,城镇体系的规模结构、功能结构和地域结构缺乏均衡性,城市经济发展条件明显逊于其他 4 个省区,导致城镇化水平与城镇化

---

① 朱普选:《青海历史文化的地域特色》,《西藏民族学院学报(哲学社会科学版)》2005年第 5 期。
② 青海省统计局编:《青海统计年鉴 2020》,中国统计出版社 2020 年版,第 38—39 页。

质量之间出现较大反差,城镇化水平虽然较高,但是城镇居民消费性支出较低。

表 2-8 青海省的市、县、镇

城市	市辖区、县、重点镇
西宁市	湟中县、鲁沙尔镇、湟源县、城关镇、大通回族土族自治县、桥头镇
海东市	乐都区、碾伯镇、平安区、平安镇、民和回族土族自治县、川口镇、互助土族自治县、威远镇、化隆回族自治县、巴燕镇、循化撒拉族自治县、积石镇
海北藏族自治州	海晏县西海镇、三角城镇、祁连县、八宝镇、刚察县、沙柳河镇、门源回族自治县、浩门镇
黄南藏族自治州	同仁县、隆务镇、尖扎县 马克唐镇、泽库县、泽曲镇、河南蒙古族自治县、优干宁镇
海南藏族自治州	共和县、恰卜恰镇、同德县、尕巴松多镇、贵德县、河阴镇、兴海县、子科滩镇、贵南县、茫曲镇
果洛藏族自治州	玛沁县、大武镇、班玛县、赛来塘镇、甘德县、柯曲镇、达日县、吉迈镇、久治县、智青松多镇、玛多县、玛查理镇
玉树藏族自治州	玉树市、杂多县、萨呼腾镇、称多县、称文镇、治多县、加吉博洛镇、囊谦县、香达镇、曲麻莱县、约改镇
海西蒙古族藏族自治州	德令哈市、格尔木市、茫崖市、花土沟镇、乌兰县、希里沟镇、都兰县、察汗乌苏镇、天峻县、新源镇

资料来源:中华人民共和国民政部全国行政区划信息查询平台。

第二节 西北地区的城镇与城镇化

一、西北地区的城镇总量

近年来西北地区城镇化水平得到较快发展,城市数量及规模都有不同程度的增加和扩大。截至 2019 年年末,西北地区常住人口为 10349 万人,城镇化水平达到 55.03%,比 2012 年年末的 45.56% 提高了 9.47 个百分点。近五年的城镇化发展速度高于全国同期城镇化近 1 个百分点。国家实施西部大开发战略以来,西北地区的大中型城市数量有了一定程度的增加,其中非农业人口处于 80 万—100 万区间的大城市数量增加了 2

个,达到了9个,非农业人口处于30万—50万区间的中型城市数量增加了5个,达到了22个,20万以下的小城市及县城(城关镇)291个,一般建制镇2202个。[①]

二、西北地区城镇的特点

受地理环境的制约,西北地区的城镇发展呈现以下特点。

(一)受自然环境制约,城镇多沿河谷呈带状或点状分布

地理环境对城镇的形成与发展起着决定性的制约作用,尤其是对水资源表现出强烈的依赖性;沙漠—绿洲相间分布、谷地与高原、山地交错分布的自然地理环境决定了西北地区城镇空间分布的"团块—轴向"格局。

(二)西北地区城市人口规模省际差距较大

同样是省会城市,2019年年末,陕西省西安市的户籍统计人口为1020.35万人;[②]甘肃省兰州市的户籍统计人口为331.92万人;[③]青海省西宁市的户籍统计人口为209.37万人;[④]宁夏回族自治区银川市2018年年末的户籍统计人口为223.8万人;[⑤]新疆维吾尔自治区乌鲁木齐市2018年年末的户籍统计人口为222.26万人。[⑥]

(三)城镇之间互动能力不足

西北地区地域广大,城镇之间的距离遥远,互动能力弱,大城市辐射带动能力不足,城镇之间空间作用微弱。例如,青海省的省会城市西宁市距离格尔木市约800公里、离德令哈市约500公里、离玉树市800多公里。

---

① 国家统计局编:《中国统计年鉴2020》,中国统计出版社2020年版,第3、34、35页。

② 陕西省统计局编:《陕西统计年鉴2020》,中国统计出版社2020年版,第79页。

③ 甘肃省统计局编:《甘肃发展年鉴2020》,中国统计出版社2020年版,第130页。

④ 青海省统计局编:《青海统计年鉴2020》,中国统计出版社2020年版,第74页。

⑤ 宁夏回族自治区统计局编:《宁夏统计年鉴2019》,中国统计出版社2019年版,第66页。

⑥ 新疆维吾尔自治区统计局编:《新疆统计年鉴2019》,中国统计出版社2019年版,第77页。

（四）人口少导致城镇集聚能力不足

人口总量少，经济欠发达，城镇化水平低，人口集聚度低，城镇空间分布不均衡；人口集聚能力弱，人口集中于大城市，中小城市和小城镇人口少，农牧区扩大，城镇与农牧区发展的互动能力弱。

（五）城镇体系不完整

大中小城市和小城镇数量稀少，高度分散，发展不协调、不合理，省（自治区）内各种规模的城镇比例失调，城镇等级规模结构畸形，导致城镇体系构成不完整。大城市少，首位度高，中等城市缺乏，小城镇多，功能不完善；城镇职能结构的初级化特征比较明显，表现出显著的专业性。

（六）国家政策供给是西北地区城镇化的主要动力

从20世纪六七十年代的"三线建设"、2000年的西部大开发、2013年的"丝绸之路经济带"建设到2018年的《乡村振兴战略规划（2018—2022年）》，国家区域政策的实施不仅为西北地区的城镇化奠定了比较坚实的工业化基础，而且依托西北地区丰富的资源建起了许多资源性城镇，构建起了西北地区的城镇体系。国家政策的供给是西北地区城镇化的主要推动力。

（七）多元文化造就了丰富的人文资源

多民族多元文化的冲击与融合塑造出了西北地区独特的城镇文脉。西北地区的很多小城镇历史悠久，文化特色鲜明，人文资源丰富，历史在给我们留下了诸多物质文化遗产的同时，也遗存了许多丰富可考的非物质文化遗产资源，具有很好的发展潜力。

（八）民族经济决定着西北地区城镇的发展

西北地区是历史上丝绸之路的重要通道，也是中外商贸交流互动的空间场域。长久以来繁荣的民族贸易和边疆贸易，不仅为城镇化奠定了良好的条件、铸造了西北地区城镇体系的雏形，而且造就了西北地区区域经济的辉煌，为西北地区民族经济的繁荣和城镇的形成与发展提供了条件。

三、西北地区的城镇化进程及特点

中国西北地区由于独特的自然地理环境及人文环境的约束,在中国快速城镇化进程中,其城镇化进程与东中部地区呈现了较大的差异性。从 1978 年中国启动改革开放以来,中国的城镇化大致经历了以下四个阶段:(1)1978—1985 年城镇化启动阶段;(2)1986—1995 年城镇化缓慢增长阶段;(3)1996—2010 年城镇化加速发展阶段;(4)2011 年以城镇化率超过 50% 为标志,中国进入了城市社会阶段。对应的西北的城镇化进程体现了以下特点:启动慢、速度慢、市场化程度低、主要靠政府自上而下的推动;大中小城市和小城镇发展不同步,城镇体系不合理,城乡二元结构明显,城乡差距较大;工业化基础薄弱,民营经济不活跃,城镇发展缺乏内在动力,城镇化进展较慢。

总的来看,由于二元经济结构下城乡资源流动不畅,嵌入式企业、特别是资源开发型企业发展对当地非农化、城镇化作用微弱及高度分散的当地第二、第三产业对推进城镇化动力不足等原因,加之西北地区独具特色的区域经济、民族文化、历史传统、地理环境、区域政策、多民族聚居等多因素的综合作用形成了西北地区城镇化的特殊路径。

四、西北地区城镇化的现状

(一)西北五省(自治区)城镇化水平整体呈上升趋势,但发展速度各省(自治区)呈现出较大的差异性

2000—2019 年,西北五省(自治区)城镇化率都有 10 多个百分点以上的增长,其中陕西省的城镇化率从 32.27% 增长到 59.43%;甘肃省的城镇化率从 24.01% 增长到 48.49%;宁夏回族自治区的城镇化率从 32.54% 增长到 59.86%;青海省的城镇化率从 34.76% 增长到 55.52%;新疆维吾尔自治区的城镇化率从 34.76% 增长到 51.87%。2019 年年末,西北五省(自治区)城镇化水平最高的是陕西省和宁夏回族自治区,这两省区的城镇化水平都超过了 58%,其次是青海省,新疆维吾尔自治区和甘肃省分别为第四名和第五名。从年均增长率看,西北五省(自治区)城镇化水平

发展速度差距较大。其中,城镇化水平最低的甘肃省城镇化水平发展速度最快,年均增长4.10%;宁夏回族自治区次之,年均增长3.79%;陕西省居第三位,年均增长3.73%;第四位和第五位分别为青海省和新疆维吾尔自治区,其城镇化发展速度相对缓慢,年均增长率分别为2.64%和2.25%。

(二)从西北地区城市规模结构来看,城市数量较少,各类规模结构的城市比例不协调,各省(自治区)城市等级分布存在断层

全国大型及以上规模的城市共159个,西北地区只有9个,占总数的5.7%;中等城市西北地区22个,占全国的9%;小城市及县城291个,占全国的15.5%。从各省区来看,陕西省是西北地区唯一一个具有超大城市的省份,但缺少特大城市;甘肃省有特大城市和大城市数各1个,有中等城市2个;宁夏回族自治区大城市和中等城市各有1个;青海省缺少中等城市,只有西宁市1个大城市;新疆维吾尔自治区中等城市数量较多,但大城市和特大城市均只有1个。西北地区超大、特大以及大、中、小城市的数量比为1:2:6:22:291。其中,陕西省超大以及大、中、小城市的数量比为1:2:11:79,缺少特大城市;甘肃省特大、大、中、小城市数量比为1:1:2:77;宁夏回族自治区大、中、小城市数量比为1:1:17,青海省大、小城市数量比为1:39,中间缺少中等城市;新疆维吾尔自治区特大、大、中、小城市数量比为1:1:8:79。西北五省(自治区)超大、特大、大、中、小城市数量结构不均衡,呈现出大小相间无序排列的特征。

(三)各等级规模城市的人口分布相对不均衡

从非农业人口比重看,中等城市非农业人口占城市非农业人口总数比例较低,各省首位城市非农业人口比重较高。西北地区大型城市(包括超大城市、特大城市和大城市)、中等城市和小城市的人口比重为33.41%:18.08%:48.51%。其中,陕西省为37.01%:22%:40.99%、甘肃省为35.28%:7.18%:56.91%、宁夏回族自治区为33.43%:14.97%:51.6%、青海省为40.52%:0%:59.48%、新疆维吾尔自治区为25.35%:24.54%:50.09%。在首位城市中,除新疆维吾尔自治区首位城市非农业人口占全区城市非农业人口的比重为 19.32% 外,西北其他省(自治区)首位城市非农业人口占比均超过了 25%,青海省最高,接近 41%。①

(四)第一产业占比高,第二、第三产业不发达

从三大产业 2018 年的增加值上看,西北地区的第一产业占比与全国水平相比处于较高水平,第二、第三产业欠发达。

表 2-9　2019 年西北五省(自治区)三大产业增加值及比例

省区	第一产业增加值(亿元)	第二产业增加值(亿元)	第三产业增加值(亿元)	总值(亿元)	三大产业增加值的比例(%)
全国	70466.7	386165.3	534233.1	990865.1	7.1:39.0:53.9
陕西省	1990.93	11980.75	11821.49	25793.17	7.7:46.5:45.8
甘肃省	1050.48	2862.42	4805.40	8718.30	12.1:32.8:55.1
青海省	301.90	1159.75	1504.30	2965.95	10.2:39.1:50.7
宁夏回族自治区	279.93	1584.72	1883.83	3748.48	7.5:42.3:50.2
新疆维吾尔自治区	1781.75	4795.50	7019.86	13597.11	13.1:35.3:51.6

资料来源:国家统计局:《中国统计年鉴 2020》,中国统计出版社 2020 年版,第 56、58、69 页。

从乡村人口的占比来看,西北地区农牧区广大,农牧业人口比重大。根据《中国统计年鉴 2020》的数据计算,2019 年年末西北五省(自治区)占全国总面积近 1/3 的国土上分布着 1159 个乡,乡村人口达 4699 万人,占西北地区总人口比重约 45.4%,比全国平均数高出近 7 个百分点。②

总的来看,基于西北地区的特殊性,从新型城镇化建设的视角来看,西北地区的城镇化具有以下特点:(1)西北地区地理环境复杂、气候恶劣、生态承载能力低下,受制于西北地区特殊的地理和生态环境,导致的经济发展能力不足、人口稀少,是西北地区的城镇化发展存在着整体滞后

①　郭志仪、颜咏华:《西北地区城市化发展水平比较研究》,《人口与经济》2014 年第 1 期。

②　国家统计局编:《中国统计年鉴 2020》,中国统计出版社 2020 年版,第 3、36 页。

于中东部地区、城镇总量少密度小、大城市首位度高,聚集与辐射力弱、城镇体系结构不合理、城市群发展不足等问题的主要制约因素。(2)西北地区各省(自治区)区域地理环境的复杂性、气候和生态环境的差异性导致了在城镇化发展中存在较大的差异性。(3)由于市场化程度低,经济欠发达,西北地区的城镇化主要靠政府自上而下的推动,在政府的政策和投资偏好的影响下,大中小城市和小城镇发展不同步。省会城市凭借强大的资源集聚能力发展迅速,人口、资源集聚显著,中小城市和小城镇发展缓慢,致使城镇体系构成不合理。(4)在经济上,农牧业社会形态仍然占主导地位,城镇经济对农牧区经济社会发展的影响带动能力不足,城乡二元结构明显,城乡差距缩小缓慢。

第三章 小城镇建设与西北
地区的发展

现实的经济发展在时间和空间上都不是均衡分布的,一些主导部门和具有创新能力的行业集中于一些地区,以较快的速度优先得到发展,形成"增长极",再通过其吸引力和扩散力不断增大自身规模并对所在部门和地区产生支配作用,从而不仅使所在部门和地区迅速发展,也可以带动其他部门和地区的发展。空间中的秩序和规律可以看成是现实中存在的城镇等级体系,各种资源要素从核心趋向边缘区的扩散是通过城镇体系来完成的。在欠发达地区培育增长极可以按照城镇等级体系来进行规划,切实考虑区域经济发展的要求,制定符合区情的区域发展政策和区域发展目标,对基础设施进行足够的投资,建设良好的区域投资环境,创造增长点。基于西北地区小城镇的特点、现实作用和在镇域中的地位,把小城镇打造成为具有创新性、特色化、面向农牧区居民和农牧业服务的镇域生活和产业发展基地,应是西北地区小城镇发展的恰当定位。基于以上的定位,从特色产业选择、提高人居环境质量、突出特色文化、协调镇村关系、促进城乡产业协同发展等方面促进小城镇建设,应是西北地区推动小城镇发展的基本路径。

第一节 理论述评与西北地区小城镇发展的思路

一、区域经济发展的理论述评

曾任教于法国里昂大学、巴黎大学的法国经济学家富朗索瓦·佩鲁

（Francois Perroux）在 1950 年提出的"增长极"理论认为，经济增长并非同时出现在所有区域，它首先出现在一些增长极或增长点上，经济增长通常会从一个经济增长中心向其周边其他地区或部门进行传导，通过不同途径向周围展开，从而对整个经济产生不同的影响。因此，选定特定的地理空间作为增长极，可以带动区域经济共同发展，推进创新产业，通过产业的前向和后向关联发展，促进区域经济的增长。

佩鲁认为，"增长极"的支配作用主要表现在四个方面：一是技术的创新和扩散；二是资本的集中与输出；三是产生规模经济效益；四是形成"凝聚经济效果"。通过上述作用可以使具有"增长极"的地区得到优先发展，并进而带动相邻地区的共同发展。增长极理论是在区域经济增长处于非均衡状态下产生的。一方面，增长极对其周边地区的生产要素具有集聚作用，加速了资源的高效利用，从而也加大了经济增长极与其周边地区经济发展的差距；另一方面，作为某地区经济增长中心的区域会通过对技术、产品、人才、信息、资金等资源的向外传播，带动周边地区的经济发展。

"增长极"理论的政策含义是比较明确的，即经济落后的国家或地区要实现工业化和现代化的经济发展，必须建立"增长极"，通过"增长极"带动相邻地区的共同发展。建立"增长极"，必须具备以下条件：一是必须存在有创新能力的企业和企业家群体；二是必须具有规模经济效益；三是需要适当的周边环境，如一定的资金、技术、人力、机器设备等硬件环境和熟练的劳动力、良好的投资政策等软环境。建立"增长极"途径主要有两条：一条是由市场机制自发调节自动产生"增长极"，另一条则是由政府通过计划经济和重点投资主动建成"增长极"。关于增长极理论，我们应当注意到的是：增长极理论阐明区域经济发展并非总是处于一种均衡状态，非均衡发展是区域经济发展的常态。一方面，增长极地区通过资金、技术、人才、产品和信息对周边地区产生影响，带动周围腹地的经济发展；另一方面，增长极对其周边地区的各种生产要素具有集聚作用，加速了资源的极化效应，从而加大了核心地区与外围区域的经济差距。

一个地区要想成为经济增长中心，它需要具备完善的基础设施与良好的投资环境;资源具有稀缺性,在区域经济发展的初级阶段,人口和各种资源会流向重点城市和中心城镇;应重点培养地方特色产业作为区域经济发展的增长极,避免产生"经济飞地"。将小城镇作为西北地区农村牧区的增长极,不仅可以将其逐渐培养成为中小型城市来为消除城乡二元经济结构创造条件,还可以以小城镇为核心促进农村牧区经济社会发展实现就地城镇化,避免农村牧区剩余劳动力大量涌入大城市产生的各种社会矛盾,进而实现镇域范围内的城乡融合发展。

二、西北地区小城镇发展的思路

从人类历史的发展来看,城镇能够得以迅速地发展,其动力就在于城镇能通过生产要素的聚集产生比农村牧区更高的经济效益。小城镇发展动力的基本要素是资源、区位和政策带来的聚集经济效益,对周边农牧区人口及生产要素的吸引而带来的集聚。[1] 在经济全球化的背景下,随着现代通信技术和交通网络的完善,生产和消费水平的日益升级,巨大的区域经济发展水平差异,直接决定了小城镇发展环境和动力的巨大差异,小城镇发展呈现明显的地区和类型的差异。[2] 西北地区小城镇的区位劣势直接决定了其发展受制于基本要素的先天缺陷,而某些政策的不确定性和非可持续性也使小城镇建设缺乏有力的、持续的政策扶持。

从2005年党的十六届五中全会提出"社会主义新农村建设"开始,国家对乡村地区的发展越来越重视,"新农村建设""美好乡村建设""美丽乡村建设""最美乡村建设""特色田园乡村建设",直至党的十九大报告提出乡村振兴战略到2018年《乡村振兴战略规划(2018—2022年)》的颁布,中国政府对乡村的建设给予了高度的重视,出台了诸多的扶持乡村发展的政策,进而随着乡村投入的不断加大,以农牧业为主导的第一、

① 游宏滔、王士兰、汤铭潭:《不同地区、类型小城镇发展的动力机制初探》,《小城镇建设》2008年第1期。
② 朱东风:《江苏小城镇人口发展的时空分异》,《城市规划》2009年第12期;罗震东、何鹤鸣:《全球城市区域中的小城镇发展特征与趋势研究——以长江三角洲为例》,《城市规划》2013年第1期。

二、第三产业融合发展加速,在城镇化水平较高的经济发达地区出现了乡村在吸引人口、产业、资源和资本等方面的能力反超小城镇的情况,使小城镇的区域核心地位受到挑战。而对小城镇建设鲜有具体的政策出台,只是通过一系列小城镇荣誉称号评选活动倡导小城镇走特色发展道路:国家七部委联合公布全国重点镇名录;国家住建部和文化和旅游部组织评选全国特色景观旅游名镇;国家住建部和文物局组织评选中国历史文化名镇;环保部组织评选全国环境优美乡镇等。其间"特色小镇"建设虽然一度成为热点,但从国家发改委、国土资源部、环境保护部、住房和城乡建设部等4部委发布的《关于规范推进特色小镇和特色小城镇建设的若干意见》(发改规划〔2017〕2084号)中可以看出,特色小镇与特色小城镇是完全不同的两个概念,更不是对小城镇建设的具体扶持政策。西北地区小城镇区位的劣势和政府扶持政策的缺失,即使拥有丰富的资源,也难以有效地促进小城镇快速地发展。在此背景下,西北地区小城镇的发展唯有寻找机遇,立足于自身的特有资源,借助于国家推进新型城镇化和乡村振兴战略的实施,双轮驱动,在搞好镇区城镇化建设的前提下,发挥镇区的区域核心作用,通过加快推动土地流转,以发展现代化农牧业为核心,带动镇域农村牧区的振兴,在镇村互动中最终实现镇域内的城乡融合发展。

第二节 西北地区小城镇分布及其特点

一、西北地区小城镇的分布状况

从西北地区的地图上来看,西北五省(自治区)的小城镇分布呈现以下特点:(1)星罗棋布,分布广泛,镇域面积广大而镇区面积狭小,相互之间距离远,互动性弱,对周边农牧区辐射力不强。(2)分布不均衡,多沿大江大河两岸河谷地带及重要交通路线分布。(3)农业区密集,牧业区稀疏,与人口的分布呈正相关关系。(4)镇区较大的小城镇多为州市县政府所在地的城关镇。

二、西北地区小城镇的特点

西北地区从城镇体系来看,城镇体系不完整,大城市少,一城独大,但综合质量不高,作为"龙头"带动区域发展的能力不强;中小城市数量少人口少,作为"腰身",联结大城市与小城镇之间承上启下的功能不足;小城镇虽然数量相对较多,但与大中城市之间的联结不紧密,作为"根基"支撑不牢,没有能力为大中城市的发展提供有效的人口与资源的支持,绝大部分小城镇缺乏进一步发展成为中小城市的能力。

总的来看,西北地区小城镇的特点主要体现在以下几个方面:(1)人口少,镇区规模小,第二、第三产业规模小,就业能力不足,部分居民居住在镇里,工作在农牧区,生活工作两栖化,大部分小城镇镇区居民的生活呈现出明显的城乡二元性,乡村生活气息明显,城市属性不足;(2)大部分小城镇工商业不发达,缺乏有一定规模的特色产业,大多为居住消费型城镇,缺乏促进小城镇发展成为中小城市的产业体系,许多小城镇仅是人口相对集中居住的居民点;(3)镇区规划落后,城镇功能区没有严格的区分,空间布局显得比较混乱;(4)小城镇基础设施建设普遍比较落后,城镇公共供水普及率、污水处理率、生活垃圾无害化处理率、基本医疗保险覆盖率、基本养老、失业保障的比率较低,生活质量不高。

第三节　西北地区小城镇的类型与模式

一、西北地区小城镇的主要类型

小城镇的类型主要是指各种小城镇在不同的资源禀赋下,根据其主导产业和发展方式及其区位的不同,对小城镇所做的分类。

西北地区由于各地经济、文化、地理、民族习性以及自然条件的不同,按照不同的标准划分,小城镇的类型具有多样性。按所在区域地理特征来划分,可分为大中城市城郊型、卫星型、平原型、高原型、河谷型、绿洲型、边境型和矿区型小城镇等;按功能结构和产业特征来划分,可分为商贸服务型、手工业集中型、旅游文化型、交通枢纽型、农业型和商品集散型小城镇等;按生产方式划分,可分为农区型和牧区型小城镇;按建制情况可分为建制镇、非建制镇和集镇;按行政隶属关系可分为省(直辖市)所辖镇、地级市所辖镇、县(市)所辖镇、乡(镇)所辖村级镇;按常住非农人口的数量可划分为0.2万人以下、0.2万—1万人、1万—5万人、5万—10万人、10万—20万人等不同规模的小城镇;从综合性因素一般可分为区域中心城镇和功能性专业城镇。

二、西北地区小城镇的发展模式与路径

西北地区由于地域辽阔,这里不但有全国最大的盆地、最高的高原、最古老的原始植被和独特的自然风貌,而且还有历史悠久的边塞古城、人文遗址、宗教寺院和多样的民族风情,这就决定了西北地区小城镇的发展模式、路径与东中部地区有较大的不同,大致可以分为以下几种不同的模式与发展路径。

(一)城郊卫星型小城镇

这类小城镇主要是围绕着大中城市、承接大中城市功能外溢和产业分工而发展起来的为大中城市提供服务和资源的小城镇。具有地理位置优越、交通便利、资源丰富、与城市互动紧密的特点,随着城市的扩张和交通的发展,有些已成为大城市市区的组成部分。由于西北地区大城市少,首位度高,对周边小城镇具有强大的辐射能力,小城镇的发展严重依赖大城市的市场与资源。因此,这种模式的小城镇在西北地区的发展路径主要是:一是利用自己离大城市近的地理优势,以满足城市市场对农副产品的需求为发展目标,把自己打造成城市农副产品的供应基地和休闲养生的农业生态基地,为城市提供农副产品,成为城市的"菜篮子",保障城市农副产品的供给;二是通过发展休闲旅游业,就近为城市居民提供休闲娱乐或康养服务,打造成旅游小镇;三是积极承接城市外溢的产业,成为城市产业链的一部分,发展专业化生产,以特色专业化生产构建小城镇的产业基础。

（二）交通枢纽型小城镇

西北地区地广人稀，交通线路漫长，沿着交通线形成的小城镇比较多。这类小城镇一般分布在交通枢纽上，规模不大，常住人口较少，流动性比较大，主要服务于来往在交通线上的客货运输，为旅客和司机提供餐饮、住宿、车辆维修等服务。这种类型的小城镇的发展路径主要在于提高服务质量，完善服务功能，通过提供全面高质量的服务，发展成餐饮、住宿、维修服务、娱乐、商贸等功能齐全的服务型小城镇。

（三）区域中心型小城镇

它是指在一个区域内，由于区域经济发展的需要而发展起来的小城镇，主要为区域经济社会发展提供各种工商贸易和生活服务。主要有农业区核心型小城镇和牧业区中心型小城镇两类。

1. 农业区核心型小城镇

一般是依赖交通枢纽和河流形成的城关镇和农村集镇。其特点是：(1)以农牧业为基础，以农牧服务行业为经济支柱，以周围农牧业生产区域为主要服务对象，以农牧产品贸易和加工为主的工商业种类比较齐全，市场比较繁荣，有比较发达的服务业。(2)社会结构比较均衡，社会功能比较齐全，具有较大的综合性。(3)宏观分布比较均匀，纵向联系比较紧密，有明显的等级性和隶属关系。(4)发展资金主要来自内部的积累，发展过程具有较好的渐进性和稳定性，有一定的自我发展能力。规模较大的一些小城镇具有向中小城市发展的潜力。(5)人口比较集中，镇区规模较大，有比较清晰的功能区划分，呈现出比较明显的城市社会特征。这类小城镇的发展路径主要是把镇区打造成区域农商贸服务中心，通过完善的服务体系为区域农牧业的发展提供多种服务，通过自身辐射力的提升成为区域经济社会的核心，发挥区域增长极的功能。

2. 牧业区中心型小城镇

以牧区州县政府所在地、寺院和地理环境较好、适宜人口居住的地区为中心形成的小城镇和牧区集镇。其特点是：(1)人口少、镇区规模小，距离大中城市比较远，大多数小城镇呈现为绿洲中孤岛式的存在；(2)产业单一或缺乏，商贸主要为居住在镇区的居民提供日常服务，规模小、品种单一;(3)大部分牧区小城镇的分布主要取决于政府治理的需要,由政府通过行政手段设立;(4)镇区松散,功能区不明晰,城镇功能比较弱,呈现明显的牧区经济社会生活的特点;(5)发展资金主要来自政府财政转移支付和项目建设,缺乏自我发展的能力。这类小城镇的发展路径主要是以完善的服务、舒适的生活设施、精致的生活空间和高质量的城市生活方式吸引周边的牧区人口进入镇区居住生活,把自己打造成区域生活中心,促进牧区人口就近城镇化。

3. 功能型专业小城镇

这类小城镇主要是围绕着某类专业活动或市场需求发展起来的,主要有以下几种类型:(1)围绕着办企业、开工厂、开发矿产资源等生产活动形成的工矿型小城镇;(2)围绕着自然和人文资源的开发形成的旅游型小城镇;(3)围绕着区域产品贸易形成的商贸型小城镇。其特点是:(1)以大城市和特殊的自然资源或地理环境为主要依托,以某一特色的非农产业或企业为主要支柱;(2)骨干产业非常突出,社会结构不太均衡,社会功能不够齐全,主要为骨干企业提供生产和生活服务;(3)宏观分布不平衡,辐射范围十分广泛,跨地域的横向联系比较发达,但与周围区域联系不太密切;(4)建设初期主要依赖外部资本的大量投入,发展速度和规模主要取决于国家的宏观布局和企业的发展状况;(5)发展过程受制于政府产业布局的调整、资源的开发状况、企业的寿命、科学技术的进步和社会生产力的发展等不确定因素,具有较大的跳跃性和不确定性。这类小城镇的发展路径主要在于以特色产业立镇,通过做大、做强、做好特色产业提供就业岗位,聚集人口,发展镇区经济,提升生活质量。

4. 行政中心型小城镇

西北地区单一的行政中心型小城镇主要分布在高寒的青藏高原和其他环境恶劣的牧区。主要原因是这些地区海拔高、气候环境恶劣,不适合人类正常的生活,产业、人口都不容易集聚发展,在政府完全财政转移支付的支持下,形成的以对区域管理为目标的行政型小城镇。镇区主要由围绕镇政府形成的聚居区和主要为政府行政和居民生活服务的生活区构成。这类小城镇的发展路径主要在于完善城镇的服务功能,以完善的服务、舒适的生活设施、精致的生活空间保证城镇居民的生活质量不断提升,确保城镇功能的正常发挥。

第四节 小城镇在西北地区发展中的独特作用

从西北地区小城镇的特点来看,小城镇在西北地区经济社会的发展中具有以下独特作用。

一、空间效应

地理学上的空间效应是指由于地表结构的差异和空间格局的变换等空间原因所引起的地理系统中物质、能量、信息的再分配现象和传输复杂化现象。此处借用地理学上的地理空间效应的概念说明镇域内的小城镇镇区建设水平对镇域经济社会的发展具有显著的集聚效应和辐射效应,小城镇镇区的建设水平能显著改变镇域的发展格局,带来镇域经济社会空间结构的变化。

由于西北地区的大中城市少,对农牧区的辐射效应很弱,而镇域比较大,尤其是牧区,小城镇镇区往往是一个比较广大地区的区域中心,类似于绿色海洋中的孤岛。因此,小城镇镇区发展带来的空间效应非常显著。其空间效应主要表现在以下几个方面:(1)能带来资源在空间上的再分配,进而促进了农牧区的资源、人口向小城镇镇区的集聚;(2)经济重心由农村牧区、农牧业生产向小城镇镇区的转移,形成了独特的小城镇教育、文化、乡镇工商业和人居环境,镇区逐步成为镇域的政治、经济、文化、教育的中心;(3)由于资源和人口在空间上向小城镇镇区的集聚,使经济社会发展、产品分配和社会消费产生了镇域内非均衡分布的效果,客观上促进了小城镇镇区在镇域内核心地位的形成;(4)由于小城镇镇区发展导致的空间资源配置的变化,对镇域内社会结构和人们的行为带来改变,促进了农牧业文明向城市文明的转化;(5)小城镇镇区的发展在城市和广大农牧区之间布下了相互交流的众多"节点",为农牧产品的初步加工、集散和交换提供了一个平台,把农牧区的资源和人口从分散带向了集聚,把城市和乡村有机地衔接了起来,成为城乡融合发展的重要枢纽。

二、生态效应

生态效应是指人为活动造成的环境污染和环境破坏引起的生态系统结构和功能变化。生态环境的问题,根子上都是经济发展方式的问题。保护生态环境、提高生态文明水平,同时也是转变生产方式、调整产业结构的过程。小城镇生态效应的根本在于单位地域内集聚的人口比较少,农工商并存的生产方式对区域的生态压力比较小,在合理规划镇区空间结构和基础设施完善的前提下,能有效地保护生态的良性发展。

在西北地区生态承载力非常低的情况下,生态效应的研究是认识和估计环境质量的现状及其变化趋势的重要依据,是环境质量生物监测和生物学评价的理论基础,对于防治污染和保护环境有很好的理论和实践意义。合理地规划和发展小城镇,发挥小城镇的生态效应,对西北地区的生态保护将起到积极的促进作用。

西北地区小城镇的生态效应主要可以通过以下几个方面得到体现:(1)通过合理规划小城镇镇区的空间布局,能使小城镇镇区与周边环境有效融合在一起,最大限度地减少对周边生态环境的影响;(2)通过合理控制小城镇镇区的规模,能将人类的集聚和活动控制在大自然能承受和自我更新的范围内;(3)通过集中修建和使用的污水、垃圾处理设施及自来水供给能保证水环境的安全;(4)通过有效控制各类企业的"三废"处理和排放,能有效地保证空气、水、土地不遭到污染;(5)通过镇区与周边农牧区的合理互动,能有效地保护好周边农田、草地、森林、河流、湖泊等各类生态系统,使小城镇镇区和周边的生态系统相互作用、相互协调,保持动态平衡。

三、点—轴效应

有城镇就会有交通,交通线的发达程度决定着区域经济的发展程度。通过促进小城镇镇区这个"点"的主导产业的形成,然后通过产业之间资源联系的推动,进而促进交通线这个"轴"的产生与发展。在空间结构上,出现由点到轴,由轴到带,由带到面的格局,呈现一种立体结构和网格态势,对于西北地区区域间资源的流动和经济的区域合作发展将起到非常好的促进作用。

第五节　西北地区小城镇建设的机遇与挑战

一、西北地区小城镇建设的机遇

小城镇发展动力的基本要素是资源、区位和政策,在目前"以镇带村"的镇村管理体系下,中央政府不断出台的诸多政策为西北地区小城镇的建设与发展提供了良好的机遇。

党的十八大以来,党中央面对国际国内形势的变化,对推进我国经济社会的进一步发展作出了一系列重大的决策部署,其中涉及小城镇建设的主要有 2013 年国家主席习近平根据国际形势和我国具体国情的变化提出的建设"新丝绸之路经济带"和"21 世纪海上丝绸之路"(以下简称"一带一路")倡议;2014 年 3 月中共中央、国务院印发的《国家新型城镇化规划(2014—2020 年)》;2018 年 9 月中共中央、国务院印发的《乡村振兴战略规划(2018—2022 年)》。小城镇建设成为实现"一带一路"倡议、推进新型城镇化和乡村振兴战略实施至关重要的内容。

作为国家级的重要战略举措,"一带一路"倡议、"国家新型城镇化规划"和"乡村振兴战略规划"为西北地区经济社会发展指明了方向、提供了新的动能,给经济社会发展带来了前所未有的机遇,注入了全新的发展动力,对西北地区与中亚国家及国内其他区域的协同发展发挥着巨大的政策引导作用。

"一带一路"倡议提出以来,在深入推进"一带一路"建设的背景下,西北地区由开放的大后方,变成开放的前沿,为西北地区的经济发展提供了条件,也为沿线小城镇的复兴与发展提供了良好的机遇。同时,国家在"一带一路"建设中对基础设施的大力投资,改善了西北地区的交通设施,把西北地区众多沿线的小城镇纳入了"一带一路"的发展规划之中,而由"一带一路"倡议所带来的机会,将使小城镇沿着特色优势叠加的趋势发展。

"一带一路"的沿线地区,大多是多民族聚集的地区,和中亚、东南亚各国一衣带水。各类边境贸易镇已成为"沿途"特色小城镇建设的一大风景。"一带一路"倡议的落实将给沿途各省区及邻近国家和地区带来新的活力和商机。西北地区各省(自治区)可以依靠国际贸易和民族特色的优势,依托国际优势,充分借鉴其他国家特色小城镇的建设经验,来促进本省(自治区)小城镇的建设和发展。

畜牧产业在西北地区产业结构中具有传统优势,在"一带一路"建设过程中,陕西省、甘肃省、青海省、宁夏回族自治区、新疆维吾尔自治区可借机以小城镇为节点,形成"向西开放的重要枢纽""黄金段""核心区"和"战略支点"的功能定位,给西北地区农牧业实现跨越式发展以及农牧业产业扶贫模式创新带来全新机遇。

《国家新型城镇化规划(2014—2020年)》提出,"小城镇数量多、规模小、服务功能弱,这些都增加了经济社会和生态环境成本"。"我国城镇化发展由速度型向质量型转型势在必行",要"有重点地发展小城镇,促进大中小城市和小城镇协调发展"。[①] 小城镇位于"农村之首、城市之尾",是我国实施新型城镇化战略背景下区域经济发展的重要支点。新型城镇化的推进将有效地解决城乡二元结构带来的小城镇建设缓慢、资金不足、缺乏政策支持等现象,充分借助政府在资金、技术、人才等方面的力量,以服务新型城镇化为导向,积极依托自身的区位、资源和环境等独特优势,发展特色产业,推动小城镇三次产业融合发展,这是西北地区小城镇发展的良好机遇,也是提升新型城镇化质量的有效途径。

《乡村振兴战略规划(2018—2022年)》提出,要"推动重点区加速发

---

① 中共中央、国务院:《国家新型城镇化规划(2014—2020年)》,《人民日报》2014年3月17日。

展,中小城市和小城镇周边以及广大平原、丘陵地区的乡村,涵盖我国大部分村庄,是乡村振兴的主战场,到 2035 年基本实现农业农村现代化"。① 对小城镇在乡村振兴中的作用给予了充分肯定,为小城镇与周边乡村的联动发展指明了方向。乡村振兴上升到国家战略,是中国城镇化发展到一定阶段后着眼于乡村这一基本面,全面系统地解决乡村发展问题的必由之路和必然选择。小城镇作为城市与乡村之间的重要联系纽带,作为乡村的中心,为农牧业提供服务,为农牧区居民提供基本公共服务的主要基地,集居住、产业、文化、生态和服务等多方面功能,特别是在国家乡村振兴战略提出"重塑城乡关系,走城乡融合发展之路"的总体要求下,更加凸显了小城镇建设在促进未来城乡新型发展格局构建中的重要作用。

二、西北地区小城镇建设面临的挑战

乡村振兴是党的十九大确定的国家长期发展战略,乡村振兴的核心是发展现代农牧业,而小城镇的定位是发展工商业。在乡村振兴的新语境中,小城镇是追逐工业化、搞旅游、发展商贸,致力于"做大做强"自身,还是立足于现代农牧业发展,把自己打造成为为农牧业、农牧区提供服务为主要目标的镇域核心,面临着按实际情况做好自己定位的选择。小城镇资本运作的能力有限,几乎没有能力运用科技创新和强大的资本运作能力做到创新驱动和产业转型,随着乡村投入的逐步加大,小城镇资源配置能力可能进一步弱化,小城镇传统发展路径面临艰难的抉择。基于"一带一路"、新型城镇化和乡村振兴规划带来的机遇和西北地区小城镇的实际状况,西北地区小城镇发展面临着以下挑战。

(一)正确选择功能定位的挑战
小城镇是城乡联系的纽带,是农村经济的增长点和接纳农村剩余劳动力的"蓄水池"。建设小城镇是我国社会主义新农村建设的重要一

---

① 中共中央、国务院:《乡村振兴战略规划(2018—2022 年)》,《人民日报》2018 年 9 月 27 日。

环,是农村优化经济结构、推动产业升级、实现农村现代化的一个重大的长远战略。① 改革开放后,发达地区的小城镇建设经过一段时间的高速发展,现已走上产业调整、集约发展的道路;而经济欠发达的西北地区小城镇却还处在制定发展战略、规划设计以及在若干年内发展多少个小城镇的初步阶段。② 大多数小城镇市场化程度不高,缺乏具有特色的主导性产业,就业困难,人们普遍有进入体制内求安稳、依靠国家求发展的心态。因此,如何正确地定位自身的功能,是西北地区小城镇发展的前提。基于西北地区小城镇的特点、现实作用和镇域中的地位,把小城镇打造成为具有创新性、特色化、面向农牧区居民和农牧业服务的、具有完善服务功能的镇域产业发展和居住生活基地,应该是西北地区小城镇发展的恰当定位。

(二)选择合适发展方式的挑战

近年来,随着市场经济的迅速发展,城乡人口相互融合,小城镇经济发展较快,其地位日趋重要。特别是国家西部大开发战略的实施和山川秀美工程建设的推进,使西北地区小城镇的发展呈现前所未有的良好态势。但同时我们也看到,发达的物流业已经把全国变成了一个统一市场,带来的后果之一是落后产能被迅速淘汰,生产越来越向东部地区集中,绝大多数生产行业的总部、龙头公司设立在东部地区,意味着这些行业的配套产业、供应链、工业物流等发展和就业机会也都不在内地,内地唯一能参与的事情是购买和分发,提供消费市场。而依赖互联网的新经济生产比传统经济更加集中,东部地区向西北地区的产业梯度转移则几乎已无可能。因此,西北地区小城镇的产业发展只能走特色化之路,其发展方式取决于供给侧结构性改革的深入。

小城镇的供给侧结构性改革首先要优化小城镇产业发展的生产要素资源配置结构,通过技术创新提高全要素的生产效率。其次,通过要素资

① 万美强:《山区小城镇最终规模控制法——以松滋市刘家场镇总体规划为例》,《中华建筑》2006年第9期。
② 单德启、赵之枫:《从芜湖市三山镇规划引发的思考——中部地区小城镇的规划探讨》,《城市规划》2002年第10期。

源的优化配置和产业发展,着力培育适应区域发展需求的新兴产业,可以推动整个区域的产业结构转型,实现生产力水平的跃升。从已有的较为成功的小城镇发展案例可以发现,小城镇对城乡的双向功能作用决定了小城镇产品与服务供给要满足城镇和农村牧区两个方向的输出。面向城镇的产品输出需要实现产品(服务)的独特性、稀缺性及特定阶段城镇发展需求的紧迫性,而面向农村牧区的输出则应包括产品、公共服务、为农牧业生产服务及提供就业机会等更多形式,应对"三农"发展的需要并具有正外部性,并有助于农村牧区人口向小城镇的集聚和土地的集约利用,促进城镇化健康发展。同时,小城镇的产品与服务的良好供给体系培育必须遵循产业结构的演进规律,特别是某一产业发展对其他产业活动可能产生直接的或间接的不同效应的影响,以及小城镇所处区域的产业发展基础。最后,小城镇发展的供给侧结构性改革的关键是对制度资源供给的改革,使制度供给与生产要素的自由流动能更好地匹配起来,突破制约生产要素自由流动的制度"瓶颈",对相关制度和体制机制进行改革性供给。如小城镇要从原先主要承接城市资金转向各方社会力量参与、企业为主体的运营机制及市场化的运作方式,包括小城镇及其所服务的农村牧区自身发展要素的优化配置,尤其是土地要素优化配置,并与特色产业培育发展紧密结合,落实国家新型城镇化发展所提出的投融资体制机制的改革,实现小城镇建设的融资方式创新,探索产业基金、股权众筹、PPP 等融资路径和市场化机制。[①]

(三)合理调整城乡关系的挑战

西北地区的小城镇大部分是州、县、镇政府所在地,政府是经济活动的主体。其经济主体是所谓的"政府依附性经济",即本地主要的经济活动是围绕政府支出展开的,但政府开支带来的增长只可能惠及少数人,政府项目建设和行政事业单位工作人员带来的消费能力上升可能使小城镇镇区看起来比较繁荣,但无法带动镇域经济的整体发展。有些小城镇如果没有政府主导的基建和政府雇员的消费,这些地方的经济活动可能完

---

① 参见彭震伟:《小城镇发展作用演变的回顾及展望》,《小城镇建设》2018 年 5 月刊。

全是另一番光景。由此产生的由基础建设和投资拉动的"钢筋水泥现代化"与一般城镇居民、农牧民的低收入、高失业率并存。而政府依附性经济的垄断性则阻碍着城乡经济的有机联系，无法有效消除镇域城乡二元经济的对立，遏制着小城镇经济发展的活力，遏制着小城镇带动区域经济发展的能力，进而失去在区域经济分工中参与经济分工合作的机会和能力，使小城镇失去镇域经济发展的核心作用，无法通过小城镇的发展实现镇域城乡融合发展。

（四）发展农牧业现代化的挑战

西北地区的优势在于地广人稀，而落后分散的农牧业生产不仅收益不高而且还带来了巨大的生态压力，如果解除户籍和土地制度对人口流动的制约，西北地区的人口可以自由地往城镇和东部沿海地区移民，让西北地区越来越多的土地草场被资本集中起来，实现农牧业的现代化生产，则可以产生出更大的生态和经济价值。

目前政府实行的土地流转制度虽然允许农牧民流转所承包的农地和草场，但社保制度的不完善和土地市场的不成熟使土地流转面临高昂的成本。同时，农牧业的低收益和社会服务业的缺乏也很难吸引城镇社会资本下乡进入农牧业现代化的生产之中。此外，即使东部地区的城镇放开户口自由落户，西北地区农牧民自身素质的低下也很难在东部城镇中获得合适的工作岗位进而安家落户。因此，立足本地进入小城镇获得更好的教育和城镇生活工作的经验是农牧民进入大城市的最有效的路径。而最佳的选择则是工作在农牧场，居住生活在小城镇，使农牧区与小城镇在生产生活上实现城乡一体化。

第六节　西北地区小城镇发展中的问题与路径

一、西北地区小城镇发展面临的问题

基于以上的机遇与挑战，西北地区小城镇发展面临着以下的问题。

（一）功能定位的复杂性

西北地区地域辽阔，自然资源丰富，但生态环境恶劣，基础设施建设滞后，经济发展水平落后，特别是城镇化发展程度低，小城镇建设与发展参差不齐，由于小城镇类型的多样性与发展阶段的不同步，处于不同区域的小城镇发展状况和功能差别很大。这也带来了西北地区小城镇功能定位及发展目标的复杂性。如前所述，西北地区小城镇的类型众多但规模较小，行政型、集贸型的小城镇占了总数的85%以上，这些小城镇大多处在以为广大农村牧区提供商品交换、物资集散、行政医疗、文教服务为主的初级发展阶段，普遍存在经济规模总量小、水平低，产业结构层次偏低、就业规模小、经济的持续增长能力低、整体经济发展活力弱，以及小城镇建设水平低等问题，如何合理地确定不同小城镇的类型并进而明确发展的目标和制定发展规划是一个很复杂的难题。

（二）发展方式选择的艰难性

随着国家乡村振兴战略的推进，乡村发展在与乡土文化的融合中地域文化特色越来越彰显了出来，乡村越来越呈现了不同的特色风貌。而小城镇在推进城镇化的进程中大多照搬城市建高楼、修宽马路、建大广场、大公园等做法，彰显小城镇传统风貌的特色建筑和文化在不断地丧失，直接导致了众多小城镇面临着"千镇一面"、没有特色的尴尬。同时，当前在国家实行城市和镇分治的管理体制下，小城镇实行的也是等级化管理的模式，把镇分为县城（城关镇）和一般建制镇、集镇。城关镇作为州市县政府所在地的建制镇与其他小城镇处于不同的层级，州市县政府以强有力的资源支配能力，把大量财政资金、土地资源、人力资源及产业资源投向县城，一般小城镇的发展空间进一步受到压抑。由于建设资金投入不足，软硬件条件差，绝大多数小城镇规划和建设管理的人才和技术力量匮乏，小城镇发展进程缓慢，大多偏重于"土地的城镇化"，缺乏产业和人口的支撑，从而陷入了"产镇脱节"的误区，致使镇区就业岗位不足、镇区环境差、公共设施不足、人居水平低、生活质量不高，难以有效地集聚人口。

这些问题在中国小城镇中具有一定的普遍性。根据赵晖对全国各地

1.2万余名小城镇居民的问卷调查,小城镇居民对小城镇发展最不满意的地方主要集中在就业机会、产业发展和基础设施三个方面,不满意的比例分别为32%、21%和37%。① 同时,由于受到城市集聚效应的影响,大量小城镇和农村居民(尤其是年轻人)通过外出上学、务工或买房离开小城镇进入城市,留在小城镇的以中老年人居多,更进一步削弱了小城镇的活力。究其原因,主要还在于政府对小城镇发展方式和作用的预期存在一定的偏差。

(三)城乡发展目标的不一致性

改革开放以来小城镇发展作为城乡区域结合的社会综合体被限定于联结城乡发展的枢纽。《国家新型城镇化规划(2014—2020年)》提出,促进各类城市协调发展,优化城镇规模结构,增强中心城市辐射带动功能,加快发展中小城市,有重点地发展小城镇,促进大中小城市和小城镇协调发展。党的十九大报告提出,以城市群为主体构建大中小城市和小城镇协调发展的城镇格局。这为解决我国城镇不平衡、不充分发展的问题开出了"一剂良方",有利于促进区域平衡、城乡平衡,补齐中小城市和小城镇发展不充分的"短板"。但从实践来看,这个枢纽是单向的,协调也是大中小城市单向地对小城镇的,没有实现小城镇与大中小城市技术、资金和人才等发展要素的双向循环,小城镇没有在与周边大中小城市的充分协调中融为一体。小城镇作为城乡发展要素流动和组合的载体表现为从城市到乡村的单向模式,而忽视了小城镇服务于城市地区的作用。从这种发展模式的实际成效看,小城镇的作用限定在为农牧区发展的增长极和经济、政治、文化中心上,而忽视了小城镇在城镇体系的基础作用,割断了与大中城市的有机联系,造成小城镇的产业无法有效地参与到城镇体系内的产业分工合作之中,只能立足自身的资源为狭小的区域生产提供中低端产品与服务,这些产品和服务既无法形成规模效益又没有能力提升发展质量去拓展小城镇的发展需求,产业只能在低层次水平循环,产品和技术得不到有效提升而高端产品需求完全依赖外部市场提供。同时,

---

① 赵晖等:《说清小城镇》,中国建筑工业出版社2017年版,第64页。

小城镇政府作为城镇体系最基层的城市政府,行政管理和社会服务职能繁杂,其对小城镇的治理能力往往受制于财政收入和行政体制,能否成为区域经济社会发展的核心,能否带领乡村发展进而促进区域城乡融合发展。小城镇与乡村在体制和目标上并不一致。在传统的以镇带村的镇村关系中,由于小城镇缺乏与乡村发展目标的一致性而面临挑战。此外,随着电子商务影响的日益深入,乡村有可能借助网络电商越过小城镇而直接进入全国乃至全球生产消费网络,使小城镇集聚乡村资源的能力和作用进一步被边缘化。

(四)农牧业现代化推进的艰巨性

西北地区小城镇的经济主体大多为农牧业,由于小城镇的辐射带动能力不足,农牧业现代化的推进比较艰难。从小城镇的角度来看,小城镇的产业多为农畜产品的初级加工业,科技含量和附加值低,对需要大量资金和科学技术投入与支撑的农牧业现代化的推进作用有限,而如果小城镇对带动镇域农牧业经济发展的能力不足,则小城镇与镇域内农牧业现代化很难实现融合发展,小城镇能否成为推动镇域内农牧业现代化发展的重要力量,决定着小城镇自身发展的方向。

二、促进西北地区小城镇发展的路径

(一)把握重点,准确定位,促进小城镇产业特色化发展

从小城镇和与大中城市的产业关系来看,小城镇的产业主要是以农牧业提供的原材料进行初级产品加工为主的轻工业,属于劳动密集型产业,进入的门槛低,技术要求不高,既有利于农牧区劳动力转移就业,又有利于产业经济凭借劳动力优势加快发展,同时还能与农牧业相结合,服务于"三农",强化服务业的发展。劳动密集型产业集聚在小城镇发展,使小城镇能背靠镇域广大的优势,依靠农牧区提供的各种资源,把资源优势变成镇区发展的优势,打造小城镇与产业融合发展的特色之路。

小城镇在发展中应正确处理好与大中城市的关系,依靠大中城市,抓住大中城市产业发展的机遇,着力加快推进传统产业转型升级,延伸产业链条,提升产品附加值,充分借助政府在资金、技术、人才等方面的优惠支

持,准确定位。同时,积极依托自身的区位、资源和环境等独特优势,发展特色产业,推动小城镇三次产业融合发展。以服务新型城镇化和乡村振兴战略为导向,促进就业岗位的增加,以就业集聚小城镇的人口,扩大小城镇的规模。

(二)完善基础设施,提升人居环境品质

在保障水、电、气、道路交通、通信技术等基础设施,保障学校、医院、文化活动场所等公共服务设施,保障基本生产条件的基础上,加强生态保护,改善生态环境,包括水系治理、水源保护、水系生态、污水处理,逐步提升小城镇的城市生活品质,打造宜居小城镇,吸引人口向镇区聚集,让小城镇居民过上高品质的城市生活,把人口留住。

(三)挖掘特色文化资源,突出小城镇的文化特色

小城镇建设要避免"千镇一面",重要的是彰显自己的特色文化、传统文化、民族文化。文化是小城镇的生命和灵魂,是小城镇发展的重要内核。小城镇与文化是与生俱来、密不可分的统一体。小城镇要发展必须要塑造特色的文化空间载体,培育常态化的文化活动,将文化与现代人居生活有机融合,形成小城镇独特的文化标识,重塑地缘文化记忆。要正确处理小城镇建设与文化保护传承的关系,深入挖掘自身文化特征,保留地方文化的多样性,实现生产、生活、生态活动的共生和不同文化之间的共生,把小城镇建设与经济发展、产业生产、社会活动与休闲养生、文化旅游、非遗传承、自然环境保护融为一体。

(四)协调镇村关系,以镇带村,实现城乡融合发展

乡村治理以村民自治为基础,城镇管理与乡村治理要实现有效衔接,必须要加强以乡镇政府驻地为中心的农牧民生活圈建设,以镇带村、以村促镇,推动镇村联动发展。实现城乡关系对等化、城乡目标一致化、城乡设计一体化,多规合一、功能互补,统筹城乡产业、基础设施、公共服务、资源能源、生态环境等布局,形成田园乡村与现代城镇交相辉映的城乡发展形态,做到"一张蓝图绘到底,一张蓝图干到底"。

(五)发展镇区工商业,以工促农,推进农牧业现代化

镇区工商业是小城镇发展的基础,产业协同发展是推动城乡融合发展的物质保障。要在强化镇区工商业发展的基础上,根据城乡产业发展规律和各自比较优势,增强城乡三次产业、同次产业之间的内在联系,把现代农牧业、新型工业与现代服务业有机结合起来,在推进农牧业现代化进程中积极拓展乡村的多种功能,实现多重价值,培育多种业态,激发乡村经济发展新动能。

第四章　小城镇发展与人口问题

集聚经济理论认为,城镇的基本特征在于其聚集性,任何一个城镇都是以资源集聚获得规模效益的,而规模效益得以产生的前提是人口的集聚要达到一定的规模。将小城镇作为推进新型城镇化的重要载体,必须使小城镇具备一定的人口规模和集聚能力。一定的人口规模是小城镇发挥产业积聚、资源集中和促进第三产业发挥作用的基础。同时,小城镇发展还要有一定范围的资源腹地和人口来源,这样的小城镇才有持续发展的支撑力,使小城镇的建设资金和基础设施发挥效力。根据城镇经济发展规模效益对人口的要求,小城镇的合理人口规模达到 5 万人左右才能体现出基本的规模效益。而西北地区的小城镇大多人口较少,特别是牧业区的小城镇镇区人口普遍只有几千人,大多都达不到合理的人口规模,起不到小城镇凝聚资源和区域增长极的作用。其原因除了总人口太少且呈现高度的非均衡分布之外,主要原因在于自给自足的、低效的农牧业自然经济和人力资本欠缺使农牧民被束缚在土地上。因此,目前西北地区小城镇发展的核心问题首先要通过土地流转发展现代农牧业来解放劳动力,使农牧民能离得开土地,能自由流动。其次要以多种形式提升在教育、医疗和经济发展中所形成的人力资本,强化农牧民适应城镇工作生活的资本和能力,让进入小城镇的农牧民有能力留下来成为小城镇的永久居民。而最关键的是要发展特色工商业,提高小城镇的就业、收入水平与生活质量,使其具有更强大的吸引人口向小城镇转移的拉力,有效地吸引人口入住小城镇,壮大人口规模,形成人口规模集聚,为小城镇有效发挥区域增长极作用提供前提条件。

第一节　西北地区的人口及分布

一、西北地区的人口

根据《中国统计年鉴 2020》和《陕西统计年鉴 2020》《甘肃统计年鉴 2020》《青海统计年鉴 2020》《宁夏回族自治区统计年鉴 2019》和《新疆维吾尔自治区统计年鉴 2019》的数据,2019 年年末西北五省(自治区)总人口为 10349 万人。其中,陕西省为 3876 万人,城镇常住人口 2304 万人,城镇化率为 59.43%;[①]甘肃省为 2647.43 万人,城镇常住人口 1283.74 万人,城镇化率为 48.49%;[②]宁夏回族自治区为 688.11 万人,城镇常住人口 405.16 万人,城镇化率为 58.88%;[③]新疆维吾尔自治区为 2486.76 万人,城镇常住人口 1266.01 万人,城镇化率为 51.87%;[④]青海省为 607.82 万人,城镇常住人口 337.48 万人,城镇化率为 55.52%。[⑤]

二、西北地区人口分布及其特点

(一)西北地区人口分布

人口分布是指人口在一定时间内、一定区域内的空间存在形式、分布状况,受自然状况、生态承载力、社会、经济、文化和政治等多种因素制约。西北地区的人口分布主要受地理环境、生态承载力、民族文化和经济因素的制约。

从地理环境和生态承载力来看,西北地区地形复杂,山脉纵横交错,地貌复杂多样,山地、高原、平川、河谷、沙漠、戈壁交错分布,海拔相差悬

---

① 陕西省统计局编:《陕西统计年鉴 2020》,中国统计出版社 2020 年版,第 76 页。

② 甘肃省统计局编:《甘肃统计年鉴 2020》,中国统计出版社 2020 年版,第 173、189 页。

③ 宁夏回族自治区统计局编:《宁夏统计年鉴 2019》,中国统计出版社 2019 年版,第 12 页。

④ 新疆维吾尔自治区统计局编:《新疆统计年鉴 2019》,中国统计出版社 2019 年版,第 3 页。

⑤ 青海省统计局编:《青海统计年鉴 2020》,中国统计出版社 2020 年版,第 71、72 页。

殊,高山、盆地、平川、沙漠和戈壁等兼而有之,不适合人类生存的地域占了总面积的七成以上。大陆性干旱气候带来的干旱缺水、冬寒夏暑、日夜巨大的温差和脆弱的生态环境制约着人类的生存与发展,使西北地区的人口呈现河谷地带人口密集,草原牧区人口稀疏,大城市人口高度集聚,中小城市和小城镇人口少的"大密大疏"的特点。

分省(自治区)来看,陕西省位于中国的内陆腹地,全省总面积 20.58 万平方公里,横跨黄河和长江两大流域中部,北山和秦岭把陕西分为三大自然区域:北部是陕北高原,中部是关中平原,南部是秦巴山区。陕西省是西北地区地理环境最好的省份,精耕细作的农业养活了 3876 万人口,八百里秦川是人口最密集的农业区。而地处黄土高原、青藏高原和内蒙古高原三大高原交汇地带的甘肃省,境内地形复杂,是山地型高原地貌。脆弱的生态环境和占全省一半土地面积的干旱荒漠,不仅严重影响了经济的发展,也使甘肃的人口增长乏力,只有 2647 万人,主要分布在甘肃南部的兰州、定西、庆阳、天水、陇南等城市和地区。总面积只有 6.6 万多平方公里的宁夏回族自治区,地势南高北低,山地、高原约占全区的 75%,沙漠占了全区总面积的 8%,17% 的平原地区养育了 688 万宁夏各民族人口中的绝大部分,黄河出青铜峡后,形成的 1.7 万平方公里的银川冲积平原是宁夏最重要的粮食生产基地,也是人口最密集的地方。面积占中国国土总面积 1/6 的新疆维吾尔自治区,是中国陆地面积最大的省级行政区,本应是人口最多的省份,但面积达 71.3 万平方公里的沙漠、戈壁是人类生活的禁区,而温带大陆性干旱气候带来的干旱、冬寒夏暑、日夜巨大的温差使 2486 万人主要分布在南北疆有限的绿洲、城镇居住和生活。青海省雄踞世界屋脊青藏高原的东北部,平均海拔 3000 米以上,除占总面积约 4% 的东部河湟地区外,广大牧区生态脆弱,不适于人类生存与发展,近 608 万人口主要分布在河湟地区和城镇,省府西宁市集聚了 237.11 万人口,占了青海省总人口的 1/3,而占省域面积 96% 的广大的牧区每平方公里不足 2 个人。

从经济发展来看,虽然西北地区地域广大,自然资源丰富,近年来,在政府西部大开发战略、"一带一路"倡议等重大战略的带动下,西北地区经济持续以较快的增速在发展,但仍然是全国经济实力最弱的地区。

表4-1　2018年全国与西北五省(自治区)生产总值及人均地区生产总值比较

省、自治区	国内(地区)生产总值 (亿元)	人均国内(地区)生产总值 (元/人)
全国	990865.1	70892
陕西省	25793.17	66649
甘肃省	8718.30	32995
青海省	2965.95	48981
宁夏回族自治区	3748.48	54217
新疆维吾尔自治区	13597.11	54280

资料来源:国家统计局编:《中国统计年鉴2020》,中国统计出版社2020年版,第56、57、69、70页。

从表4-1可以看出,西北五省(自治区)中,除陕西省的人均地区生产总值接近全国平均值外,其他四个省区都大幅度地低于全国平均水平。西北五省的地区生产总值总量为54823.01亿元,只占全国国内生产总值的5.53%。

从民族文化角度来看,西北地区是我国主要的少数民族聚居区,分布着藏族、回族、蒙古族、维吾尔族、撒拉族等众多的少数民族。牧区是西北少数民族的主要聚居区,各族牧民长期逐水草而牧、逐水草而居,受制于经济发展、民族文化和宗教的影响,少数民族在人口分布上呈现出大散居、小聚居,交错杂居,多民族混居的特点。同时,少数民族聚居区大多经济欠发达,社会发育程度总体较低,生存环境恶劣,生态超载,耕地资源比较匮乏,人居环境改善缓慢,虽然人口总量增长比较快,但综合素质的不足影响着人口向城镇的流动。

(二)西北地区人口分布的特点

1. 人口空间分布极不均衡,城镇化水平低,城镇化发展受到诸多限制

经济总量小、人口少而幅员辽阔的现实,使西北地区的大城市资源相对丰富,超强的集聚能力,吸引了大量的人口居住,而中小城市和小城镇人口稀少,发展能力欠佳,城镇和人口呈现高度非均衡分布,城镇化率远

低于全国平均水平。从西北地区的地图上我们可以直观地看到,西北地区的城镇呈现从南到北的递减规律。陕西省的城镇密度较大,过了甘肃省兰州市城市则逐渐稀少,甘肃省的河西走廊和青海省的青藏高原部分,新疆维吾尔自治区的南北部沙漠地带城镇则很少,零星分布在广大的草原、沙漠绿洲上。根据《中国统计年鉴2020》的数据,2019年年末大陆总人口140005万人,城镇常住人口84843万人,常住人口城镇化率为60.60%[①],而西北五省(自治区)的城镇常住人口和城镇化率均低于这一平均水平且大部分城镇人口集中在省(自治区)府所在的大城市。例如,西安市是陕西省的省府,2019年年末西安市的户籍统计人口为1020.35万人,占陕西省户籍统计人口3876.21万人的26.35%[②],一个城市集聚了全省1/4以上的人口。西宁市是青海省的省府,2019年年末西宁市的户籍统计人口为209.37万人,占青海省户籍统计人口598.03万人的35.55%,集聚了全省1/3以上的人口。[③] 人口高密度地向大城市集聚而小城镇和农牧区人口稀疏的特征非常明显。

2. 西北地区既是边疆又是多民族共处的现实,决定了人口集聚的特殊性

西北地区民族众多,少数民族人口占比高,长期以来形成了少数民族大散居、小聚居,交错杂居,多民族混居的生存状态。这种生存状态既带来了民族融合与发展,也带来了因各种利益关系而产生的民族矛盾和冲突。同时,以宗教信仰形成的少数民族聚居受宗教戒律、民族文化、生活习俗及语言等的制约,使少数民族人口向城镇流动的意愿和能力不强。

3. 城镇分散,工商业不强,人口依附于农牧业

工业在城镇的集聚产生的就业岗位相应地吸引着乡村人口源源不断地进入城镇,在城镇体系逐渐形成的过程中,人口分布格局从散布型走向点—轴集中型。而西北地区工商业欠发达带来的城镇化滞后使城镇不仅规模小而且高度分散,缺乏规模效应的小城镇由于自身无法提供足够的

---

① 国家统计局编:《中国统计年鉴2020》,中国统计出版社2020年版,第31页。

② 陕西省统计局编:《陕西统计年鉴2020》,中国统计出版社2020年版,第79页。

③ 青海省统计局编:《青海统计年鉴2020》,中国统计出版社2020年版,第74页。

就业岗位和较高质量的城镇生活,对农牧区人口缺乏吸引力,人口向小城镇集聚的动力不足,人口分布仍然呈现出农牧业依附型的特征,依农牧业生产方式稀疏地散布在广大农牧区。

4.环境严酷,人口增长慢

严酷的地理环境和气候条件使西北地区大部分的土地为荒漠砂砾,不适宜人口居住,恶劣的自然环境在制约着西北地区经济社会发展的同时也制约着人口的增长和发展,人口增长缓慢且主要集聚在环境、气候和经济发展相对较好的城镇、河谷和绿洲地区。

第二节　西北地区小城镇集聚人口的难点与路径

一、人口迁移的一般理论

(一)人口与人口迁移

人口是指特定时间、特定地域所存在的人的集合。一定数量的人口是社会物质生活的必要条件,是全部社会生产行为的基础和主体,人类的一切经济活动、社会关系、经济现象和社会问题都同人口发展过程相关。人口按居住地可以划分为城镇人口和乡村人口,还可以按年龄、性别、职业、部门等构成划分为不同的群体。

人口迁移一般指的是人口在两个地区之间的空间移动,这和移动通常涉及人口居住地由迁出地到迁入地的永久性或长期性的改变。联合国《多种语言人口学辞典》给人口迁移下了一个为人们普遍接受的定义,即"人口在两个地区之间的地理流动或者空间流动,这种流动通常会涉及永久性居住地由迁出地到迁入地的变化。这种迁移被称为永久性迁移,它不同于其他形式的、不涉及永久性居住地变化的人口移动"。由于计划体制下户籍制度的作用,传统意义上的中国人口迁移是指户籍登记地的永久性改变。而事实上,存在大量非户籍登记地或居住地非永久性的改变,这种情况常常被称为人口流动。人口流动是人口在地区之间所作的各种各样短期的、重复的或周期性的运动。根据人口流动的时间,可以把人口流动划分为:(1)长期人口流动。即离开户籍登记地在 1 年以上、在外寄居,而户口仍留在原地。(2)暂时人口流动。指离开户籍登记地 1 天以上、1 年以下,在外寄居或停留,而户口仍在原地。(3)周期性人口流动。即有规律地定期离开户籍登记地和返回户籍登记地,又称为钟摆式或候鸟式人口流动。(4)往返性人口流动。一般指早出晚归,不在外过夜的人口流动(如城市职工的上下班等)。

(二)人口迁移的一般理论

人口迁移是学界广泛关注的一个课题,有关的理论很多,其中最具代表性的主要有"推—拉"理论、"投资—利润"理论和托达罗模型。

1."推—拉"理论

"推—拉"理论是 20 世纪五六十年代西方最为流行的迁移理论。该理论认为,在西方工业革命中,各国出现了以制造业为主的现代工业和以城市为中心的商业。城市新兴产业和商业为广大迁移者提供了就业机会,就是所谓"吸引"因素,即"拉力"。同时广泛使用机器使农村劳动力出现了过剩,过剩的劳动力被迫离开土地进入城市寻找工作,即农村"推力"因素,或称"斥力"。该理论认为,人口迁移是在迁出地的推力或排斥力和迁入地的拉力或吸引力共同作用下,通过市场调节从农村流向城市的结果。美国著名发展经济学家威廉·阿瑟·刘易斯(William Arthur Lewis)以二元经济发展模式为前提,用这种"推动—吸引"理论或"推—拉"理论解释了发展中国家的农村—城市人口的迁移活动。

2."投资—利润"理论

该理论认为,人们的迁移过程是一种投资或成本,而迁移后人们获得的好处则是一种利润。迁移活动中的投资包括迁移中的体力消耗、资金花费、原居住地各种可能带来收益机会的丧失、新迁地的孤独、家人离异等心理上的代价等。迁移后的利润包括可能增加的收入、更高的生活水平、更多的就业学习机会、更丰富多彩的生活环境等。这一理论解释了为什么人们的迁移活动会随年龄增加而递减的现象。

3.托达罗模型

托达罗模型是美国发展经济学家托达罗(Michael P.Todaro)于 1970

年发表的农村劳动力向城市迁移决策和就业概率劳动力流动行为模型，又称三部门模型。托达罗假定农业劳动者迁入城市的动机主要决定于城乡预期收入差异，差异越大，流入城市的人口越多。该理论认为，农村人口是否会流入城市取决于城乡劳动者实际收入的差距和农村移民可能找到工作机会的大小，只要城市预期收益高于农村，农业人口就会向城市流动，即在城市可能有较高收入和就业机会的期望引起人们的迁移行为。托达罗迁移模型客观地反映了人口和劳动力在比较经济利益的驱动下向较高收入的地区或部门流动的理性经济行为。只要存在收入相对较高的就业岗位和就业机会，就会对收入较低、就业不足的劳动力产生持续的引力（拉力）效应。对迁移成本的计算与预期是影响劳动力作出迁移与否决策的重要因素之一。根据托达罗的模型，可以让准备迁移的人们对自己的行为作出更合理的决策。

以上理论的共同点是以城乡经济收入的差异解释农村人口向城镇迁移的内在驱动力和合理性，对人口迁移的一般原理进行了比较合理的解释，对促进西北地区小城镇的人口集聚有一定的指导意义。但这些理论对社会制度和相关政策等因素带来的人口迁移问题缺少研究，对发展中国家的人口迁移问题解释力不足。因此，解决好西北地区小城镇的人口集聚问题，不能完全沿用西方的人口迁移理论，应在政府的主导和支持下，理顺小城镇发展的思路，发展现代农牧业，夯实小城镇经济发展的产业基础，在实现镇村产业融合发展的基础上实现人口向镇区的集聚。

（三）农牧区人口与农牧区人口流动

1. 农牧区人口与农牧区人口转移

从区域角度来看，农牧区的人口由从事农牧业的劳动力、从事农牧区第二、第三产业的劳动力和他们的家属构成。城镇化进程中的人口大规模的流动起始是因为机械在农牧业中的广泛使用对劳动力的排挤和城镇第二、第三产业发展对劳动力的需求。在两者的推拉作用下，农牧区剩余劳动力的转移首先是从事农牧业的劳动力或就地或离开家乡从从事农牧业转为从事第二、第三产业，完成了职业转换。其次是农牧区第二、第三产业在规模效益的吸引下不断向小城镇的集聚发展带来了从事农牧区第

二、第三产业生产的劳动力也随着企业向小城镇的镇区聚集,完成了居住空间转换。最后是农牧区非剩余劳动力人口追随剩余劳动力的空间转移,完成了人口向城镇的空间聚集。

2.人口转移的制度背景与特点

威廉·阿瑟·刘易斯在研究发展中国家经济发展时,提出了著名的二元经济发展模式。该模式表明,在传统经济与现代经济并存的二元经济向现代一元经济的转变过程中,农牧业富余劳动力被现代工业部门吸收是这种转变的核心。在自由市场经济的条件下,劳动力作为生产资料的市场属性,农牧区富余劳动力和人口的转移在时空上基本是一致的,在完成职业转换的同时也基本同步完成了居住空间的转移。

但由于历史的原因,20世纪50年代末期中国政府为了保障工业化的顺利进行,国家采取了一系列的限制措施,通过构建城乡分治的户籍管理制度和农牧区土地集体所有制度限制城乡人口自由流动,致使中国的人口流动受政策制约而出现了许多具有中国特色的流动特点。

中国改革开放后在现代化的进程中必须要完成从二元经济向一元经济的转变。但中国在这个转变过程中同时还面临着另一个转变,即从传统计划经济体制与现代市场经济并存的双重体制转换为单一的现代市场经济体制。由于二元经济与双重体制交织在一起,使中国农牧区的剩余劳动力转移与刘易斯的二元经济发展理论不符,体现了特有的中国特色。其表现为:劳动力转移先于人口转移,在农村产生了庞大的留守儿童、妇女、老人群体;职业转换先于身份转换,在城镇产生了2.6亿多人的农民工阶层;劳动力和人口转移的不彻底导致农牧区土地很难彻底流转,农牧民难以放弃土地的社保功能,联产承包责任制带来的土地高度碎片化严重影响了农牧业现代化的推进和城乡融合发展,也影响了城镇化的质量。

(四)人口向小城镇转移的障碍与条件

1.人口向小城镇转移的主要障碍

(1)土地制度

一个国家的农村土地制度对农业劳动力的转移及其进程有着极强的制约力。从发达国家的历史经验来看,15世纪末至18世纪,以"圈地运动"为标志的英国土地制度变革使独立的小农阶层基本上被消灭,大农场租佃制在英国农业中占据了统治地位,从而加速了英国农业劳动力的转移进程。到 1821 年,英国的农业人口占总人口的比重下降到 32%,1851 年则进一步下降到了 16%,1871 年下降至 12%。与此同时,法国和德国的农民在封建土地关系牢固的统治下,无法大批量地从农村中游离出来,农业劳动力转移则显得相对迟缓。①

同时,农村土地制度对农村劳动力的转移方式也有强大的制约力。由于英国是世界工业革命的先驱,工业在大城市的集聚带来的就业机会使农业转移劳动力与农牧业实现了完全的分离,在使绝大部分农村转移劳动力都进入城市,实现了职业转换和生活空间转换同步的同时也实现了土地的快速集中,促进了农牧区现代化大农(牧)场的发展。而法国、德国等自耕农占主导的国家,由于受土地的制约,其劳动力转移往往不彻底,兼业化现象比较普遍,就近向小城镇转移的比较多,职业转换与生活空间转换不一致,既影响了人口向大城市的聚集,也制约了大农(牧)场的发展。

中国现有的土地制度是具有中国特色的一种土地占有制,采用的是国有和集体所有两种土地所有制形式。农村土地的集体所有制,使每个具有集体身份的成员,具有天然的分享集体土地收益和承包土地使用权的权利。国家政策允许农村土地承包权的流转,可以使农牧民通过土地使用权的转让摆脱对土地的依附关系,进入城镇成为城镇居民。但在这种制度背景下,农牧民对土地的均分承包权及其子女在集体内对土地经营权的继承权,再加上农牧民在城镇永久性就业与定居的种种制度限制的普遍存在和事实上土地承担的不可替代的社会保障功能,使我国农牧区已经实现了职业转移的农牧业劳动力和人口基本上都不愿意放弃土地承包权,大多选择了在保留小块土地承包经营权的前提下去谋求非农牧业更多的收益,成为农牧民在现行制度约束下的理性选择。其带来的后

---

① 蔡秀玲:《论小城镇建设——要素聚集与制度创新》,人民出版社 2002 年版,第 160 页。

果是大量的农民工不能正常地市民化,成为摇摆在城乡间的流动人口,人口集聚不稳定,户籍城镇化大幅度低于常住人口城镇化,造成城镇化的低质量;农牧业土地难以有效地聚集或集聚成本过高,制约了农牧区现代化农牧业的发展,农牧业发展滞后于工业化,对工业化的发展也形成制约。

（2）户籍与就业制度

户籍制度是中国特有的按居住地进行人口登记和管理的一套系统,是以控制人口流动为目标的制度安排,是中国计划经济体制的产物。在这个制度下,中国社会被分割成城镇和乡村两个社会,实行不同的管理体制,享受不同的社会经济待遇。居民在户口登记的居住地可以享受各种福利待遇和相对价廉的社会服务,在非户口登记地则无权享受这些待遇,甚至不能正常地购房、就业。国家通过户口制度的调整,控制着人口在城乡之间、城镇之间的流向,从而也间接地控制了劳动力的就业,使劳动者和企业在达成雇佣协议的时候,不仅要考虑效率而且还要考虑户籍及户籍后面福利待遇的限制,大幅度地提高了用工成本。

（3）社会保障与行政管理制度

与城乡二元制度相一致,中国的社会保障与户籍制度紧密相连,实行城乡二元的保障制度。社会保障主要针对非农牧业户籍的人口实行保障,农牧业人口的社会保障水平很低,基本依赖土地保障,即使进入城镇的农民工也缺乏必要的社会保障。当城镇经济面临较大波动的时候,大批量的农牧区进城人口只能返回家乡,而无法依靠城镇的福利制度留在城镇,通过提高自己的技能跟上产业转型升级的需要成为城镇的稳定人口和企业的后备劳动力。这也带来了企业用工成本的不断提高和熟练技工的短缺,对企业的转型升级形成制约。

与户籍制度紧密相连的还有中国的行政管理制度。行政管理制度是指一个国家或地区对政府各级官员政绩的考核制度,以及政府的管理权限和管理方式。前者决定着政府行为的宗旨和行为准则,后者决定着政府控制生产要素的多寡及控制方式。① 在中国现行行政管理制度下,各

---

① 蔡秀玲:《论小城镇建设——要素聚集与制度创新》,人民出版社 2002 年版,第 251 页。

级政府及各个部门面对绩效考核和出于维护地方、部门利益的需要,会运用户籍制度、土地制度、用工制度、购房政策等对流动人口进行充分的控制,从而保障自己区域或部门利益的最大化,这不仅制约着农牧区人口向城镇的集聚,也制约着不同等级城镇和部门之间的人口流动,极大地制约了劳动力资源的使用效率。

2.人口向小城镇转移的一般条件

从一般意义上来看,吸引人口向小城镇集聚的条件主要有以下几个:一是农牧业现代化的推进带来的为农牧业服务的企业在小城镇的集聚带来的就业岗位,为进入小城镇的农牧民劳动力解决了就业问题;二是农牧业生产现代化带来的较高收入可以使在农牧业服务企业从事生产的人员能在小城镇安家落户;三是社会保障制度在小城镇的全覆盖,使农牧民能放心地流转土地牧场;四是户籍制度带来的福利城乡一致化或彻底消失;五是逆城镇化带来的高端产业和大中城市的人才及创业者向小城镇的转移,为小城镇的发展提供机会。

二、西北地区小城镇集聚人口的难点

人口在物理空间上向城镇集聚,只是城镇化的表征之一,难点在于如何吸引人口进入小城镇和让进入小城镇的人口能真正地留下来,成为永久的居民并形成城镇凝聚力,进而吸引更多的人口进入促进小城镇的发展壮大。推拉理论认为,人口流动的目的是获得更高的收入、改善生活条件,流入地的那些有利于提高收入、改善生活条件的因素就成为拉力,而流出地的不利的生活条件就是推力,人口流动就由这两股力量前拉后推所决定。因此,从宏观上来看,西北地区小城镇集聚人口的难点主要在以下几个方面:一是西北地区农牧业的主体区域仍然处于自给自足的自然经济状态,现代农牧业的欠发达,使农牧民只能依附于低效的农牧业生产,无法脱离农牧业的束缚;二是教育欠发达使农牧民适应城镇工作、生活的能力不足,接受教育时间短、程度低所形成的人力资本欠缺,使很多农牧民即使进入城镇也很难在城镇找到合适的工作岗位而持久立足;三是小城镇的生活成本相对于农村牧区是比较高的,生活成本的高昂使缺乏就业能力和相应经济收入的农牧民很难在城镇安家落户;四是现行土地制度下农牧民的农村社区属性制约着人口的流动。农牧民对土地的均分承包权及其子女在集体内对土地经营权的继承权均以有农村户籍为前提,放弃农村户籍意味着将失去很多集体福利获得权。在中央政府大力推进精准扶贫和城乡融合发展中对乡村进行大力扶持的当下,农牧民很难放弃户籍而舍弃各种利益;五是小城镇自身建设的不足,特别是产业发展能力的欠缺带来的就业岗位的稀少,使镇区缺乏对人口持续稳定的拉力。

三、西北地区小城镇集聚人口的路径

真正的城镇化,除了人口聚集外,更要以持续发展生产力为基本前提,以聚集现代产业要素为重要保障,以转变生产生活方式为有力支撑,以增强社会交往能力与文化适应性为目标导向,以增强城镇系统的承载能力、满足其生产生活需求为基本要求。

按以上的思路,西北地区小城镇集聚人口的可能路径主要有如下几个方面:一是释放推力。完善流转土地、草场的政策,促进土地、草场的流转和集中,发展现代农牧业,提高农牧业生产的规模效率,解放劳动力,使更多的农牧业剩余劳动力能离得开土地、离得开农牧业。二是做强拉力。发展特色工商业,提高小城镇的就业、收入水平与生活质量,使其具有更强大的吸引人口向小城镇转移的拉力。三是强化能力。以多种形式提升农牧区人口在教育、医疗和经济发展中所形成的人力资本,提高农牧民适应城镇工作生活的资本和能力,让进入小城镇的农牧民有能力留下来成为小城镇的永久居民。

第三节 土地流转与农牧民进城

一、中国土地流转的发展历程

人口的自由流动不仅是改善资源配置效率的基本前提,而且也是这

个国家的公民能够充分平等地享受国家发展成果的基本条件。目前,制约农牧区人口流动的核心问题是土地问题。实行家庭联产承包责任制后,一家一户加一小块土地的自给自足的小农经济把农牧民束缚在土地上很难使他们能自由流动,而城镇化必须使农牧民脱离土地的束缚向城镇自由流动并向城镇集聚,面对这一矛盾,中国政府从20世纪80年代就开始了土地流转路径和方式的探索。

(一)20世纪80—90年代,从禁止转让到有条件地允许转让

1978年,安徽凤阳小岗村18户农民搞起的"大包干",正式揭开了中国农村土地制度改革的新时期,中国农村土地制度从单纯集体所有向集体所有、家庭经营的两权分离模式转变。1985年以前由于我国经济发展水平相对较低,并且家庭联产承包责任制还未完全确立,农村土地使用权存在不稳定的现象,因此国家在这一时期对农村土地流转进行了较为严格的限制。例如,1982年的《中华人民共和国宪法》对农村土地流转进行了明确规定:"任何组织或者个人不得侵占、买卖、出租或以其他形式非法转让土地。"同年党中央在《全国农村工作会议纪要》中,更加明确地指出:"社员承包的土地,不准买卖,不准出租,不准转化,不准荒废,否则集体有权收回。"1984年,随着我国家庭联产承包责任制正式在全国范围内确立,农村的土地使用权趋于稳定,国家根据农村发展的现实情况对农村土地流转的相关政策在一定程度上进行放开,允许土地经营权在一定范围内流转。1984年的中央一号文件首次提出了"鼓励土地逐步向种田能手集中。社员在承包期内,因无力耕种或转营他业而要求不包或少包土地的,可以将土地交给集体统一安排,也可以经集体同意,由社员自找对象协商转包"。1986年,国家颁布的《关于一九八六年农村工作的部署》的文件提出,"随着农民向非农产业转移,政府鼓励耕地向种田能手集中,发展适度规模的种植专业户"。同年出台的《中华人民共和国土地管理法》第二条明确规定,"国有土地和集体所有的土地使用权可以依法转让"。首次从国家立法的高度对农村土地流转进行了肯定。1987年,国务院批准将部分沿海发达城市列为我国农村土地的流转试点,积极推进

这些城市的农村土地流转实验。1988年通过的《宪法修正案》,删除了原宪法中不得转让土地的硬性规定。

(二)20世纪90年代以后,立法保障土地有序流转

进入21世纪,农村土地流转的形式和规模发生了巨大变化。2003年实施的《农村土地承包法》从法律层面体现了对于合法土地承包经营权的保护。该法规定,通过家庭承包取得的土地承包经营权,可以依法采取转包、出租、互换、转让或者其他方式流转。2004年,国务院颁布了《关于深化改革严格土地管理的决定》,其中关于"农民集体所有建设用地使用权可以依法流转"的规定,强调"在符合规划的前提下,村庄、集镇、建制镇中的农民集体所有建设用地使用权可以依法流转"。2005年3月1日实行的《农村土地承包经营权流转管理办法》第六条规定:承包方有权依法自主决定承包土地是否流转、流转的对象和方式。任何单位和个人不得强迫或者阻碍承包方依法流转其承包土地。第七条规定:农村土地承包经营权流转收益归承包方所有,任何组织和个人不得侵占、截留、扣缴。2007年《中华人民共和国物权法》正式确立了农村土地承包经营权为用益物权,并规定"土地承包经营权人有权将土地承包经营权采取转包、互换、转让等方式流转",这意味着国家对土地流转政策的调整已从生产经营机制改造层面进入土地财产权利构建层面,以确保农户在土地流转过程中的主体地位。2008年《中共中央关于推进农村改革发展若干重大问题的决定》强调,"现有土地承包关系要保持稳定并长久不变",要"加强土地承包经营权流转管理和服务,建立健全土地承包经营权流转市场,按照依法自愿有偿原则,允许农民以转包、出租、互换、转让、股份合作等形式流转土地承包经营权,发展多种形式的适度规模经营。有条件的地方可以发展专业大户、家庭农场、农民专业合作社等规模经营主体"。此后,2013年以来每年的中央一号文件继续对土地流转的相关内容进行强调和完善,如坚持依法自愿有偿原则,引导农村土地承包经营权有序流转,鼓励和支持承包土地向专业大户、家庭农场、农民合作社流转,发展多种形式的适度规模经营;积极培育家庭农场、专业大户、农民合作社、农业产业化龙头企业等新型农业经营主体等。

2014年11月，中共中央办公厅、国务院办公厅印发了《关于引导农村土地经营权有序流转发展农业适度规模经营的意见》，并发出通知，要求各地区各部门结合实际认真贯彻执行。意见要求大力发展土地流转和适度规模经营，五年内完成承包经营权确权。2014年12月31日中共中央办公厅、国务院办公厅印发了《关于农村土地征收、集体经营性建设用地入市、宅基地制度改革试点工作的意见》，决定在全国选取30个左右的县（市）行政区进行试点。

允许土地流转的最大意义在于解放了被土地束缚的农牧区劳动力，这些人口向城镇流动形成的庞大的农民工队伍不仅成为城镇建设的主力军，也成为推动中国城镇化进程的重要力量。同时，通过土地流转也使因家庭联产承包责任制而高度碎片化的土地得以有条件地集中起来，为农牧业现代化生产提供了条件，对促进城乡产业融合发展起到了积极的促进作用。

二、土地流转与"新三农"问题

城乡关系是国家和区域内最为重要的相互依赖关系，土地流转是城乡资源优化配置的一个重要前提条件，但土地流转和农牧民进城也带来了农村城镇化、农业现代化和农民职业化的"新三农"问题。

允许土地流转后，随着大量农牧区人口向城镇的转移，农村、农业、农民如何发展成为中国城镇化进程中的一个重要问题。历年的中央一号文件都对"三农"问题作出了切合实际的部署，但西北地区的特殊性决定了"新三农"问题的解决有其复杂性。首先，西北地区的农村规模小、人口少，缺乏工商业等非农产业的支撑，几十户、几百人的村庄就地城镇化几乎没有可能。其次，虽然土地广大，但由于受高寒环境的制约，土地收益低，缺乏资本的支持，以家庭农场为主要形式的农牧业现代化发展缓慢，农牧业仍然以自给自足的自然经济为主。最后，由于农牧业现代化推进速度缓慢，农牧民的文化水平低，农牧民的职业化也很难推进，即使对农牧民进行了职业技能培训，也少有用武之地。因此，"新三农"问题解决的主要路径在于推动以农牧业现代化为核心的产业发展，只有在农牧业现代化发展的基础上,壮大以家庭农(牧)场为主要形式的农牧产业和围绕为农牧业服务的第二、第三产业依托小城镇集聚发展,使农牧业有了更多的剩余,满足了工业部门扩张的需要,才能更多地吸纳农牧业剩余劳动力。

三、土地流转与乡村振兴

(一)产业兴旺是乡村振兴的基础

党的十九大报告对乡村振兴战略提出了"产业兴旺、生态宜居、乡风文明、治理有效、生活富裕"的 20 字总要求。其核心要求是"产业兴旺",只有使农牧业兴旺发达起来,乡村振兴才有坚实的经济基础。实施"乡村振兴战略"的关键在于推进农牧业的现代化。规模化是现代农牧业的基本特征。通过土地承包经营权流转,适度集中土地是推进农牧业现代化实现的必要条件。实现适度规模经营,推进以适度规模经营为前提的现代化农牧业是乡村振兴战略实现的基础。2018 年中央一号文件围绕实施乡村振兴战略讲意义、定思路、定任务、定政策、提要求,确立起了以农业供给侧结构性改革为主线,加快构建现代农业产业体系、生产体系、经营体系,提高农业整体竞争力,为农业现代产业的蓬勃发展提供切实保障来推进乡村振兴的"四梁八柱"。2018 年 9 月 26 日中共中央、国务院颁布的《乡村振兴战略规划(2018—2022 年)》用三十七章的篇幅对中国的乡村振兴作出了全面的部署。从总的要求来看,规划提出产业兴旺是实现乡村振兴的基石,要求在发展生产的基础上培育新产业、新业态和完善产业体系,使农村经济更加繁荣;生态宜居是提高乡村发展质量的保证,要求在治理村庄脏、乱、差的基础上发展绿色经济、治理环境污染并进行少量搬迁,使农村人居环境更加舒适;治理有效是乡村善治的核心,要求加强和创新农村社会治理,使农村社会治理更加科学高效,更能满足农村居民需要;生活富裕是乡村振兴的目标,要求按照全面建成小康社会奋斗目标和分"两步走"全面建设社会主义现代化强国的新目标,使农民生活更加富裕、更加美满;乡风文明是乡村建设的灵魂,要大力弘扬社会主义核心价值观,传承遵规守约、尊老爱幼、邻里互助、诚实守信等乡村良好习俗,努力实现乡村传统文化与现代文明的融合。乡村振兴战略是社会主义新农村建设的升华版,为在新时代实现农业全面升级、农村全面进步、农民全面发展指明了方向和重点。①

（二）小城镇建设是带动西北地区乡村振兴的必然选择

从西北地区农牧业发展的现状来看,由于农牧区区域广大,农牧业高度分散、规模小、地理环境严酷,缺乏自我发展现代农牧业的基础,立足于小城镇的建设来带动乡村振兴战略的实施是一个必然的选择。

1. 小城镇在城乡统筹发展中发挥着重要的枢纽作用,是工业化、城镇化、信息化、农业现代化同步推进的重要节点

完善小城镇的各项功能,使之发展成为既具有相应人口规模和经济实力,又具有各自风貌和特色的功能健全、设施配套、环境整洁,具有较强辐射能力的区域中心,是实现城乡统筹发展的重要融合点。

2. 通过完善小城镇的市场功能可以为农牧业现代化生产提供各种服务

发达的小城镇是现代农牧业发展的一个重要载体。相对于传统农牧业而言,现代农牧业是指现代科学技术在农牧业生产中得到了普遍应用,农牧业生产的机械化、专业化、集约化与社会化程度明显增强,农业综合生产能力显著提高。同时,农牧业现代化必须由先进的技术装备来武装农牧业,要有为农牧业提供农用机械、农药、化肥和能源等现代物质基础和为农牧业提供基础设施建设的各类公司。工业品投入的有效增长,还将促进农牧业技术进步,加快传统农牧业的改造速度。农牧业先进技术装备要在农牧区推广使用,需要树立典型、进行维修、提供配件和燃料等服务工作。与此相适应的是立足于小城镇的为农牧业大生产服务的产业会得以迅速发展,为农牧业企业提供从资金、种子到职业农牧民的全面服务,能有效地推进农牧业机械化和现代物质装备在农牧业中的使用。

面向农牧业服务的小城镇是农牧业科研的基地。发达地区的小城镇已成为良种试制、繁育、推广的基地,是良种的供应基地,也是现代农艺技

---

① 李周:《深入理解乡村振兴战略的总要求》,《人民日报》2018 年 2 月 5 日。

术的实验基地。小城镇已成为加快农牧业科学技术推广的载体。许多小城镇建立了农牧业科学技术咨询处和服务站，帮助千家万户的农牧民科学种田，提高了农牧业社会化服务水平。另外，通过在小城镇举办各种类型的培训班，用函授、电化、网络教学等低成本的方式，能有效地提高农牧民的科学技术水平，利用小城镇的教育力量把农牧区的青年人培养成职业农牧业技术人员或工人。

3. 通过提升小城镇的生活质量，吸引农牧民进入小城镇工作生活，为流转土地提供条件

小城镇是农牧区的政治、经济和文化教育中心，由于它具有缩小城乡差别、提高农牧区生活质量、普及现代生活方式以及提高农牧民素质、推动农牧区经济和社会结构现代化的巨大作用，它综合反映了农牧业现代化和农牧区工业化的水平，是农牧区现代化的集中体现。通过完善小城镇的教育、医疗、社保等功能，提升小城镇的生活质量，可以让农牧民流转土地后就近进入小城镇居住生活，提高小城镇的人口数量，扩大小城镇的规模。

4. 经济繁荣、多民族融合发展的小城镇是保证西北地区社会安定和谐的"稳定装置"

从民族来看，西北地区除陕西省的少数民族人口较少外，其他四省区都是典型的西北少数民族地区，少数民族人口占比很大。民族地区存在的人口、经济、社会、贫困等问题也极大地影响着区域经济社会的发展。西北地区民族问题的根源主要在于经济欠发达，而城镇化能有效地促进人口流动，人口流动和向城镇的集聚不仅能有效地促进民族地区的社会经济发展，提高民族人口的素质，也能通过各民族人口在城镇社区的杂居、混居，促进民族认同和民族融合，有利于促进社会和谐发展。

四、土地流转与城乡融合发展

（一）小城镇要实行户籍制度与土地制度联动改革

从发挥规模效应和推动经济增长以及充分考虑流入地人口承载能力的角度看，亟须实施户籍制度和农村土地产权制度联动改革。即对新增

城市建设用地指标和农村因宅基地整理而增加的建设用地指标统一配置,实现土地利用指标调整和新增户籍人口规模直接挂钩,以提高城镇化与聚集水平。与其相联系,要尽快实现城乡公共服务制度的统一与对接。目前城乡有别的户籍管理、劳动用工和社会福利制度依然存在,造成城乡居民在就业机会和社会福利范围、质量及水平上的不公平。发展小城镇和实施乡村振兴战略是实现城乡制度对接的重要方式,应当作为推进城乡融合发展的战略重点。以实施乡村振兴战略为重点,加强小城镇的基础设施建设和公共服务,实现城乡待遇、社会福利和公共服务上的一体化。把小城镇建设作为农村土地制度改革的重要配套措施,以城镇的住房、就业、社会保障为补偿和激励加快农村土地流转,加快农牧业现代化。把小城镇作为公共服务平台,使镇的公共就业、社会保障等公共服务制度向农牧区延伸。[1]

(二)改变城乡二元经济社会结构,实现城乡融合发展

根据城乡发展的目标和任务,统筹安排社会生产力,合理配置城乡生产要素,调整城乡产业结构,建立城乡社会经济网络,是城乡一体化的必然要求。这项工作的切入点和突破口,就是发展小城镇。小城镇是大中城市联系农村牧区的桥梁和纽带,是大中城市向农村牧区辐射的中心环节,而小城镇比大中城市更能直接地组织农村牧区的经济活动,是改变农村牧区面貌的基地,能有力推动农村牧区经济社会的发展。

从这个意义上说,小城镇建设在推进西北地区城乡融合发展和农牧业现代化进程中具有如下的战略作用:第一,小城镇是农村牧区一定区域人口、资金、技术、信息等资源的聚集地,是农村牧区经济的"发展极"和增长点,有利于农村牧区经济资源的优化配置和经济发展的良性循环,从而极大地促进农村牧区经济和各项社会事业的发展,加速农村牧区城镇化步伐,实现城乡经济和社会的协调发展。第二,小城镇是联系城市和乡村的桥梁纽带,是"城市之尾、乡村之首",上连城市,下接农村牧区,具有

---

① 许经勇:《高度重视小城镇不可替代的特殊功能》,《吉首大学学报(社会科学版)》2011年第4期。

可以将城市先进的产品、技术、信息、管理方法等向农牧区传递,并将农牧区的农畜产品或加工品等向城市输送的功能,从而促进城乡商品流通及生产要素的合理流动和优化组合,推动城乡经济融合发展。第三,小城镇是一定区域内农村牧区的经济中心,它是"乡村里的都市",是现代工业、商业、交通业、服务业、现代科学教育文化卫生事业等第二、第三产业的集中地。小城镇的发展能逐步改变进城农牧民依赖土地作为社会保障的生存惯性,进而改变其生产方式决定的生活方式,促进城乡生产生活方式的一体化。第四,小城镇是农村牧区的文化中心,既是现代文明的载体,也是精神文明建设的阵地。农牧民进入小城镇后,会受到现代文明的熏陶,接受现代社会生活的洗礼,养成与现代文明、现代社会生活相适应的文明素质和价值观念,完成农牧民向市民的转化,促进城乡居民文明素质、价值观念的融合和一体化。

五、农牧业适度规模化经营与小城镇的发展

农牧业适度规模化经营可以提高农牧业的生产效率、释放劳动力,可以培养职业农牧业工人,促进人口向小城镇集聚。充分发挥城镇化对农牧业现代化的重要引擎作用,大力推动城镇化与农牧业现代化相互协调,提升农牧业、农牧区、农牧民的自我发展能力。加快推进小城镇建设,以小城镇为支撑,能够有效带动农牧区富余劳动力就近向小城镇转移就业,为发展农牧业适度规模化经营,推动农牧业专业化、标准化、规模化、集约化生产创造有利条件。加快推进小城镇建设,可以改变传统的农牧区土地、资本、劳动力等生产要素单向向城镇流动的发展模式,吸引城市资金、技术、信息、人才等现代生产要素向农牧业、农牧区延伸,实现资源的双向流动,促进城乡要素平等交换和公共资源均衡配置,形成以工促农、以城带乡、工农互惠、城乡一体的新型工农、城乡关系。

西北地区的大部分小城镇属于以地方政府所在地为主的"服务基地型"城镇。这种模式,主要是以为农牧业服务为主的小城镇,多配有饲料生产、良种繁育、兽医防疫、农牧业产品贮藏、加工和运输、生产资料供应和农副产品销售,以及金融、信贷、科技咨询、社会保险等多种服务设施。

充分完善这些设施,提高它们服务农牧业的能力,可以有效地促进农牧业产业化、现代化,促进土地流转,实现农牧业农场化运作,提高农牧业生产的效率。以农牧业适度规模化经营为主的农牧业现代产业化生产,在各项服务功能完善的小城镇的保障下,其生产效率、对生态的保护能力会大大增强,会产生高于一家一户自然经济形态下的农牧业生产效率和产出,更有利于生态保护和农牧区经济的发展。

第五章　小城镇与县域经济发展

县域经济是以县级行政区划为地理空间，以县级政权为调控主体，以市场为导向，优化配置资源，具有地域特色和功能完备的区域经济。城镇作为区域的中心，是一定地域内的经济聚集体，在区域经济社会发展中起着带动、引导作用。小城镇建设作为县域城镇化的主要内容对县域经济发展具有至关重要的作用。西北地区的县域经济总体来说具有县域广、城镇少、农牧业和民营经济占主导地位、人口总量少等特点。小城镇在县域经济发展中起着主要推动力、城乡互动的重要枢纽、区域城乡融合发展的关键支点、特色产业发展的主要载体和推进县域城镇化的重要作用。县域经济发展中应充分发挥小城镇的功能，以产业为依托，以市场为导向，在充分发挥自身特色资源和特色产业优势的前提下，吸引各类企业向小城镇集中，凝聚人口，发展成为大中城市经济辐射的接续地带和为农牧区产业与居民生活服务的区域基地。

在目前随着城关镇不断小城市化和一般建制镇镇区规模不断增大，镇区设施逐步完善，区域中心作用不断突出的发展过程中，要把握县域小城镇发展中的人口集聚、产业发展、镇区建设质量等问题，进一步强化县域小城镇发展的动力机制，走以发展农牧业现代化为基础、以提升镇区生活质量为前提、以特色产业发展为支柱、以完善社会保障为条件，围绕为现代农牧业服务产业的发展，突出镇区文化，积极集聚人口，提高规模效益的县域小城镇发展之路。

第一节　区域经济理论与县域小城镇的主要作用

一、区域经济发展的理论述评

（一）二元经济结构理论

二元经济结构理论是区域经济学的奠基性理论之一,是美国著名发展经济学家威廉·阿瑟·刘易斯在 20 世纪 50 年代提出来的。他把城乡之间的差距归因于城乡结构以及人口结构的差异。二元经济结构理论认为,发展中国家经济中同时存在现代经济部门和传统经济部门,发展中国家经济发展的过程就是城市现代部门吸纳农牧业部门剩余劳动力的过程,也就是劳动力由传统农牧业部门向现代工业部门转移的过程。剩余劳动力的转移导致城乡之间的差距日益凸显,小城镇在这种城乡关系变化中发生了分化,大多数小城镇仍承担着为镇域农牧民和农牧业服务的功能,部分小城镇由于人口的流失出现萎缩,只有很少一部分小城镇在多种因素的作用下发展成了中小城市。

美国发展经济学家托达罗在刘易斯二元经济结构的基础上,指出人口迁移过程是人们对城乡预期收入差异,而不是实际收入差异作出的反应。只有当一个劳动力估计它在城市部门预期的收益高于在农村牧区的收入时,迁移才会发生,否则劳动力将会继续留在农村牧区。托达罗提出通过劳动力就地转移可以解决城市高失业率对农村牧区剩余劳动力转移的困境,以缓解城乡二元差距逐步加大的矛盾。

（二）区位理论

区位理论是关于人类活动的空间分布及其空间中相互关系的学说,是研究人类经济行为的空间区位选择及空间区内经济活动优化组合的理论,是区域经济理论的重要来源和核心理论基础。

始于德国经济学家约翰·杜能（Johann Heinrich von Thünen）的农业区位论与阿尔弗雷德·韦伯（Alfred Weber）的工业区位论的传统区位理论主要是运用新古典经济学的抽象方法,分析影响微观区位或厂址选择的各种因素,其研究对象一般是以所求成本最小或利润最大化为目标,处于完全竞争市场机制下的抽象的、理想化的单个小厂商及其聚集体——城市。

杜能在1826年出版的《孤立国同农业和国民经济的关系》一书中提出了资源配置的地理空间效应。他认为,城市周围土地的利用类型及农业集约化程度都是随其与城市距离的远近而呈带状变化的由内向外的一系列同心圆,这些同心圆被称为"杜能圈",每个圈都有自己的主要产品和自己的耕作制度。杜能研究农业圈层现象的理论意义在于:引入了运输成本作为农业区位选择的重要因子,从而形成了农业区位论,为区位论的发展奠定了基础。19世纪中后期,随着第一次科技革命在欧洲的发生和推进,促进了钢铁、化工等新兴工业部门的发展,工业区位问题凸显了出来。德国经济学家阿尔弗雷德·韦伯在对工业区位进行系统研究的基础上,1909年出版的《工业区位论》中提出了通过对运输、劳动力及集聚因素相互作用的分析和计算,找出工业产品生产成本的最低点,作为配置工业企业的理想区位的思想,提出和创立了完整的工业区位理论。19世纪末20世纪初,垄断逐渐代替自由竞争在社会经济生活中占据了统治地位,由此引起资本主义社会经济、政治和社会生活发生了一系列的根本性变化,区位论的研究逐渐从以成本为重心转为偏向市场。德国地理学家克里斯泰勒(W.Christaller)于1933年在其博士学位论文《德国南部的中心地原理》中提出了中心地理论。从区位选择的角度,提出城市是中心地腹地的服务中心,根据所提供服务的不同档次,各城市之间形成了一种有规则的等级均匀分布关系,阐述了城市和其他级别的中心地等级系统的空间结构理论。

20世纪50年代以来,工业化和城市化浪潮冲击了几乎所有的国家,极大地改变了旧的社会经济结构和生活环境,但同时也产生了一系列亟待解决的重大区域经济问题。经过二十多年的研究和发展,逐步形成了以沃尔特·艾萨德(Walter Isard)的《区位与空间经济》和贝克曼(M.J.Beckman)的《区位理论》的发表为标志,有别于传统区位理论的空间区位理论和方法,即现代区位理论。现代区位理论吸取了凯恩斯经济理论、地理学、人口学、社会学、城市科学和经济学等许多学科的研究成果及其"计量革命"所产生的新思想，对国家范围和区域范围的经济条件和自然条件、经济规划和经济政策、区域人口、教育、技术水平、消费水平、资本形成的条件、失业和货币金融的差异等进行了宏观的、动态的和综合的分析研究。研究内容上，从注重区位的经济产出到以人的生存发展为目标，强调协调人与自然的关系；研究对象上，从市场机制研究转向政府干预和计划调节机制的研究，从单个经济单位的区位研究走向区域总体的研究，将现代区位与区域开发问题的研究相结合，例如，涉及区域地理环境、经济条件、自然条件、人口、教育、科技水平、消费水平、资本形成、经济政策和规划等各个方面的宏观综合分析研究；研究方法上，由静态空间区位选择转入区域各发展阶段空间经济分布和结构变化以及过程的动态研究，从纯理论假定的理论推导走向对实际的区域分析和应用模型的研究。

区位理论从提出到今天历时近二百年，从古典到现代，始终以"经济人"假设为前提，延续着对一个问题的研究：人们空间选择与要素聚集的基本动因。其丰富的理论成果，对人类空间选择行为具有重大的指导价值。小城镇是农牧区经济要素集聚的结果，随着农牧区生产要素不断向小城镇聚集，小城镇得以产生、发展。区位条件好、要素聚集能力强的小城镇会从小城镇发展到小城市再发展到中等城市进而成为大城市。因此，如何通过分析县域小城镇发展与区位之间的关系，以区位理论为指导，探讨西北地区县域小城镇发展中的要素聚集问题，提高农牧区人口和生产要素向小城镇聚集的能力，是研究西北地区小城镇发展的关键问题。

二、县域小城镇的主要作用

党的十六大报告提出，要"积极推进农业产业化经营，提高农民进入市场的组织化程度和农业综合效益。发展农产品加工业，壮大县域经济"的要求，第一次在党的报告中使用了"县域"这个概念。党的十六届三中全会又进一步强调"要大力发展县域经济"，在这样的大背景下，发展县域经济的问题被提到了国家的议事日程并受到前所未有的重视和关注,以发展县域经济推动中国经济的发展成为一个重要的战略选择。时任国务院副总理回良玉说:"中国的县域经济进入了快速发展的新阶段,对农业的发展,对农村的繁荣,农民的富裕发挥了重要作用,对实现国民经济平稳较快的发展作出了重大的贡献。"县域城镇体系的主体是小城镇,县域经济是小城镇发展的重要基础,小城镇的发展必须以县域经济的发展为前提。作为县域城镇化的主要内容,小城镇的建设和发展尤其对县域经济的发展发挥着至关重要的作用,是县域经济发展的主要动力,而县域经济发展是小城镇发展的基础,只有县域经济发展了,才能促进产业集聚、人口集聚,小城镇发展才有经济基础。

第二节　县域经济及其特点

一、县域经济

县域经济属于以行政区划为边界的区域经济范畴,是以县级行政区划为地理空间,以县级政权为调控主体,以市场为导向,优化配置资源,具有地域特色和功能完备的区域经济。县域经济的基础是县域内的自然资源,在一个较完整的市场主体的调控下具有一定的相对独立性和能动性,且具有与其地理区位、历史人文、特定资源相关联的地域特色。

二、县域经济的一般特点

从县域经济的构成来看,县域经济具有如下特点:第一,县域经济是一种行政区划型区域经济,是以县城为中心、乡镇为纽带、农牧区为腹地的区域经济。第二,县域经济具有一个特定的地理空间,是以县级行政区划为地理空间,区域界线明确。第三,县域经济有一个县级政权作为市场调控主体,有自己的县级财政。因此,县域经济具有一定的相对独立性,并有一定的能动性。第四,县域经济具有地域特色,这种地域特色与其地理区位、历史人文、特定资源相关联。第五,县域经济是国民经济的基本单元。县域经济是功能完备的综合性经济体系,县域经济活动涉及生产、流通、消费、分配各个环节和第一、第二、第三产业各部门。但是,县域经济又不同于国民经济那样强调经济的完整性、联系性和层次性,县域经济不需要"小而全",而是要立足自己的优势资源"宜农则农""宜工则工""宜商则商""宜游则(旅)游",注重发挥比较优势,突出重点产业。第六,县域经济是以农牧业和农村经济为主体,工业化、城镇化、农牧业现代化是县域经济发展的主题和方向。第七,县域经济是城乡融合发展的区域性经济,小城镇经济是县域经济的重要组成部分。第八,县域的城镇体系由城关镇、建制镇和集镇构成。镇是县、自治县管辖的基层行政区域,镇区是最基层的城市。1984 年制定的新的建镇标准,放宽了条件,工商业比较集中的地区可以设镇,并实行了镇管村的体制,镇的设置得到了快速发展,到 2018 年年底,全国镇的数量达到了21297 个。

三、西北地区县域经济的特殊性

与一般的县域经济相比,西北地区的县域经济总体说来具有如下四个方面的特殊性:一是农牧区在县域内占据着绝大部分的地域,农牧业在县域经济中占有极为重要的地位;二是城镇稀少,城镇居民在县域总人口中的占比较低,农牧民在县域内的居民中占据着绝大多数,农牧民的文明和富裕程度对整个县域的经济、社会发展具有举足轻重的影响;三是国有经济在县域经济总量中比重较低,非公有制经济的发展在很大程度上决定着整个县域经济的发展状况;四是地广人稀,县域的国土面积比东中部地区的县域大很多而人口相对少很多,县级政府管辖的范围很广。例如,新疆巴音郭楞蒙古自治州所辖的若羌县,行政管辖面积 20.23 万平方公里,约相当于两个浙江省的面积,是全国辖区总面积最大的县,而总人口只有 5.2 万人(2013 年)。青海省玉树藏族自治州所辖的治多县,行政管辖面积 8.022 万平方公里,人口只有 22854 人(2015 年)。

第三节　小城镇在西北县域经济发展中的作用

一、小城镇在县域经济发展中的主要作用

（一）县域经济发展的主要动力

随着城镇化的不断推进,县域经济也从以农牧业经济和农村牧区为主体开始转向工业化和第三产业,以大力推进工业化和第三产业,使农牧业的剩余劳动力适应城镇化的需要而转入小城镇的工商业部门就业,成为发展农牧业和农牧区经济的重要前提和根本出路。而小城镇作为县域经济的增长极,不断聚集着各种区域内的生产要素、吸纳农牧民劳动力,拉动着农牧区经济增长,为县域经济的发展提供了不竭的动力,小城镇的持续发展成为推动县域经济发展的主要内生动力。

（二）城乡互动的重要枢纽

小城镇是大中小城市联系农牧区的桥梁和纽带,是大中小城市经济向农牧区辐射的中心环节,而且小城镇比大城市更能直接地组织农牧区的经济社会活动,推动农牧区经济社会的协调发展。由于土地资源是不可迁移和集中的,必然造成农牧业活动、农牧业人口分布的分散性。而在一个区域内,高昂的交易成本不可能使为农牧业生产提供各种服务、为农副产品提供深加工服务的企业面对一家一户小规模的农牧业生产者提供直接的生产服务,交易的成本法则必然会形成区域中心——小城镇,只有依托小城镇这个基地,为农牧业生产服务的企业才有能力为分散的农牧业生产活动提供多元化、个性化的服务。

（三）区域城乡融合发展的关键支点

县域是城乡融合发展的基本载体和基本空间单元,中国实现城乡融合发展的关键在县域。实现城乡融合发展,首先必须要改变县域的城乡二元经济社会结构,把城镇和广大农牧区作为一个整体,根据城乡发展的目标和任务,统筹安排社会生产力,合理配置城乡生产要素,统一调整城乡产业结构。充分利用和开发城乡的经济社会资源,把城乡两个生产基

地、两个市场、两个资源优势有机结合起来,建立统一的城乡社会经济网络,作为这项工作的切入点和突破口,就是加强小城镇建设。小城镇是农牧区的中心,相对于农牧区分散的"面",小城镇则是资源比较集中的"点",是城市和农牧区的接合点、城乡联动的关节点。通过小城镇这个"点"的发展,可以有效地把城乡两个市场较好地、较快地连接起来,促进城乡资源顺利流转,进而带动农牧区第二、第三产业的发展,由此大量地吸纳农牧区的剩余劳动力,促进农牧业规模效益的提高和农牧民收入的增长,同时也可以有效地缓解人口向大中城市不断聚积带来的压力。

(四)特色产业发展的主要载体

在县域经济发展中,选择何种产业进行开发以及以何种产业作为基础性、带动性产业适度超前发展,是极其关键的问题。而小城镇作为县域经济特色产业的聚集空间,对县域经济的发展至关重要。如果小城镇的生活设施和交通便利程度有了极大改善,特别是交通、网络通信技术和商贸体系的完善,使居住在小城镇的人们完全可以享受跟大城市差不多的生活便利性,则完全有可能吸引大量的高端人才来创业,产生有特色的品牌企业或吸引大企业入驻。

美国最有竞争力的产业主要是两个:一是金融,二是高科技,大多集中在小城镇而非大城市。金融方面,有格林尼治的对冲基金小镇,一个镇上就聚集了五百多家对冲基金,对冲基金规模占了全美国的三分之一;加州的门罗帕克小镇是美国风险投资基金聚集地,纳斯达克一半以上的高科技公司都是这个镇上的风险投资基金投资的。至于高科技方面,美国的硅谷,其实就是由一连串小镇聚集而成的。英国的剑桥大学所在的剑桥镇人口不到 10 万,是英国教育和科技创新的中心。世界著名的航空发动机公司罗伊斯·罗尔斯总部就在距离德比市中心大约四公里的辛芬(Sinfin)小镇上。德国著名的高端汽车品牌——奥迪的全球总部和欧洲工厂都集中在一个叫英戈尔斯塔特的小镇,距离慕尼黑 60 公里,这个小镇也因此被叫作"奥迪之城"。该地区的总人口不过 12 万,其中奥迪总部所在的英戈尔斯塔特的传统镇区人口只有两三万人。

（五）县域城镇化的重要内容

城镇化作为一个农牧业人口转化为非农牧业人口、农牧业地域转化为非农牧业地域、农牧业活动转化为非农牧业活动的过程,在县域内的体现就是农牧业人口从农牧区向小城镇的转移和以小城镇为载体的工商业的发展,使小城镇成为区域经济赖以生存和发展的依托。资料表明,一个地区城镇化的比重每提高 1 个百分点,社会消费品零售总额将提高 1.4个百分点。因此,县域经济要发展,必须要把小城镇作为资源来开发,作为资本来经营,作为产业来发展,通过大力发展小城镇来带动县域第二、第三产业的发展,吸收从农牧业中释放出来的农牧区剩余劳动力,促进县域经济结构的优化转型。小城镇作为县域城镇的主体,建设好小城镇应成为县域推进新型城镇化的主要内容,实施乡村振兴战略的主要抓手,成为县域经济发展的重要载体。

二、小城镇在县域经济发展中的功能定位

基于小城镇在县域经济发展中的重要作用,小城镇在县域经济中的功能定位应该是:充分发挥小城镇的产业集聚、人口集中、土地集约的功能,以产业为依托,做好与大中小城市的产业衔接及市场衔接,充分发挥自身的特色资源和特色产业优势,引导各类企业向小城镇集中,通过凝聚工商企业来集中适度规模的人口,带动小城镇的经济发展和镇区基础设施建设,进而发展成为大中小城市经济辐射的接续地带和为农牧民、农牧业生活与生产服务的区域基地。

第四节　西北地区县域小城镇的发展趋势

一、县政府所在地城关镇普遍城市化,很多已升格为市

近年来,随着县域城镇化的进程不断加快,城关镇集聚人口的能力得以强化,普遍向小城市乃至中等城市发展,成为县域政治经济文化的中心。随着第二、第三产业在镇区的发展,城关镇市的功能逐步突出,镇区

功能日趋完善,生活质量不断得以提升,农牧业的因素在逐渐淡化,城关镇镇区作为县域的政治经济文化中心,具有了比较强大的资源集聚能力。如,甘肃省的华亭县、永昌县撤县设区;会宁县、瓜州县、文县、永靖县、舟曲县等撤县建市。青海省继玉树、乐都、芒崖设市后,又有海南藏族自治州共和县、贵德县,黄南藏族自治州同仁县,海北藏族自治州海晏县、门源回族自治县,果洛藏族自治州玛沁县,海东市民和回族土族自治县、互助土族自治县等 8 个县将撤县设市,将对强化县域经济的发展起到至关重要的增长极作用。

二、一般建制镇镇区规模不断增大,镇区设施逐步完善,区域中心作用逐渐突出

随着国家对小城镇在县域经济发展和解决"三农"问题方面作用的不断重视及特色小镇建设的不断深入,各级政府对小城镇建设的投资在不断加大,使小城镇镇区的规模不断扩大、基础设施逐步完善,城的功能日渐突出,对镇域城乡融合发展的作用日趋强化。以陕西省为例。根据《陕西省小城镇发展"十三五"规划》,从 2013—2015 年,陕西省 35 个省级重点示范镇累计完成投资 422.9 亿元,开工建设道路 227.98 公里,绿化 62 万平方米,垃圾处理场 29 个,污水处理厂 26 个,文体中心 29 个,广场 23 个,新建学校 30 个,医院 19 个,幼儿园 27 个,各类房屋 518 万平方米,吸纳进镇人口达 51.3 万人,大多数重点示范镇镇区基础设施均按规划建设到位,镇区面积扩大了 68.8 平方公里,达到了 2011 年确定的目标,城镇综合承载能力显著增强,对镇域内的城乡发展带动作用明显显现。①

三、随着县域工业化、城镇化、信息化、农牧业现代化的进程加快,小城镇在县域经济中的作用在不断增强

工商业所要求的集聚效应促使城镇化不断加快,农牧业现代化对服

---

① 陕西省住建厅:《陕西省小城镇发展"十三五"规划》,2017 年 1 月。

务业的需求带来了为农牧业服务的企业在小城镇的集聚,小城镇的区域核心作用日渐显著。据 2013 年 12 月 13 日《陕西日报》报道,陕西省综合考虑区位优势、城镇安全、产业基础和发展潜力等方面因素,在关中地区沿渭河城镇确定了岐山县蔡家坡镇、眉县常兴镇、杨凌示范区揉古镇、兴平市西吴镇、周至县哑柏镇、高陵区泾渭镇、临潼区零口街道办事处、潼关县秦东镇 8 个城镇作为沿渭河小镇重点打造。重点示范镇累计开工建设项目 1420 个,完成投资 215 亿元,镇区建成面积共扩大了 14.8 平方公里,吸纳人口 15.38 万人,提升全省城镇化水平 0.4 个百分点,一批新兴工业园区、现代农业园区、文化旅游区、仓储物流区相继建成,吸引了大批企业落户,促进了农民增收,重点示范镇综合承载力显著增强,示范引领作用初步显现。①

四、小城镇对农牧区的辐射带动作用在推进农牧业现代化中不断得到强化

随着小城镇工商业的发展,对传统农牧业的"反哺"能力不断提升,促使传统农牧业逐步向现代农牧业转型。从 2013—2015 年,陕西省各重点示范镇依据自身资源禀赋,引导各镇发展设施农业、生态农业、生态湖泊等观光旅游产业,开发滨河商业服务产业,实现产城结合,带动区域统筹发展。相继建成了一批新型工业园区、现代农业园区、文化旅游园区及现代物流园区,吸引了 990 多家企业落户,提供就业岗位达 47.73 万个,有效促进了农民增收。如眉县常兴镇、蓝田县汤峪镇大力发展旅游、度假、商务产业,群众就业不离乡、打工不离家。杨凌区五泉镇发展以农产品加工为主的涉农工业,阎良区关山镇的规模化甜瓜、葡萄等现代农业园区,水平居全省前列;富平县庄里镇形成了以装备制造、煤化工、建材三大产业为主的工业集群,吸纳、安置当地劳动力近万人,带动当地农民人均

① 赵芳:《四大载体构建战略"新支点" 我省小城镇建设步入发展快车道》,《陕西日报》2013 年 12 月 13 日。

年增收 1500 元以上。①

第五节　西北地区县域小城镇发展的动力机制

一、小城镇发展的动力机制

小城镇作为城镇化重要的组成部分,其建设与发展的根本动力也取决于城镇化的三大力量:农业生产效率的持续提高、工业化和第三产业的发展。

（一）农牧业发展是城镇化的初始动力

农牧业发展作为城镇化的初始动力主要表现在如下几个方面:农牧业发展为城镇经济发展提供了资金积累;农牧业发展为人口向城镇的聚集提供了基本的生活物资条件;农牧业生产效率的持续提高为城镇发展提供了丰富的劳动力;农牧业发展为城镇轻工业生产提供了原材料;广大的农牧区为城镇工业产品提供了广阔的消费市场。

（二）工业化是城镇化的根本动力

工业化作为城镇化根本动力的主要原因在于:工业化使城镇成为区域经济的中心;工业化冲破农牧区自然经济的桎梏,使农牧业走向了现代化;工业化带动着交通地理的根本性变化;工业化促进了城镇第三产业的大发展。

（三）市场化是城镇化的直接动力

市场化作为城镇化的直接动力主要表现在:劳动力市场化使劳动人口向城镇的迁移得以实现;土地资源市场化使城镇规模的扩大和新城镇的建设得以实现;产品市场化使城镇化在更广阔地域的展开得以实现。

郑行洋（2018）根据这三种机制的不同作用,对应地将小城镇划分为城边镇、城郊镇和远郊镇三种类型。他提出,不同类型小城镇的发展动力

---

① 梁新星:《陕西"两镇"建设成效显著　引领全省小城镇发展》,《陕西日报》2016 年 1 月 25 日。

是不尽相同的,要有针对性地发展动力机制。城边镇的主要发展动力是人口的聚集和城镇化;城郊镇的发展动力在于自身产业升级和重大项目实施;远郊镇的发展动力则主要集中在特色资源的开发利用和对政策环境的依托上。

二、西北地区县域小城镇发展的动力机制

(一)构成小城镇发展动力机制的三个基本要素

依据城镇化的三大动力,根据小城镇的区位特点和资源类型,西北地区县域小城镇发展的动力机制可以分解为区位、资源、政策三个基本因素。

1. 区位决定着小城镇发展的模式选择

区位对小城镇经济发展及其模式选择的影响主要表现为以下几方面:首先,区位的地理位置因素决定的便利程度决定了其与外界经济往来的可能性,决定着小城镇的经济是开放的还是封闭的。其次,区位市场环境的完善程度直接影响经济方式的形成,决定着小城镇经济的主体是外向型经济还是内向型经济。再次,小城镇与区域经济中心的区位关系影响其受外来经济辐射的强弱程度,因而影响其对大、中、小城市的依赖度。最后,区位会影响资源和政策两个因素。一方面,日益发展并发挥重要作用的软性资源对于载体或平台(具体区域、小城镇)的选择具有一定的区位导向性,越是良好的区位越会吸引更多优质的资源的汇集。另一方面,具体政策的出台也会结合国家发展战略及地区的实际情况,优越的区位条件无疑会得到更多的政策考虑和关注。例如,改革开放之初经济特区的划定就是依据对外开放的便利性确定的区位。而《全国主体功能区规划》对主体功能区的划定,则是根据区域生态承载力和可再生能力确定的不同区位的发展内容。西北地区地域广阔,各省区的地理环境差异相当大,地形的复杂性使不同地区小城镇的自然地理形态呈现千姿百态的特性,也使小城镇经济的发展环境表现出差异性。因此,在小城镇发展的实际情况中,区位因素的影响作用不可忽视,区位条件的优劣程度在很大程度上决定着小城镇的发展能力和方向。

2. 资源的丰裕程度决定着小城镇的发展方式

资源是可以被人们控制和利用的、通过一定的方式可以形成经济价值的客观存在。包括一切可以看得见或以实体形式存在的各种自然资源及以区域文化为代表的包括人文资源、非物质文化遗产、品牌资源等除硬性资源之外的软性资源。对于小城镇发展来说，资源是一个先决条件，很多小城镇的形成就是区位特有资源开发的结果。任何小城镇的发展首先必须具有一定的资源条件。在传统的经济发展中硬性资源起着决定性的作用，而随着社会经济的发展，交通、通信技术发达，软性资源对小城镇的发展越来越发挥着重要作用。硬性资源具有的有限性、先天性、不可复制性和地域差异性等特点决定了小城镇经济依靠这种资源发展必然要受到相当大的先天性约束。而软性资源是一种动态发展的资源，它会随着经济社会的发展而不断发展，反过来又会促进经济社会的发展，因而它与经济社会之间具有明显的正相关关系。相比较而言，硬性资源条件下的经济发展偏重于粗放型增长方式，软性资源条件下的经济发展则偏重于集约型增长方式，软性资源比硬性资源更具有高效性。

从总的趋势来看，随着城镇化进程的加速，经济社会的发展有从以硬性资源为核心向以软性资源为核心转变的趋势，从世界科技发展和文旅产业快速发展的现状可见一斑。西北地区虽然地大物博、资源丰富，但小城镇发展受制于地理环境的制约，硬性资源条件普遍不佳，高山深谷、大江大河、戈壁沙漠使很多小城镇的存在成为沙漠中的绿洲、大海中的孤岛，而很多小城镇形成的历史较短，除宗教文化外，其他软性资源也非常缺乏。软硬资源的不足和国家生态保护政策的实施，对西北地区小城镇经济社会的发展形成了较大的资源制约。

3. 政策决定着小城镇的发展动力

政策作为一种强制性因素，对于任何国家、任何地区的经济社会发展都是一个重大的影响因素。在中国政府主导下的城镇化进程中，政策对于小城镇经济社会发展及其模式选择的作用是显而易见的。其一，政府出台的有关城镇化的政策不断影响小城镇经济社会发展目标的制定。其二，国家发展规划及区域经济政策影响小城镇主导产业的选择。其三，国家、省区及县级政府的政策对小城镇经济社会发展战略及具体发展计划的制订都产生着重大制约。其四,政策对其他方面的影响直接或间接地对小城镇经济产生着影响。其五,政策对小城镇具体发展路径的形成具有重大影响。从中国城镇化的进程来看,由于软硬资源不足,自身发展能力很弱,自上而下的政府推动和政策支持,是西北地区小城镇发展的主要动力,决定着小城镇的发展能力和方向。①

(二)三要素相互作用下的西北地区县域小城镇动力机制

1. 特色资源是小城镇发展的内在动力

资源是城镇形成的基础,每个小城镇的形成与发展首先必须拥有一定的特色资源,这种资源是小城镇形成和发展的内在动力,但资源最初只是一种潜在动力,需要一定的条件才能转化为经济发展的直接动力。首要的条件是由于某种特色资源的形成、开发或使用,使各种经济要素在一定区域内形成集聚,为小城镇的形成和发展提供条件,进而自发地催生小城镇的形成与发展。但由于西北地区县域小城镇大都软硬资源不足,缺乏形成资源集聚的条件,小城镇发展的内在动力不足,自身发展能力很弱,长期以来小城镇发展缓慢,对区位和政策的依赖性很强。

2. 区位和政策提供外在动力

在一定的区位条件下,区域中心城市发展带来的经济辐射和产业梯度转移作用,会促使周边的小城镇自动纳入区域经济体系中来,并按照区域经济体系分工的要求进行相关资源的开发,从而带动小城镇经济的自主发展。而国家、省区或县级政府相关政策的出台同样会促使区域以及小城镇的经济要素发生转化,刺激资源开发及经济发展。政策是一种相对硬性的因素,其对小城镇的刺激会比较直接或者见效得更快。政府作为推动小城镇发展的重要力量,它的决策与行为对小城镇的发展能产生很大影响。政府不仅可以制定土地、户籍、就业、社会保障等政策间接地

---

① 李五四、陈康:《中国小城镇发展动力研究》,《北京化工大学学报(社会科学版)》2003年第4期。

引导与推动小城镇的发展,提高小城镇发展的软环境动力,而且还可以通过制定投资政策直接对交通、通信等各类市政基础设施及学校、医院、养老等各种服务设施进行投资,直接引导与推动小城镇发展,从而提高小城镇发展的硬环境动力,提高小城镇自身发展的能力与水平。因而对经济不发达但具有一定硬性资源特性的西北地区小城镇就具有了较好的刺激作用,会促使小城镇在短期内得以迅速地发展起来,并形成以内向型为主的经济发展方式。

3. 内外因素的合力决定县域小城镇发展的模式与方向

资源是内因,区位和政策是外因,内因是根本动力,外因通过内因起作用。在西北地区县域小城镇发展动力机制形成的过程中,不管是内在发展的要求,还是外在刺激发展的条件,都是通过资源这个核心起作用的。小城镇的发展动力围绕着资源这个核心可以表现为这三个因素中的一个或几个因素组合的作用,不同的因素组合或比例配置会形成小城镇形式各异的发展模式或特色经济。资源是必要条件,区位和政策虽然可以对小城镇的经济社会发展起到重大推动作用,但其发挥作用的机理是通过对资源这个内力的激发而使经济得以提升和发展的。但县域经济作为一种行政区划型区域经济,尤其是在西北地区这种软硬资源缺乏和自上而下行政导向推动下的城镇化发展进程中,国家、省(自治区)及县政府的区域政策对小城镇的作用能力是直接而强大的,对县域小城镇的形成与发展具有强大的制约能力,甚至决定着小城镇的发展方向和模式。

第六节 西北地区县域小城镇镇区建设中的问题

一、大部分小城镇镇区人口少、规模小

受地理环境、气候和人口总量的制约,西北地区的小城镇镇区居住的人口普遍较少,大部分小城镇缺乏优质的教育资源、医疗公共服务和快速便捷的公共交通,居民的文化、体育、休闲娱乐设施缺乏,很多小城

镇就是"一条街、两排房"。2016年年底,陕西省小城镇的总人口为2274万人,平均每个镇域人口为2.28万人;建成区人口为537万人,人口密度为5036人/平方公里,平均每个镇区人口为5513人,占镇域总人口的比例为23.5%;建成区总面积1172平方公里,平均每个镇的建成区面积为1.174平方公里,建成区面积不足1平方公里的有600多个,镇域人口1万人以下的占绝大多数,规模普遍偏小,难以发挥规模集聚效应。①

二、镇区建设质量低、设施差

小城镇的人居环境和设施品质普遍不高,在教育、医疗、文化、社会保障等具有代表性的公共设施使用上,由于缺乏人才,服务质量偏低,难以满足居民对于现代化美好生活的需求。2015年,陕西省小城镇人均道路面积为9.36平方米,年总供水量16456万立方米,用水普及率75.15%,人均生活用水量60.46升,燃气普及率16.6%,污水处理率10.3%,生活垃圾处理率46.82%,排水管道密度4.99公里/平方公里,环卫专用车辆2571辆,公共厕所3120座。绝大部分基础设施的指标远远落后于城市水平,严重制约了小城镇生活质量的提升。②

三、部分小城镇的镇区缺产业、少特色

由于小城镇基础设施的落后和集聚能力不足制约了产业的发展,大多数小城镇产业发展缓慢且缺乏特色。在我国经济发展进入新常态后,传统工业产业在发展形式上发生了很大变化,在市场供给侧结构性矛盾凸显、人力成本不断上升等外部压力下,小城镇整体产业呈现结构层次低,特色产业难发展,提质升级乏力的现象,很难有效地辐射和带动周边农牧区发展。在产业发展方面,小城镇的经济结构还处于比较初级阶段,企业大多是农畜产品初级加工业,主要职能是服务"三农"、提供初级工

---

① 陕西省住建厅:《陕西省小城镇发展"十三五"规划》,2017年1月。
② 陕西省住建厅:《陕西省小城镇发展"十三五"规划》,2017年1月。

业品和日常生活服务等,技术水平低,大多处于产业链底端,附加值不高。产业发展的落后,造成了小城镇的就业机会少、收入低、吸引力不高,对周边农牧区经济发展带动能力不足。

四、城镇之间距离远、数量少、空间分布不均衡且小城镇规模差异较大

由于西北地区地广人稀,小城镇数量少,规模差异较大。一般的小城镇镇区规模小、功能不完善,镇域面积大,镇区离大中城市较远,联系薄弱,相互之间也缺乏横向联系。以陕西省为例,截至 2016 年年底,陕西省有建制镇 998 个,其中一般建制镇 973 个,城关镇 25 个。镇域总面积为174236.56 平方公里,平均镇域面积为 174.6 平方公里。从关中、陕南、陕北三大区来看,关中地区有小城镇 373 个,约占陕西省小城镇总量的38%,平均建成区面积为 1.6 平方公里,建成区平均人口规模为 0.8 万人,1 万人以上的小城镇比其他地区多,约占区域总量的 25%;陕北地区有小城镇 223 个,约占陕西省小城镇总量的 23%,小城镇数量少且规模小,平均建成区面积为 1.0 平方公里,建成区平均人口规模为0.4 万人,1 万人以内的小城镇约占区域小城镇总量的 93%。①

五、镇区建设缺乏规划、镇区功能不清、质量不高

西北地区的小城镇大多是由一个大村庄或几个村庄联合发展起来的,其农村牧区和集市的历史特性决定了西北地区小城镇大多缺乏规划,镇区功能不清,围绕着镇政府杂乱地向外扩张。而在国家促进特色小城镇的建设中,部分小城镇又急功近利,没有从自身的城镇特点和传统文化的独特性出发进行规划和建设,盲目模仿大城市,使镇区空间布局和建筑风貌既缺乏自身独特的区域文化特性也没有体现大城市的精髓,地域文化特征日渐消失,小城镇空间缺乏特色,整体品质较低。

---

① 陕西省住建厅:《陕西省小城镇发展"十三五"规划》,2017 年 1 月。

第七节　西北地区县域小城镇发展的路径与对策

一、引导西北地区县域小城镇发展的路径

在产业聚集、人口集中、土地集约利用等功能定位下,西北地区地广人稀的现实决定了小城镇的发展必须要走以现代农牧业发展为基础、以提升镇区生活质量为前提、以特色产业发展为支柱、以完善社会保障为条件,围绕为现代农牧业服务产业的发展,积极集聚人口,提高规模效益,做强自己的路径。

(一)突出自身特色

小城镇与城市最大的区别在于它的规模比较小,特色和个性突出,既具有农牧区的山水风光与田园气息,又具有城镇的生活便利。因此,在规划和建设小城镇时,一定要体现出自己独特的地域特色和文化传统,发展特色产业,突出小而精的特点。以山水风光、田园气息和城镇的便利生活吸引高端人才来创业、投资;以特色产业为核心,发展延伸产业链,提供更多更好的就业机会来集聚人口;以生活质量提升小城镇的发展空间,以一定规模人口的集聚保证小城镇的规模效益。

(二)依靠县域发展

小城镇作为一个区域的中心,任何一个小城镇的建设和发展都不能脱离开县域经济这个大背景,前者因后者而产生和发展,后者是前者发展的基础和腹地。目前,我国的小城镇正处于由农村形态向城市形态转化的阶段,其建设和发展过程以集聚为基本特征,因此难以离开县域经济社会发展这个基础。同时,随着小城镇的逐步发展,会通过城镇的辐射效应带动周边地区的繁荣,而周边地区的繁荣则为小城镇的进一步发展提供了条件。因此,小城镇的形成和发展必须与周边地区构建良性的社会经济互动关系,形成区域一体化效应。

(三)发展专业小镇

从发达国家的实践来看,它们很多具有国际竞争力的企业,大多聚集

在小城镇而非中心城市。随着中国城镇化水平和人均收入水平的提高，发展良好、有一定特色的小城镇一定会成为高端产业发展、高级人才聚集的重要空间载体，与大中小城市形成协作互补的产业链关系。积极创造条件吸引高端企业和人才入驻，发展专业小镇，小城镇蕴含着巨大的发展空间和投资机会。

二、促进西北地区县域小城镇发展的对策

（一）工商业、农牧业与小城镇协调发展

产业是小城镇经济发展的内生动力，产业的发展对于促进小城镇发展至关重要。根据国家统计局发布的农民工监测调查报告，2019年西部地区外出农民工5555万人，跨省流动2691万人，占48.4%，省内流动2864万人，占51.6%。跨省流动农民工80%流入了地级以上大中城市，省内流动农民工54.6%流入了地级以上大中城市，流入小城镇的人口很少。① 小城镇吸引不来人口的主要原因在于就业吸纳能力不足，而大城市具有创造更多就业机会的能力，导致无论是小城市人口还是农牧区人口都出现了向大城市集中的趋势。强化小城镇与大中小城市的协调分工，立足小城镇自身的资源禀赋和区位优势，着力加快推进小城镇传统产业转型升级，延伸产业链条，提升产品附加值，充分借助政府在资金、技术、人才等方面的优惠政策，准确定位，形成与大中小城市在产业上的错位与协作发展，是小城镇产业发展的良好途径。同时，积极依托自身的区位、资源和环境等独特优势，发展特色产业，推动小城镇三次产业融合发展。以服务新型城镇化和乡村振兴战略为导向，重点促进能增加就业岗位的劳动密集型产业的发展，而不能仅以经济增长为目标制定小城镇产业发展的方向。

许经勇（2011）认为，县域经济的发展过程，是一个农业产业化、农村工业化和城镇化（发展小城镇）的过程，形成了工业化支撑城镇化、城镇化提升工业化的发展格局，推进了县城和中心镇的发展，促进了产业集

---

① 国家统计局：《2019年农民工监测调查报告》，《建筑监督检测与造价》2020年第3期。

聚、人口集聚和农民分工分业,形成了以城带乡、以工促农、工农联动、城乡互动的新机制,增强了城镇对县域经济的支撑作用以及对农村发展的辐射带动作用,为农牧民创造了更多的就业机会,促进了农牧民收入的持续快速增长。与县域经济发展壮大相辅相成的农村城镇化过程,是建立在农村经济繁荣、农民走向富裕的基础上,再加上农牧民进入小城镇安家落户的门槛较低,有利于把农牧民转化为小城镇居民。[①]

(二)农牧业现代化是工业化和城镇化在县域小城镇经济的重要实现形式

长期以来,农牧民依赖于乡村最重要的资源——土地来发展第一产业,土地自然就成为农牧民的第一就业空间。在要素流动的制度约束条件下,即使有再多的剩余劳动力也只是被低效地禁锢在第一就业空间中。农村经济体制改革把农牧业剩余劳动力从第一就业空间中释放出来后,这些劳动力随即进入城镇从事非农产业生产,从而导致原有的乡村第一就业空间不断被荒废或低效利用。乡村振兴战略支持和鼓励农牧民就业、创业,拓宽增收渠道,必须要活化乡村的第一就业空间,发展乡村的新产业、新业态,让乡村在耕地之外也能为农牧民创造更多的就业机会,通过推动农牧区三次产业的融合发展,让农牧民共享产业升级的增值收益。

小城镇作为连接城乡区域的社会综合体,是乡村地域的经济、政治、文化的中心,具有上接大、中、小城市、下引农牧区、协调区域经济和社会全面进步的综合功能。小城镇上可承接城市的技术、资金和人才等,下可作为广大农牧区的增长极,为农牧业提供服务,引领农业牧业发展,是促进农牧区工业化和农牧区经济结构转型的地域载体,是城乡生产要素流动和组合的中介,也是加速推进农牧业和农牧区现代化的重要突破口。因此,县域小城镇建设应坚持把发展农牧业现代化作为推进小城镇建设的基础和首要任务,构建现代农牧业的产业体系、生产体系和经营体系,

① 许经勇:《高度重视小城镇不可替代的特殊功能》,《吉首大学学报(社会科学版)》2011年第4期。

并促进农牧区三次产业的融合发展。加快转变农牧业增长方式,大幅度地提高农牧业生产效率,培育壮大龙头企业,不断健全龙头企业与农牧户的利益联结机制,发展各类专业合作经济组织,提高农牧业的组织化程度;大力发展农牧产品深加工,形成具有特色和比较优势的农牧业产品深加工、保鲜、储运和其他服务产业链条,提高优质专用农牧产品比重。[1]

(三)从城镇化的发展效果来看,人口与社会经济发展是相辅相成的,过小的人口规模不利于小城镇的经济发展

有关研究表明:在2万—10万人的小城镇中,大体上是随着人口规模的增加,经济效益也随之相应地增加;当人口超过5万人时,经济效益的增加更加明显。这说明,在目前的生产条件和技术条件下,合理的人口规模将带来较高的经济效益。同时,在产业聚集发展的基础上,人口聚集也有利于实现农牧区剩余劳动力转移的目标。由于镇区人口规模与吸纳农牧区劳动力的能力呈较强的正相关关系,所以,为了增强小城镇对农牧区剩余劳动力的吸纳能力,必须要提升镇区集聚人口的能力,聚集一定规模的人口,实现规模效应。

(四)强化基础设施建设,提升小城镇生活质量是小城镇吸引人口集聚的重要条件

一定规模的人口是维持小城镇基本功能、进一步发挥小城镇功能的基础。西北地区小城镇普遍的弱点在于生态环境恶劣、镇区狭小、生活设施缺乏,无法满足人们追求高质量生活品质的需要。小城镇建设要把基础设施建设作为先导性工程。首先,要加强基础设施的规划,根据小城镇和产业发展需要规划好镇区道路、供水、供电、通信、污水垃圾处理、物流等基础设施,并适当超前建设,为镇区发展奠定良好基础。其次,要加强镇区与周边交通干线和大、中、小城市的交通衔接,增加对外交通的便利性。交通便利不仅有利于人口的集聚,同时也有利于小城镇融入大都市圈、融入大市场,获得可持续发展的动力。再次,改善公共服务是小城镇建设的持续性工程。当前人口向大中城市的集聚,除了大中城市就业机

---

① 参见彭震伟:《小城镇发展与实施乡村振兴战略》,《城乡规划》2018年第1期。

会更多之外,人们追求更好的公共服务是重要原因之一。医疗、教育和养老是当前群众最关心的公共服务。小城镇建设要把教育、医疗和养老条件的改善放在重要位置,有条件的小城镇应采取措施吸引优质的医疗资源和教育资源进驻,不断提高医疗和教育水平,提供适宜的养老设施。在公共服务提供上,应该具有包容性,应将小城镇所有的常住人口纳入服务范围。最后,要加强生态保护,改善生态环境,包括镇区植被修复、水系治理、水源保护、水系生态、污水处理回用、保护周边生态环境、防止水土流失等,力争为镇区居民提供一流的居住生活环境。

(五)完善镇级体制机制,提高镇级政府的治理能力

进一步深化镇级政府的体制改革,创新体制机制,创新社会治理方式,激发内生动力,提高镇级政府治理和服务社会的能力,为小城镇的建设提供健全的领导力量和良好的社会环境。

(六)小城镇对乡村提供的服务既是乡村振兴发展的推动力,也是小城镇完善自身发展的基础

以乡村振兴为动力,强化小城镇在乡村振兴中的引领作用,加快小城镇建设步伐,对促进城乡融合发展、推动县域经济全面发展具有积极作用。我国小城镇的城乡二元属性特征决定了小城镇在乡村发展中能起到城市所无法取代的作用。小城镇和乡村是一个区域整体,小城镇对乡村地区的经济发展具有重要的引擎功能。在人口稀少的西北乡村地区,小城镇是提供区域基础设施服务、社会福利、商业贸易和公共交通服务的主要基地,是带动周边农牧区发展的核心力量。2014年3月发布的《国家新型城镇化规划(2014—2020年)》对服务乡村地区的小城镇发展做了清晰的定位:"有重点地发展小城镇",建设好"远离中心城市的小城镇和林场、农场等,要完善基础设施和公共服务,发展成为服务农村、带动周边的综合性小城镇。"根据住建部牵头的《说清小城镇》课题组的研究,其针对全国各地121个小城镇的大量调查表明,约70%的小城镇镇区居民仍为农牧业户籍;镇区居民与农牧业具有较紧密的联系,约21%的小城镇居民在从事农牧业生产;农牧民与小城镇镇区的紧密联系以购物为主,以购物为目的的出行占农牧民到镇区全部

目的的 65%。[1]

（七）小城镇的文化特性是小城镇的灵魂

西北地区小城镇的形成大多与乡村家族文化、藏传汉传佛教寺院、清真寺等紧密相关，很多小城镇都是因寺庙而建，围绕着寺庙而发展起来的。例如，青海省湟中县的鲁沙尔镇就是依托藏传佛教的圣地塔尔寺而发展起来的小城镇；青海省海东市循化撒拉族自治县的街子镇是依托当地的景点、撒拉族之乡的圣迹骆驼泉及附近的清真大寺发展起来的小城镇。文化是小城镇的生命和灵魂，是小城镇发展的重要内核，小城镇与文化是与生俱来、密不可分的统一体。

小城镇的发展必须要正确处理好小城镇建设与文化保护传承的关系，深入挖掘自身文化特征，保留地方文化的多样性，实现生产、生活、生态保护的共生和不同文化之间的共生共存，把小城镇建设与经济发展、产业生产、社会活动与休闲、文化、非遗传承、自然环境保护融为一体。要努力塑造具有地域特色的文化空间载体，培育常态化的文化活动，将文化与现代人们的生活有机融合起来，形成小城镇独特的文化标识，重塑地缘文化记忆，以独特的区域文化资源引领小城镇持续发展。

---

[1]　赵晖等：《说清小城镇》，中国建筑工业出版社 2017 年版，第 16 页。

第六章 西北旅游业与小城镇

　　旅游业是一个综合性的产业,包括旅游经济、旅游资源、旅游客源、旅游活动等,从不同层面影响着城镇的发展,并以城镇用地作为空间表征。因而,旅游业发展与小城镇建设之间存在良性互动关系:小城镇建设为旅游业及相关产业形成和发展提供所需要的相关配套设施,是旅游产业集群形成和发展的空间载体;旅游业集聚效应的发挥加速了各生产要素的集聚,吸纳了农牧区大量的剩余劳动力,进而促进了小城镇建设,成为推动新型城镇化进程的重要动力,二者的融合发展对推动西北地区区域经济发展具有极大的促进作用。

　　西北地区虽然有着丰富、得天独厚的旅游资源禀赋,但地广人稀、交通不便及景区景点分散、生态脆弱的现实决定了西北地区旅游业的发展必须要重视小城镇的基地作用,促进景区景点发展与小城镇建设有效联动。要以专业协会为主导,设计合理、多元的旅游线路,通过广泛宣传与营销,打造整体形象、发挥其旅游资源整体优势、突出地方特色、借助"一带一路"建设、共同拓展国内外旅游市场。在树立旅游品牌的过程中,把小城镇建设融入旅游景区景点与线路设计之中,促进旅游业与小城镇建设的融合发展。

第一节　点—轴理论与西北旅游业

一、点—轴理论

　　点—轴理论是波兰经济学家萨伦巴(Piotr Zaremba)和马利士

（Marles）基于增长极理论提出的区域经济发展理论,点—轴开发模式是增长极理论的延伸。在区域经济发展的过程中,经济中心总是先集中在少数具有良好条件的区位,呈斑点状分布。这种经济中心既可以称为区域增长极,也可以是点—轴开发模式的点。随着经济的发展,经济中心逐渐增加,点与点之间,为了实现生产要素的交换,交通、通信、水源等线路开始形成,这样相互连接就形成了轴线。这种轴线起初是为区或经济增长极服务的,但轴线形成之后,由于该轴线上拥有了其他地区所没有的良好生活和生产条件,就会吸引人口、产业向轴线的两侧集聚,然后又会形成新的经济增长点。点—轴贯通,就会形成点—轴系统,进一步发展会延伸出经济带、经济区。因此,点—轴开发可以理解为从发达区域大大小小的经济中心(城镇)沿交通线路向不发达区域纵深发展的推移,这种推移将生产要素扩散到周围的区域,从而带动周围区域的经济增长。小城镇作为轴线的重要节点,对点—轴系统的形成起着至关重要的作用。点状分布的小城镇之间的良好互动,会促使城镇经济与轴线(道路交通)的发展,城镇与道路的协调发展既有利于经济带、经济区的形成,也有利于带动区域城乡经济的融合发展。

二、西北旅游业的问题

西北地区地处中国内陆腹地,雄浑壮美的自然风光,悠久厚重的西域文化,风格鲜明的少数民族风情,积淀深厚的多民族文化构成了西北地区丰富多彩、得天独厚的旅游资源禀赋。壮美的自然风光与体现多民族文化的村落民居、宗教建筑、民俗风情相互融合、相互烘托,为特色旅游景区的开发建设以及旅游产业集群式发展提供了丰富的资源条件。随着西部大开发和“一带一路”倡议的推进及国家对西北地区生态环境的高度重视,近年来西北各省(自治区)均十分重视旅游业的发展,都在极力把旅游业打造成为区域经济发展的支柱产业。

西北旅游业发展的问题主要在于地广人稀,景点景区分散、景区景点之间距离遥远,交通不便、景点景区的服务设施简陋。如何在保护生态环境的前提下,以点—轴理论为指导,在促进旅游业发展中,以旅游业为纽带,以道路交通为轴线,以小城镇为支点,把小城镇打造成西北地区旅游业发展的基地。在进一步促进旅游业与小城镇建设的融合发展过程中,构建旅游业与小城镇的点—轴系统,成为西北地区推进旅游业与新型城镇化"双赢"发展的最佳路径选择。

第二节　生态保护与绿色发展

一、生态保护与西北地区的责任

(一)西北地区生态环境的重要地位

西北地区地处欧亚大陆腹地,位居中国内陆,地形以高原、盆地和山地为主,山高谷深,地势起伏较大,是多条大江大河的发源地及水源涵养地。气候为温带大陆性气候,冬冷夏热,气温年较差大,属干旱半干旱地区,降水稀少,河流少,水资源匮乏,植被覆盖率低,水土流失严重。境内沙漠戈壁广布,土地荒漠化、盐渍化问题严重,可利用土地较少。赵跃龙等学者早在 1999 年的时候就通过自己构建的一套有 11 项指标的脆弱生态环境评价体系,对全国 26 个省份进行了定量评价。评价结果表明,属于干旱半干旱生态脆弱区的西北五省(自治区),生态脆弱程度明显高于其他地区。陕西省、甘肃省、宁夏回族自治区、青海省、新疆维吾尔自治区的生态脆弱度分别为 0.6613、0.7821、0.8353、0.8045、0.6537(指标越接近 1,表示生态环境越脆弱),整体生态环境处于非常脆弱的状态,是全国生态最为脆弱的地区。[1] 从近些年的发展来看,随着国家对生态保护的重视,西北各省(自治区)强化了生态保护的措施,生态恶化的趋势得到了有效的遏制,但整体生态状况仍然非常脆弱。

从经济发展状况来看,西北地区经济中第一产业占比大于全国平均值(见表6-1),农牧业发展长期处于粗放经营状态,随着人口的增加和对

---

① 赵跃龙:《中国脆弱生态环境类型分布及其综合治理》,中国环境科学出版社 1999 年版,第 76—79 页。

经济利益的追求,人类无序的生产活动对自然资源带来的过度开采和使用,超越了生态承载能力,生态环境的退化速度已超过了现有社会经济和技术水平能长期维持目前人类利用和发展的水平,造成生态环境日趋脆弱,对自然生态环境产生了不可逆转的负面影响。生态承载力不断下降带来的严重的水土流失、土地荒漠化加剧、水资源短缺、植被破坏、森林草原退化等问题使西北地区面临着生态不断恶化的巨大压力,对亚洲乃至世界的气候也产生了很大的影响。

表6-1 西北五省(自治区)三次产业增加值及占比(2019年)

省区	生产总值(亿元)	第一产业增加值(亿元)	第二产业增加值(亿元)	第三产业增加值(亿元)	占比(%)
全国	990865.1	70466.7	386165.3	534233.1	7.1：39.0：53.9
陕西省	25793.17	1990.93	11980.75	11821.49	7.7：46.4：45.8
甘肃省	8718.30	1050.48	2862.42	4805.40	12.0：32.8：55.1
青海省	2965.95	301.90	1159.75	1504.30	10.2：39.1：50.7
宁夏回族自治区	3748.48	279.93	1584.72	1883.83	7.5：42.3：50.3
新疆维吾尔自治区	13597.11	1781.75	4795.50	7019.86	13.1：35.3：51.6

资料来源:国家统计局编:《国家统计年鉴2020》,中国统计出版社2020年版,第56、58、59、71页。

(二)西北地区在生态保护中的重要责任

习近平总书记对西北地区的生态问题非常关注。2013年2月3日在甘肃省考察时对甘肃省的生态环境问题提出了"八个着力"的重要指示,其中一个就是要"着力加强生态环境保护,提高生态文明水平"。[①] 2016年7月18—20日在宁夏考察时,习近平总书记指出,宁夏是西北地区重要的生态安全屏障,要大力加强绿色屏障建设。[②] 2016年8月22—24日,习近平总书记在青海省调研考察时指出:"青海最大的价值在生

[①] 马克利、邱暄美等:《牢记嘱托 砥砺奋进——甘肃省践行习近平总书记"八个着力"重要指示精神纪实》,《甘肃日报》2017年10月12日。

[②] 吴宏林、李锦:《生态立区,绘就"塞上江南"新画卷》,《宁夏日报》2017年7月20日。

态、最大的责任在生态、最大的潜力也在生态。"在考察中,习近平总书记反复强调要"共抓大保护,不搞大开发",将生态保护和生态修复摆在了压倒性位置上,要求青海保护好三江源,保护好"中华水塔",确保"一江清水向东流"。①

二、西北地区的绿色发展之路

在我国经济发展进入"新常态",生态环境面临巨大压力,政府根据《全国主体功能区规划》将西北地区的生态脆弱区划为限制和禁止开发区,在生态脆弱区禁止发展重化工业的要求下,根据西北地区的区情,旅游业作为绿色产业成为西北地区最理想的产业选择。首先,西北五省(自治区)地域辽阔、地质构造复杂多样,多民族聚居、混居,多宗教并存,多元文化共融。在悠久的历史进程中,孕育了极其丰富的多样化旅游资源,在全国具有旅游资源的比较优势,具备发展旅游业的良好资源条件。其次,旅游业的发展具有投资少、收效快、积累率高、对生态环境影响小的特点,能最大限度地保护生态环境,是环境友好型的绿色产业。再次,旅游业作为具有先导性产业特质的产业,产业链长,影响面大,能带动相关行业形成产业集群的发展,对区域产业结构的优化具有非常重要的支撑作用。最后,旅游业作为劳动密集型的服务行业,能够创造大量的就业岗位,为西北地区自然资源和劳动力提供一个适宜的结合点,在为当地居民脱贫致富提供良好条件的同时,也能为促进人口向城镇集聚,推进新型城镇化的进程提供有利的条件。

西部大开发以来,西北地区的旅游业得到了快速的发展,旅游产业的规模持续壮大。根据西北五省(自治区)2018 年各省(自治区)统计年鉴及国民经济和社会发展统计公报发布的数据计算,到 2017 年年末,西北五省(自治区)接待游客总量达到 109658.41 万人次,占当年国内游客总量的 17.7%,增长了 15% 以上,高于国内平均增长水平;旅游收入达到

① 庞兴雷:《习近平在青海考察时强调:尊重自然顺应自然保护自然 坚决筑牢国家生态安全屏障》,《人民日报》2016 年 8 月 25 日。

10899.13 亿元,约占到国内总收入的 20%,增长率在 20% 以上。区域旅游景区景点达到 1503 家,其中国家 A 级景区 1254 家,4A 级以上景区点 353 家,旅游饭店 18082 家,旅行社 2258 家。快速发展的旅游业成为西北地区带动区域经济发展的支柱产业和现代服务业的重要引擎。

第三节　小城镇在发展旅游业中的特殊作用

一、旅游业的绿色性与经济效应

(一)旅游业的特点

外出旅游作为人们的一种高级生活消费活动,是物质生活消费和精神生活消费的有机统一,具有消费的即时性、目的的多样性和独特的感受性。旅游消费的特殊性决定了旅游产业不是一个单一的产业,而是一个产业集群,由旅游经济、旅游资源、旅游客源、旅游活动等多种产业组成,具有多样性、分散性、融合性和动态性。因此,从广义来看,旅游业除直接从事旅游业务的部门以外,还包括依托旅游发展起来的相关行业和为旅游业服务的各种部门。从狭义来看,旅游业主要指专门从事旅游服务的旅行社、饭店餐饮业、交通运输公司以及专门从事旅游商品生产的厂家、景点景区经营公司及娱乐业等直接与旅游相关的其他行业。旅游产业的集群性特征对带动区域产业的整体发展具有非常重要的经济导向价值。

(二)旅游业的绿色性

旅游业是凭借旅游资源、以提供旅游设施为条件,向旅游者提供实地体验和旅行游览服务的行业。旅游业作为一个产业,具有资源消耗低、产业带动面广、能提供众多就业岗位、成本低、综合效益好、发展潜力大等优势,与工矿业相比,在环保方面具有"低排放""低污染"的优势,是被公认的绿色产业、无烟工业。

(三)旅游业的经济效应

旅游业具有能带动人们直接消费、提升产业发展、促进城镇化三大动能。在三大动能的释放过程中,旅游业为旅游目的地带来了价值提升、扩散品牌、生态保护和提升人民的幸福指数四个效应。这三大动能和四个效应能直接为区域经济发展带来效益,促进区域经济的发展。

二、小城镇在西北地区旅游业中的作用

立足小城镇发展西北地区旅游业的主要原因在于:第一,西北地区地域广大、旅游资源高度分散。西北地区国土面积虽然广阔,旅游资源总量丰富,但资源丰度较低,大多呈点状分布,景点之间距离遥远。在全国31个省、自治区、直辖市中除陕西省位居前列外,甘肃省、宁夏回族自治区、新疆维吾尔自治区、青海省的旅游资源总丰度居第18、23、30、31位。在开发上难以形成规模,产生"聚集效应"。因此,需要合理布局一些区域集聚点为旅游业顺利运转提供服务基地。第二,西北地区地处内陆边疆,地形复杂,开发不足,各项基础设施都比较薄弱,交通不便,旅游的可进入性差,路途上的花费高、时间长,导致游客滞留景区时间短,经济收益较低,降低了其在旅游资源开发上的优势,需要在漫长的旅游途中有一个服务设施齐全的旅游基地为游客提供服务。第三,西北地区处于中纬度地区,冬季时间长,旅游旺季时间短,旅游景区景点规模小,服务设施建设和运行成本高。西北地区生态环境脆弱,旅游资源所在地的环境大多是脆弱的、易受到损害的,大规模地在景点景区修建完备的旅游服务设施会损害这些旅游资源,造成无法挽回的损失。而一些小的景点由于位置过于偏远,很难建设完备的服务设施,需要由离景点较近的小城镇承担吃、住、行、娱乐、购物等服务职能。第四,西北地区的小城镇大多具有丰富的民族人文和自然资源,有着原始、奇特、神秘等鲜明的民族特色,稍微打造一下就可成为独具特色的旅游景点,构成旅游线路上的重要节点。第五,旅游业追求人与自然的充分和谐,而部分小城镇处于城市和农村牧区的过渡地带,区位、资源、文化等都具有一定的独特性,是与大自然紧密结合的人口聚居区,符合现代人休闲与旅游的需求。第六,小城镇与旅游业关联度大、综合性强、带动性好,能够对小城镇建设和发展产生强大的拉动作用。小城镇除了可以为游客提供较高品质的吃、住、游以外,还可以为游

客提供丰富的旅游商品。旅游商品及其销售作为旅游产业链上的重要环节,具备多重效益。它既是旅游消费的重要组成部分,也是满足游客基本需求和完善旅游感知的载体;既是游客旅游体验的构成要件,也是旅游文化和旅游宣传的载体。充分保障特色旅游商品的供给服务,既能扩大旅游产品生产产业的规模和丰富旅游小城镇的商品市场,提高经济效益,带动旅游小城镇的经济发展,又能广泛宣扬旅游地的民族文化,传播旅游景点景区的特色,提高景区景点的知名度。

第四节 西北地区发展旅游业的路径与方式

一、西北地区发展旅游业的路径

(一)发挥整体优势

整合资源,制定西北地区区域旅游业整体开发规划,避免各自为政和恶性竞争,形成一个整体的旅游市场,打造西北地区旅游业的整体形象,发挥其旅游资源的整体优势。

(二)打造良好的景观带

打破地区分割,强化区域景点景区合作,构建交通顺达的景观带。在突出地方特色的同时,注重各景点景区的差异性和互补性,合理规划布局,着力开发周边景区,设计合理、具有不同特色、贯穿整个区域、多元化的旅游线路,以线连点,形成连线景区,延长景观带,改变"路长游短"现状。

(三)以整体优势拓展市场

借助"一带一路"建设,共同拓展国内外旅游市场。"一带一路"建设客观上把西北五省(自治区)变成了一个紧密的共同体,在发展旅游业上,应树立命运共同体意识,通过基础设施互联互通与旅游资源等领域的合作,促进西北地区与周边国家和地区的互利共赢,构建旅游大市场。

二、西北地区发展旅游业的方式

(一)组织专业协会,协调区域旅游业的发展

在"一带一路"建设的背景下,旅游业发展一定要打破各自为政的行政区域界限,立足市场需求,遵从市场发展规律来开发和重组旅游产品;打破"小我"观念,顾全大局,平等互利,通过整合各省(自治区)的优势旅游资源,形成一体化的效应,实现合作多赢;编制西北地区的旅游规划,对旅游资源的布局与开发进行统一规划和合理设计,实现旅游资源配置效益最大化。要实现这些目标,一定要有一个权威的区域旅游组织来协调。自1989年由陕西省、甘肃省、青海省、宁夏回族自治区、新疆维吾尔自治区五省(自治区)和兵团组成的西北旅游协作区第一次召开旅游合作会议以来,西北五省(自治区)旅游合作发展已经有三十多年,是我国成立最早、面积最大的区域旅游协会组织,所涉区域总面积310.65万平方公里,总人口约10349万人。每年定期召开的西北旅游协作区会议围绕着区域深度拓展旅游市场和实施旅游合作、文旅融合新形势下的全域旅游供给侧结构性改革,协力开拓丝绸之路沿线和国内旅游市场,建立合作共享平台、增进区内外交流合作、推广新技术应用等进行了广泛沟通和研讨。通过定期召开的西北旅游协作区会议,西北五省(自治区)积极培育了区内交流平台,进一步拓宽了区域间合作领域,促进了省区间的合作联动、相互带动成果共享和省际旅游差异化、特色化发展,拓展了国际旅游市场。在西北五省(自治区)旅游协作区会议的大力推动下,西北旅游业实现了区域整体性的持续发展。

(二)确定主题,注重营销

旅游作为人们体验性的一种消费方式,旅游者需要个性化、体验化、情感化、休闲化以及发现和享受美感的旅游体验。旅游地需要广泛地宣传与营销自己的特色产品,树立自己的品牌,才能吸引旅游者前来消费,用合理的方式大力推广旅游产品是促进旅游业发展的重要内容。2015年3月,陕西省政府在西安举办了首届中国西北旅游营销大会,为西北地区整合性地搭建了春季旅游交易平台,全国25个省(自治区)和香港、台

湾地区千余家旅游单位热情参会,十多场主题活动不仅满足了全国和海外华人畅游西北的需求,同时也为西北地区民众提供了出游信息,为西北地区旅游名城、旅游景区、旅游业态服务单位与全国旅游机构年度业务洽谈、签约、交流提供了服务。实现了促进西北地区与全国旅游市场的客源互动、促进西北地区与全国旅游城市的业务对接,成为西北地区及西北地区与国内外旅游业合作与市场开拓的良好平台,为促进西北地区旅游业的发展提供了良好的条件。此后每年3月固定举办的中国西北旅游营销大会,以不同的主题采取免费式参会、立体式推广、全业态互动、全国性联动等方式,形成百城、千企、万众互动,以主会场与分会场直面营销的方式成为全国最大规模的春季旅游营销盛会,为促进西北地区旅游业的发展,繁荣丝绸之路旅游经济作出了巨大贡献。

第五节　促进西北旅游业与小城镇融合发展的思路

一、促进西北旅游业与小城镇融合发展的资源条件

（一）中国经济的快速发展为旅游业的发展壮大提供了强大的经济基础

从发达国家人民生活发展的历史经验来看,当人均年收入达到3000美元时,人们会产生近距离旅游的需求;当超过5000美元时,会产生区域旅游的需求;当达到8000美元时,会产生远距离旅游的需求并使旅游逐步大众化、普遍化,成为人们日常生活的常态。中国国家统计局的相关数据显示,2018年中国的人均GDP已达到了9750美元并将于2020年全面进入小康社会。进入小康社会后的中国人,具有了促进旅游业快速发展的经济基础,人们对旅游需求的多元化不仅能促进旅游业的全面发展,也能给具备旅游资源的小城镇带来巨大的消费市场,旅游业与小城镇的融合发展成为经济社会发展的必然要求。

（二）旅游业已成为西北地区的主导产业且已有一定规模

从西北五省（自治区）发布的有关旅游经济的统计资料来看,2019

年,陕西省的 GDP 为 24438.32 亿元,旅游总收入为 7212 亿元,旅游收入占 GDP 的比例为 29.51%;①2018 年新疆维吾尔自治区的 GDP 为 12199.08 亿元,旅游总收入为 2579.71 亿元,旅游收入占 GDP 的比例为 21.15%;②2018 年宁夏回族自治区的 GDP 为 3705.18 亿元,旅游总收入为 295.68 亿元,旅游收入占 GDP 的比例为 7.98%;③2019 年青海省的 GDP 为 2965.95 亿元,旅游总收入为 497.3 亿元,旅游收入占 GDP 的比例为 16.77%;④甘肃省的 GDP 为 8718.3 亿元,旅游总收入为 2678 亿元,旅游收入占 GDP 的比例为 30.72%。⑤ 西北五省(自治区)旅游业的收入无论从总量的增加还是占比的增速都有了大幅度的提高,旅游业作为主导产业的地位日益得到提升。

(三)随着新型城镇化的推进,西北地区小城镇在数量和质量上得以不断提升

随着国家新型城镇化的推进、特色小镇的建设、美丽乡村和小城镇建设计划的实施,西北地区的小城镇无论在数量还是质量上都有了突飞猛进的发展。仅 2016 年、2017 年住房城乡建设部二批次指导各地有序推进特色小镇的规划建设发展计划就使西北五省(自治区)重点建设了 45 个特色小镇,为旅游业与小城镇的融合发展提供了坚实的基础和条件。

二、促进西北旅游业与小城镇融合发展的思路

(一)小城镇作为乡村与城市的结合点,同时具有城市旅游与乡村旅游的双向优势

地处农牧区腹地的小城镇既有城市的景致与热闹、便利的交通与较高质量的生活设施,又可以近距离地感受农牧区的田园风光、青山绿水,

---

① 陕西省统计局编:《陕西统计年鉴 2020》,中国统计出版社 2020 年版,第 464 页。
② 新疆维吾尔自治区统计局编:《新疆统计年鉴 2019》,中国统计出版社 2019 年版,第 15、45 页。
③ 宁夏回族自治区统计局编:《宁夏统计年鉴 2019》,中国统计出版社 2019 年版,第 11 页。
④ 青海省统计局编:《青海统计年鉴 2020》,中国统计出版社 2020 年版,第 28、47、52 页。
⑤ 甘肃省统计局编:《甘肃统计年鉴 2020》,中国统计出版社 2019 年版,第 27 页。

具有兼具城乡优势的特点。通过小城镇建设,能有效地利用城市与乡村的节点优势,拓展城乡两方面的旅游项目,把景点景区和各种乡村游项目联结起来,实现城市游与乡村游的一体化。游客白天游景点景区,进农家乐,吃农家饭,坐在车上观赏乡村沿途景色,晚上回镇里居住,观赏小城镇的夜景,品尝地方风味的特色美食,享受小城镇的便利设施和特色地方文化,使小城镇和乡村依托旅游业实现融合发展。

(二)合理定位,科学发展

在旅游业与小城镇融合发展上要依据不同小城镇的区域位置、地理地貌、旅游资源、特色产业、交通条件,科学定位合理发展。充分考虑当地的自然资源和文化资源的现状,做好统筹规划,妥善安排旅游资源与经济资源的开发利用程度,把小城镇建设合理地纳入旅游业的产业链之中。借助旅游业的发展,把对小城镇人文资源的保护与开发结合起来,把近期目标和长远发展结合起来,在借助旅游业壮大小城镇实力的同时带动其他产业发展,形成以镇区发展为核心、以镇域一二三产业协调发展为目标,实现镇域内城乡产业的融合发展。

(三)立足特色资源,打造旅游品牌

小城镇要融入旅游业的产业链,实现小城镇建设与旅游业的融合发展,必须要找准小城镇本身的特色,要充分发掘具有地方和民族特色的旅游文化资源进行深层次的产品整合与开发,努力把自己打造成具有区域特色的景区景点,提高旅游产品的文化品位和档次,凸显小城镇在区域旅游业中的突出作用,方能成为旅游产业链中不可或缺的一环,进而才能实现借助旅游业促进小城镇建设与发展的目标。同时也要注意到,旅游业的发展品牌效应起着相当重要的作用,小城镇要注重对外宣传,科学营销,以突出小城镇特色的宣传方式树立小城镇的旅游品牌。

(四)把小城镇融入旅游线路之中,实现旅游业发展与小城镇建设互促双赢的效果

西北地区的小城镇大多知名度不高,品牌度不强,就算是有特色资源,也很难成为一个知名的独立景点吸引游客前往,必须要借助于旅游线路的合理设计,把小城镇建设融入良好的旅游线路中,成为旅游线路中的

有机组成部分,实现旅游业带动小城镇建设、小城镇为旅游业添彩助力互助互促的"双赢"效果。

(五)强化小城镇的基础设施建设,为游客提供高质量的服务

由于西北地区景点设施的不完备和乡村服务质量欠佳,游客赶往附近小城镇的主要目的就是要获得良好的居住环境和生活服务。小城镇生活设施的完备性和服务的舒适性是游客青睐小城镇的重要目的。小城镇的市政设施、住宿条件、交通通信设施、卫生条件等的质量是满足游客舒适性体验的基础,也是其城市性的具体体现。同时,西北地区的很多景区生态环境脆弱,不适宜开展规模较大的休闲娱乐项目,小城镇可以延伸景区的功能,开设适宜的休闲娱乐项目,在满足游客游乐体验需求的同时,活跃小城镇的夜间生活,让小城镇的夜间经济也能得以充分发展。

(六)注重小城镇的软环境建设,为游客提供美的体验

旅游的本质是游客对不同文化的体验、感悟与交流。随着我国经济的不断发展,收入不断增加的游客在旅游中会越来越提升自己的旅游品质。游客不仅要观景,更会关注对旅游地社会人文方面的体验,会产生对旅游地风土人情、社会历史、人文典故进行深入了解的需求,这不仅会对旅游从业人员提出更高的素质要求,对小城镇的人文环境和居民的素质也会提出更高的要求。要求小城镇不仅要有淳朴的镇风镇貌、特色的建筑文化、诚实守信的经营、较高的接待水平,而且还要有良好的民风民俗,特色鲜明的民族文化,居民内在的良好修养。高素质的文化体验会使游客印象深刻,从而带来经济发展与社会进步的良性互动。

第六节　不同类型旅游业发展的经验与启示

一、基于人文资源的同仁县旅游业发展的经验与启示

(一)人口与民族

同仁县位于青海省黄南藏族自治州东北部,全县总户数 2.2 万户、总

人口 9.4 万人,其中藏族 6.3 万人,占总人口数 72.7%、土族 11.2%、汉族 9.3%、回族 4.1%、撒拉族 1.8%、蒙古族 0.2%。县辖 3 镇 9 乡、72 个行政村、9 个社区、362 个生产合作社,是一个以藏族为主,汉族、土族、回族、撒拉族、保安族等多民族的聚居区。[①]

(二)城镇与职能

国家级历史文化名城同仁县城的隆务镇位于青海省东南部,同仁县中部隆务河西北岸,地处甘肃、青海两省交界处的九曲黄河第一弯,被誉为"九曲黄河第一城",距青海省会西宁市 180 公里,是黄南藏族自治州的州府及隆务镇镇政府所在地,是黄南藏族自治州和同仁县的政治、经济、文化中心。同仁县城所在地的隆务河谷地带,平均海拔 2500—2800 米,气候凉爽,加上丰富的文化遗产和自然风光,使这里具备了诸多发展旅游业的优势和潜力。

表 6-2　同仁县城镇等级结构

城镇等级	城镇名称	城镇个数
中心城区	同仁县城(包括隆务镇、年都乎镇)	2
重点镇	保安镇	1
一般镇	多哇镇、瓜什则镇、兰采镇	3
乡(集镇)	加吾乡、曲库乎乡、黄乃亥乡、双朋西乡、扎毛乡	5

资料来源:《同仁县经济和社会发展第十三个五年规划纲要(草案)》,2016 年 4 月。

表 6-3　同仁县城镇职能结构

等级	名称	类型	主要职能及发展方向
县城	中心城区	综合型	以文化旅游、商贸物流、交通枢纽、公共服务为主的综合型地区中心城市
重点镇	保安镇	综合型	以绿色生态产业、旅游、商贸、交通物流为主的县域北部综合型城镇

[①] 同仁县人民政府:《同仁县经济和社会发展第十三个五年规划纲要(草案)》,2016 年 4 月。

续表

等级	名称	类型	主要职能及发展方向
一般镇	兰采镇	牧业型	以牧业、旅游、商贸、交通为主的县域西部中心城镇
	瓜什则镇	交通型	以交通、牧业、商贸为主的县域东部中心城镇
	多哇镇	牧业型	以牧业、交通、商贸为主的县域东南部中心城镇
乡（集镇）	曲库乎乡	旅游型	旅游、农牧
	加吾乡	农牧型	农牧
	黄乃亥乡	农牧型	农牧
	扎毛乡	农牧型	农牧、旅游
	双朋西乡	农牧型	农牧、旅游

资料来源：《同仁县经济和社会发展第十三个五年规划纲要（草案）》，2016年4月。

（三）经济状况

同仁县的经济是以传统农牧业经济为主的产业结构模式，强调以农牧业为基础，工业为主导的经济发展方针。但是，同仁县的农牧业受自然条件的限制非常大，这里海拔高、寒冷，年无霜期平均在150天左右，多为山地，土地贫瘠，不适宜农作物的生长，基本上是靠天吃饭。在保护与恢复生态环境的要求下，该地区的畜牧业发展受到一定的限制，发展呈现相对稳定的态势。工业发展受到资源、交通、技术、资金等的限制，缺乏以工业或高新技术为经济支柱的能力。

（四）人文资源

同仁县境内拥有丰富独特的藏族民俗风情、土族民俗文化风情、热贡艺术风情园、隆务寺等文化旅游资源，也有以麦秀国家森林公园为主的自然旅游资源，共同构成了同仁县的魅力风情。1994年同仁县被国务院确定为第三批国家级历史文化名城，是青海省唯一的国家级历史文化名城。境内有隆务老街区、隆务寺及附属寺院、保安古城、年都乎城堡、郭麻日城堡、吾屯城堡，以及多处珍贵的古文化遗址、古城堡、古墓葬、古建筑和大量的传世文物，其中有新石器、青铜器等时期的古文化遗址170余处，内容涉及马家窑文化、齐家文化、卡约文化、马厂文化、半山文化及吐谷浑王

152

国文化遗存。2004年,国家文化部把同仁县作为青海省唯一的"中国民族民间文化保护工程"试点县加以扶持和发展。2006年,同仁县吾屯村被国家文化部确定为"全国文化产业示范基地"、郭么日村被确定为"全国历史文化名村"、隆务镇被确定为"全国民族民间唐卡艺术之乡"。同年,国家文化部又把热贡艺术、藏戏、热贡土族"於菟""六月会"列为第一批非物质文化遗产名录。2008年8月,文化部正式批准设立国家级热贡文化生态保护实验区,成为全国第三个国家级文化生态保护试验区。并出台《热贡文化生态保护实验区总体规划》,选择同仁县县城及隆务河流域为重点保护区域,从国家层面支持同仁县文化产业发展,对同仁县做大做强文化旅游产业给予了强有力支持。

同仁县城作为历史文化名城,集宗教文化、宗教艺术、古建筑、民族文化风情、高原风光于一体,地上、地下有大量的古文化、古城寨遗址和遗存,其丰富的自然和人文景观,对于研究藏传佛教、藏族文化艺术、民俗风情、考古、民居建筑等都有重要价值。老城区隆务镇是青海省保存最为完整的古城之一,郭麻日的古堡已有100多年的历史,保存得非常完整。

这里是安多地区藏传佛教的中心之一,在将近40公里的隆务河谷带上分布着1黑(黑教)5红(红教)35黄(黄教)共大小40多座寺庙,分布非常集中,位于县城中的隆务寺历史比塔尔寺还长。同仁县拥有以唐卡、堆绣、雕塑为主的热贡艺术,是热贡艺术的发祥地,"热贡"藏语意为金色的谷地。它也是著名的藏族画家之乡,国内藏区大部分寺院的壁画、堆绣、雕塑均出自热贡艺人之手。热贡文化包括独具特色的宗教文化、悠久的历史文化、丰富多彩的艺术文化和古老神秘的民俗文化,是长期生活在这块土地上的各民族用自己的勤劳智慧创造出的文化。以隆务寺为代表的宗教文化博大精深,对藏区影响很大。艺术文化以唐卡、堆绣、雕塑和藏戏为主。民俗风情文化众多,如土族的"於兔舞"、藏族的"六月会",都是极具潜力的旅游资源。

(五)定位与发展

《青海省主体功能区区划》及《青海三江源生态保护和建设二期工程规划》定位同仁县属于限制开发区、承接转移发展区,对同仁城市发展作出了在做好生态保护建设前提下,进行城镇化建设和经济发展的规划。同仁县政府在面对自身的定位和资源优劣考察分析的基础上,在国家和省政府的支持下,顺应时代发展的潮流,打破传统思路,扬长避短,挖掘资源潜力,对产业结构进行了战略上的调整,将旅游作为同仁县的主导产业,以旅游业为核心,带动其他产业的发展,形成了一条立足旅游资源的可持续发展之路并取得了良好的效果。2019 年,全州累计接待国内外游客 810.3 万人次,实现旅游收入 19.52 亿元。文化旅游产品逐渐丰富,热贡文化旅游知名度显著提升。热贡艺术迅速发展,培育热贡文化企业 79 家,其中大型企业 4 家,总面积为 50.6 公顷的热贡文化产业园正在加快建设,文化和旅游产业对于地方经济的带动作用逐渐凸显。扶持了 29 家农(牧)家乐的建设,"热贡庄园"与"念青部落"两处藏家乐成为全省藏家乐之最。旅游宣传和服务积极开展,成功编排了民俗风情歌舞剧《金色热贡》,编辑出版了《大美青海·精美热贡》旅游精品画册和《朝觐热贡》藏传佛教文化旅游图书,并成功举办了"行走金色热贡,感受世界非遗"千人露营大会。以唐卡、堆绣、泥塑为主体的热贡艺术进一步传承,热贡民俗文化宫、龙树画苑等龙头企业发展良好,热贡艺术产业园区建设顺利,热贡品牌知名度显著提升。以土族"於菟节"、藏乡"六月会"为代表的民族节庆活动有序开展,以"热贡庄园"与"念青部落"为典型的农(牧)家乐加快建设。文化旅游对于促进就业、扶贫开发以及全县增收等方面的贡献力不断加强。①

(六)同仁县发展旅游业的经验与启示

1. 同仁县发展旅游业的经验

(1)立足优势资源,文旅结合,发展特色旅游业。政府通过行之有效的手段将历史文化遗产保护起来,那些保存良好、修葺于多个年代、具有不同派别风格的各种建筑形成了与自然条件相和谐的人文景观,各城镇所独具的建筑文化成为其主要卖点,大大提高了城镇独特的魅力,产生了

① 同仁县人民政府:《同仁县经济和社会发展第十三个五年规划纲要(草案)》,2016 年 4 月。

巨大的经济效益与社会效益。

（2）以精品旅游线路带动区域经济发展。在旅游线路的规划中，从空间上，注重构建从景区到小镇的连续性景观体系；从功能上，强化与景区的功能互补，不仅加强了小城镇餐饮、娱乐、购物、住宿等方面的服务功能，而且依托本地文化特色以及资源优势打造了区别于大景区的多样化旅游产品体系。利用同仁县城至夏河和至西宁市的公路，打通了各景点的道路，把各个景点联系起来，形成了系统的旅游线路，立足旅游线路的拓展，带动了整个区域旅游产业的发展。

（3）把握机遇，借助外力，提升实力。同仁县城处于青海省东部重点开发区域，是兰西城市群重要的节点城市，未来随着西宁市综合实力的发展，区域大型基础设施的逐步完善，同仁将融入西宁2小时经济圈，依托同仁历史文化名城和热贡生态文化保护实验区的建设，必将形成独具特色的区域增长极。同时，"十三五"期间，西成铁路、张河高速以及黄南机场等区域性重大交通设施陆续建成，这些交通要道建成后将打通黄南州与四川省、宁夏回族自治区、甘肃省等省（自治区）的发展通道，同仁的区域发展地位将发生较大变化，出境交通干线进一步拓展，将与大西南乃至全国实现真正意义上区域格局的全方位、立体化接轨，将大大提升人流、物流、信息流效率，极大地拓展了同仁县的发展空间，给同仁县的旅游业带来更多的发展机遇。

2. 同仁县发展旅游业的启示

西北地区小城镇的发展在保护生态的前提下，必须立足于自身的特色资源，将景区建设和小城镇建设融合起来，将城镇建设与乡村发展结合起来，保持良好生态环境，实现景区与小城镇周边农房景观化，基础设施城市化，配套设施现代化，景观打造生态化，土地开发资本化和规模化。明确小城镇在景区发展中的功能定位，将小城镇建设与景区建设同步考虑、同步发展。小城镇与旅游业有着天然的合作优势，通过小城镇建设与旅游业融合发展，带动区域经济一体化发展，是一条西北地区小城镇可持续发展之路。

从西北地区的小城镇现状来看，有很多和同仁县相似的地方，都有着丰富的文物古迹、人文资源和绮丽的自然风光,由于过去经济发展比较滞后,使这些自然和人文景观被完好地保存了下来,给今天旅游业的发展创造了条件。因而,西北地区的小城镇建设应当紧紧地抓住丝绸之路经济带建设、兰州—西宁经济区建设、推进新型城镇化建设和乡村振兴战略实施的机会,将资源优势转化为产业优势,将产业优势转化为经济优势,实现区域城镇化的快速发展。

二、立足特色自然资源开发的茶卡旅游小城镇的兴起与发展

随着青海省旅游业的快速发展,位于青海省海西蒙古族藏族自治州东部的茶卡镇凭借着独特的特色资源——盐湖打造的盐湖旅游景区声誉鹊起,被国家地理杂志评为"人生必去的 55 个地方之一",被摄影界和旅游界誉为"中国天空之镜""中国最美星空之一",被列入全国极致自驾游36 条精品线路之一。2016 年 10 月 14 日,茶卡镇被国家发展改革委、财政部以及住建部共同认定为第一批中国特色小镇,成为青海省著名的旅游小镇,其凭借优势自然资源——盐湖打造旅游小镇的经验成为众多拥有良好自然资源想建设旅游小镇的学习对象。

(一)茶卡镇概述

"茶卡"系藏语,意为"盐池",1985 年设立的茶卡镇,位于海西州乌兰县境东部,柴达木盆地东缘,东、南、北与巴音乡接壤,西与莫河畜牧场为邻。西距县城 74 公里,东距西宁 300 公里,因地处青海省海西蒙古族藏族自治州乌兰县东端茶卡盐湖北畔而得名,被誉为海西州的"东大门",历史上是商贾、游客进疆入藏的必经之地。

全镇总面积 1900 平方公里,镇区建成面积 4.5 平方公里,辖 8 个行政村、1 个居委会,总人口 1600 户 4106 人,是一个以汉族、蒙古族为主体,多民族聚居的小镇,辖区内驻有茶卡盐厂等企事业单位。海拔 3059 —4200 米,属于干旱大陆性气候。

(二)资源与定位

茶卡的最大资源是盐湖。茶卡盐湖呈椭圆形,位于柴达木盆地东北

部,茶卡盆地的西部,湖面海拔3100米,总面积105平方公里,初步探明的储量达4亿4千万吨以上。湖水属卤水型,底部有石盐层,一般厚5米,最厚处达9.68米,湖东南岸有长十几公里的玛亚纳河注入,是柴达木盆地典型的氯化物型天然结晶盐湖。茶卡盐极易开采,人们只需要揭开十几厘米的盐盖,就可以从下面捞取天然的结晶盐。开采过的卤水,几年之后又重新结晶成盐层。

茶卡食盐开采历史悠久,早在西汉时期,当地羌族人已采盐食用。1950年,随着青海省盐业公司的成立,古老的茶卡盐池经过不断的建设和发展,初步实现了采盐、船采、船运、洗涤、加工机械化和规模化。生产的原盐、再生盐、洗涤盐、粉洗盐、加碘盐、营养加锌盐等产品,除供应青海省各地外,还畅销全国20多个省区及出口日本、尼泊尔、中东等地区,受到人们欢迎。纯天然、原生态、无任何工业污染的茶卡盐,是我国乃至全世界不可多得的优质资源,2009年12月荣获国家地理标志保护产品,是国内湖盐行业首个获此殊荣的品牌。

随着改革开放的深入推进和国家盐业改革新政的推出,西部矿业集团和乌兰县围绕茶卡盐湖的发展,在推进循环经济,延伸上下游产业链的同时,在西部矿业集团旗下青海省盐业股份有限公司的主导下,1980年开始涉足盐湖旅游业,但发展缓慢。2008年,随着青海省政府正式提出"生态立省"战略,海西州和盐业公司加快推进了旅游业的发展。2009年1月,茶卡盐湖被青海省旅游景区质量等级评定委员会评为全国唯一的集自然风光和工业旅游为一体的AAA级景区。2011年,海西州旅游局委托省旅游规划设计研究院,编制完成了《海西州茶卡盐湖旅游区修建性详细规划》,并通过了省级专家审定。2012年,茶卡盐湖景区亮相青岛国内旅游交易会,向广大游客展示了壮观优美的自然风景。同年,大青盐系列旅游纪念品赴深圳文博会参展,获得良好声誉。青海卫视在茶卡盐湖拍摄播出的《我是冒险王》专题节目,使茶卡盐湖景区的知名度迅速提升,游客人数迅速增加。到2012年年底,茶卡盐湖游客就达到了5.42万人(次),2013年茶卡盐湖游客量达到16.02万人(次),2014年剧增至48万人(次),收入达1138万元,被"西北旅游总评榜"评为"十大旅游名县之一"。"天空之镜——茶卡盐湖"入围"2014·中国旅游风云榜"榜单候选项目。

（三）发展与成效

随着茶卡盐湖旅游业的"井喷式"发展，海西州和乌兰县政府确定了"坚持三步走，打造'大美青海·多彩乌兰'旅游品牌，建设四个核心景区和两个名镇，实现'三个旅游县'的总体发展目标"，计划将青藏高原上的老驿站——茶卡镇打造成"国内旅游名镇"，最终实现将乌兰打造成为"州内旅游强县，省内旅游大县，国内旅游名县"的目标。2015年，西部矿业集团会同海西州对茶卡盐湖旅游开发进行市场调研，决定打造"茶卡盐湖——天空之镜"的旅游品牌。2015年9月1日，茶卡盐湖闭园整治、改造升级，正式由原盐开采为主转型为发展旅游业。景区投资3.2亿元，完成了涵盖基础设施、市政管网、智慧旅游三大类别60余个单体工程。2016年，青海茶卡盐湖文化旅游发展股份有限公司应运而生。2016年6月1日，开园迎接游客，并在茶卡盐湖景区举办海西州首届旅游文化节暨茶卡盐湖开园活动，进一步提升了景区的知名度和影响力。2016年10月，茶卡盐湖景区再次进入封闭式建设阶段，新建了17个单体项目，完成了空间布局"一轴两区三广场"、停车场、观光小火车、航道码头、盐湖观光塔、盐工礼堂、盐湖敖包和风马旗、景区宾馆、景区旅游公厕、景区污水处理等十余个项目的改造和建设。2016年茶卡盐湖接待游客195万人（次），日接待游客峰值达到4.2万人（次），跃居为全省第二大景区，被评为全国唯一的盐湖类4A级旅游景区。同年10月，茶卡镇入围首批中国特色小镇。2017年启动了5A级景区创建工作。截至2018年4月26日开园，景区共计完成三期总投资近6亿元的提档升级改造，升级后的茶卡盐湖景区以全新的面貌接待游客，景区基础设施、服务水平、管理质量得到了大幅提升，茶卡盐湖景区成为游客来青海省旅游的首选目的地。茶卡盐湖景区自2015年开发建设以来，旅游人数和旅游收入实现持续增长，2015年景区接待游客130万人次；2016年接待游客超过190万人次；2017年接待游客突破270万人次；2018年9月16日景区迎来了2018年的第300万名游客，实现了年游客接待量突破300万人次的大关，取得了历史性突破。继 2018 年、2019 年连续两年接待游客量超过 300 万人次后,2020 年茶卡盐湖景区进一步新增了各类旅游体验项目,云观 VR 馆、浪漫天镜区、盐文化馆、盐主题课堂等,为游客带来了各类体验,使游客数量得以持续增加。①

茶卡镇政府抓住茶卡盐湖旅游业"井喷"的发展机遇,确立了"产城融合、文旅聚合、景镇一体"的发展思路,"盐湖旅游+特色养殖业+三产服务业"三位一体的一二三产融合发展模式。借力盐湖景区,坚持高起点规划、高标准建设,加快老镇区拆改建,全面实施镇区给排水等市政管网改造,构建"两横五纵一环"道路体系,对城镇空间结构进行科学划分,明确功能区块,加大临街建筑改造,实施人行道硬化绿化,镇区面貌焕然一新,城镇服务功能和承载能力不断提升。

在提升镇区硬件功能的同时,充分发挥产业与城镇的融合互促作用,借助茶卡盐湖丰富的旅游资源优势,发挥城镇对资源要素的集聚作用,大力发展"茶卡羊""大青盐"精深加工、民族文化工艺品等产业,充分挖掘开发盐雕艺术、民族特色文化,积极引导、整合文化旅游资源,努力推动文化旅游产业加快发展。树立"马文化"之乡区域品牌,民族风情、民俗体验有序发展,达布逊淖尔风情园、力杰民族文化产业园、德都蒙古风情园等一批文旅融合项目相继落成。

不断加大财政投入,提升景区接待能力,搭建旅游脱贫平台,引导农牧民以不同业态融入盐湖旅游,带动了茶卡镇区及周边地区相关产业的快速发展。数据显示,茶卡镇市场主体达到 558 户,全镇围绕旅游的从业商户占到 80%以上,一些自称"盐三代"的职工也因景区建设,从采盐工人转型为旅游公司的服务人员。茶卡镇的加油站从 2015 年的 1 处增加到 6 处,宾馆由 3 家增加到 13 家,另有 11 家在建,家庭宾馆达到 300 多家。新增盐雕制作车间 10 家,茶卡盐湖景区直接带动就业超过 1000 人,解决乌兰县当地户口群众就业近 800 人,间接带动就业超过 3000 多人。②

---

①　程宦宁、张洪旭:《青海茶卡盐湖跃居全国文旅"网红打卡地"第三名》,《青海日报》2020 年 9 月 18 日。

②　宋翠茹、芈峤:《茶卡,一座被盐托起的小镇》,《青海日报》2018 年 1 月 12 日。

景区的快速发展产生了"景镇联动"效应,茶卡镇也因此先后摘取了"国家特色小镇""中国最具文化价值特色小镇"和"全国美丽宜居小镇"三项国家级桂冠。茶卡镇区和景区面貌发生了很大变化,特色小镇建设成效初显。

(四)茶卡旅游小城镇建设的经验与启示

1. 茶卡旅游小城镇建设的经验

(1)以企业为龙头,以品牌为核心,带动区域发展。从一个工业产盐基地,到一个全国知名景区;从单一工业生产、单一旅游观光,到时下集生态保护、经济发展、百姓富裕多位于一体综合发展,龙头企业——青海茶卡盐湖文化旅游发展股份有限公司起到了关键的带动作用。只有龙头公司雄厚的资金和强力的开发营销,才能使潜在的优质资源变为优质产品,进而带动一个产业的发展壮大。

(2)发挥政府的作用,立足资源,科学规划,开发特色。区域经济的发展离不开地方政府的科学规划。审时度势,把握机遇,科学规划是茶卡旅游业发展的关键,也是茶卡镇得以迅速发展的关键。没有海西州和乌兰县政府对企业转型的大力支持,西部矿业集团也难以及时完成转型,优良的资源也只是资源;没有海西州政府《海西州茶卡盐湖旅游区修建性详细规划》的及时制定和大力推进,全域旅游难以实现,盐湖旅游的效果就得不到如此良好的体现。因此,发挥地方政府的积极性,认真探寻区域经济发展的路径,依靠优势资源作用的充分发挥,才能使小城镇建设有机可乘,有路可走。

(3)旅游产品需强力营销,打造品牌。茶卡盐湖景区凭借独特的自然优势和地理条件,以先进的营销理念、准确的形象定位、优秀的策划包装、创新的宣传活动将茶卡盐湖景区打造成有文化、有故事、有产品、有内涵、重品质、优服务的青海旅游标杆景区,借助于各种媒体和活动的强力营销功不可没。

(4)产城融合,全域发展。没有产业带动的小城镇是难以集聚人口的,是发展不起来的,而没有小城镇给予足够区域服务空间支撑的产业同样也是难以发展壮大的。盐湖旅游景区与茶卡镇产城的有效融合,既解决了景区发展需要有足够的区域服务空间给予强力支撑的要求,也为小城镇自身的发展提供了强大的产业支撑,进而带动了茶卡镇的全域发展。

(5)要延伸产业链,发展特色产业,实现景区与小城镇的互动发展。茶卡镇立足茶卡盐湖得天独厚的资源禀赋和区位优势,抢抓茶卡盐湖旅游业的发展机遇,坚持以特色旅游为突破口,以创新驱动为引领,以放开搞活为动力,着力推动特色小镇的转型发展。充分发挥产业与城镇的融合互促作用,借助茶卡盐湖丰富的旅游资源优势,发挥城镇对资源要素的集聚作用,大力发展"茶卡羊""大青盐"精深加工、民族文化工艺品等产业,初步形成了"盐湖旅游+特色养殖业+三产服务业"三位一体的一二三产融合发展模式。

2.茶卡旅游小城镇建设的启示

从一个简单地依靠盐湖资源采挖售卖食盐的工业企业,转变为一家旅游发展公司,从单一产业向多产业相互带动、共同发展,茶卡盐湖旅游业的快速发展,是青海省将绿水青山变成金山银山的具体实践,是一个深挖资源内涵、拓宽企业路径、成功转型"工业旅游"和新产业拓展的典型案例。

这个成功案例给我们的启示是,西北地区丰富的自然资源要变成现实的经济效益,需要各级政府站在新时代发展的风口,审时度势认真规划并强力营销;需要有实力的企业从资源禀赋出发,发现与众不同的特色资源去开发,形成龙头效应;需要小城镇为其提供劳动力、居住、餐饮、文化、旅游产品到交通等全方位的社会服务,支撑企业的发展。政府科学规划、企业大胆转型、小城镇全力跟进,三者的有效融合是茶卡旅游小城镇成功的关键因素。

第七章　西北牧区与小城镇发展

西北牧区占西北地区全部土地面积的90%以上,而生活在牧区的人口不足总人口的20%,地广人稀、生态脆弱、地理环境复杂的西北牧区,小城镇对于牧区的居民犹如沙漠中的绿洲,大海中的孤岛,对牧区居民的生产生活有极为重要的基地作用。但由于牧区商品经济发展能力不足、游牧经济效率低下和自我发展能力的欠缺,使牧区小城镇的发展缺乏内在动力,依靠牧区小城镇自我发展将是一个非常缓慢的过程,而国家为保护西北地区脆弱生态环境制定的生态保护战略客观上也限制了牧区产业的规模化发展。因此,小城镇的发展主要取决于外力的推动和投入,国家的投入和政策支持至关重要。在保护好生态的前提下,建立合适的发展机制,立足自身的特色资源发展具有一定品质的特色产业,构建自身内在的发展动力,把牧区小城镇打造成为区域农牧业现代化的服务基地和生态环境良好、区位适中、交通便利、基础设施齐全、城镇化水平较高的,既有城市的品质、又有乡村的宁静与亲情的农牧民生活基地,满足农牧民对高品质生活的追求是未来牧区小城镇发展的一个重要选择,也是牧区小城镇可持续发展的基本路径和首选目标。

第一节　理论阐释与西北牧区问题

一、理论阐释

(一)集聚经济理论

德国经济学家马克斯·韦伯(Max Weber)在其著作《工业区位论》中

提出了集聚经济理论。他认为,集聚经济是由于把生产按照一定规模集中在某一地点进行,会给生产和销售带来节约或更多利润。大量工厂和市场销售聚集在同一地点,也为城镇的发展创造了客观条件。城镇经济最本质的特征在于它的空间聚集性,人口、企业和各种经济活动在空间上的聚集能够给城镇带来集聚效应,是城镇能够保持经济持续增长的根本原因。集聚效应是城镇经济发展的基础,作为集聚中心的城镇,拥有技术、资金、劳动力、市场容量、信息等各方面的生产优势,会在形成经济生产活动的同时也会给周边地区带来溢出效应,从而成为区域经济发展的增长极。

(二)辐射理论

辐射理论是指经济发展水平和现代化程度较高的地区对经济发展较为滞后的地区进行技术转移和资源的流动,从而对落后地区经济发展产生一定影响的理论解释。小城镇是农村牧区服务业的集中地,既是经济发展水平和现代化程度较高的区域核心,也是人口相对集中的地区,小城镇的发展会对周边农村牧区产生辐射效应,在通过吸纳人才、资金、土地等资源发展自身的同时,也会对镇域内的土地流转与农牧业现代化进程产生辐射推进作用。在农牧区向小城镇提供自然资源、劳动力、市场等的同时,小城镇也在向农牧区传递着先进的科学技术、资本、管理经验、信息、思想观念、思维习惯和生活方式等,引领着农牧区向现代化发展。辐射理论认为辐射的速度和程度与其距离和关系有关,辐射距离越近关系越好,其辐射越充分、辐射的速度越快,辐射的程度越高;而小城镇距离农牧区最近,双方无论行政关系、经济关系还是文化地缘关系都是最紧密的。因此,通过相互资源的点辐射、线辐射和面辐射,能够缩小两者在经济发展水平上的差距,实现城乡融合发展。

二、西北牧区的问题

牧区是以畜牧业生产为主的经济区域,其生产方式有别于农业区与城市,经济社会状况也具有自身的特点。从西北牧区的经济发展现状来看,西北牧区的经济处于相对比较落后的地位,落后的主要原因:一是先天不足,区域地理环境比较恶劣,只能以畜牧业为主,产业结构单一;二是工业化滞后,带动牧业实现现代化的能力不足,难以促进牧区生产方式的改变,自给自足的游牧经济仍然占主导地位;三是牧民居住高度分散,很多人仍处于游牧散居状态,集中定居仅存在于少部分地区,即呈现"大分散、小聚居"的状态,牧区家庭现代化程度相对不高;四是城镇化进程缓慢,城镇少,规模小,缺乏区域发展中心和资源集聚能力。

西北牧区是我国天然草地集中分布区,西北牧区的草原作为陆地最大的生态系统,对维护我国西北地区乃至亚洲的生态安全至关重要。西北牧区总体上受不同地理景观区的控制和影响,在同一地理景观区内,又受复杂多样的地形变化制约。因此,以集聚经济和辐射理论为指导,在政府大力推进"定居定牧"的进程中,选择适宜的区域,把牧区的"定居定牧"与小城镇建设有机地结合起来,在既能有效地促进小城镇发展,同时也能通过小城镇发展解决好牧区生态保护问题的前提下,促进人口和资源向小城镇集聚,形成区域增长极,以小城镇第二、第三产业的发展,促进牧区三产融合发展,为牧区经济社会的发展提供条件。在把握西北牧区小城镇的类型及特点的基础上,探寻西北牧区小城镇的发展路径与模式,提出促进西北牧区小城镇发展的思路与对策,促进牧区小城镇与牧区经济社会融合发展,是本章研究的主要内容。

第二节　西北牧区及小城镇概况

一、牧区及畜牧业

牧区是利用广阔的天然草原,以广大天然草原为基地,主要从事畜牧业生产的地区。畜牧业是指采用放牧、圈养或两者结合的方式,经营饲养草食性家畜以取得动物产品,为人类提供肉、奶、蛋类等动物性食品和工业原料或役畜的生产部门。畜牧业是人类与自然界进行物质交换的重要环节,是农业的重要组成部分,与种植业并列为农业生产的两大支柱产业。牧区也是地球上面积最大的陆地生态系统,是主要江河的发源地和水源涵养区,生态地位十分重要。

中国的牧区主要包括 13 个省(区)的 268 个牧区、半牧区县(旗、市),牧区面积占全国国土面积的 40%以上,集中分布在北部、西北部干旱、半干旱及西南部青藏高原地区。① 通常称内蒙古自治区、新疆维吾尔自治区、西藏自治区、青海省、甘肃省为中国的五大牧区。此外,宁夏回族自治区、四川省西部草场面积很大,畜牧业历史悠久,也是我国重要的牧区。

二、西北牧区概况

西北牧区主要指新疆维吾尔自治区、青海省、甘肃省、陕西省、宁夏回族自治区五省(自治区)中以畜牧业生产为主的地区,是中国最主要的牧场所在地,畜牧业历史悠久,历来是全国役畜和毛、皮、肉、奶等畜产品的主要产地。宁夏回族自治区、新疆维吾尔自治区、青海省的绝大部分土地和甘肃省、陕西省西北部地区都是天然草原,属于中温带干旱半干旱地区,其植被对环境变化极为敏感,也最易受人类活动干扰。

(一)陕西省的牧场及畜牧业

陕西省地势南北高、中间低,有高原、山地、平原和盆地等多种地形,地势由西向东倾斜,北山和秦岭把陕西省分为三大自然区域:北部是陕北高原,中部是关中平原,南部是秦巴山区。横跨三个气候带,南北气候差异较大。降水南多北少,陕南为湿润区,关中为半湿润区,陕北为半干旱区,是农牧交错地带,是陕西省的主要养羊区和毛、绒、皮、肉生产基地。

畜牧业是陕西省六大优势特色产业之一,现有草地 317.9 万公顷,占土地总面积的 15.4%,其中天然草场面积共有 8167.1 万亩,其中可利用面积 6864.5 万亩,载畜量为 1069.8 万头。2017 年年末,牛存栏 151.2 万头,羊存栏 868.5 万只,奶类产量 184.5 万吨。其中,牛奶产量 134.8 万吨。2017 年,全省奶山羊存栏 170 万只,占全国的 36%,羊奶产量 50 万吨,占全国的 46%,奶山羊存栏数量和羊奶产量均居全国第一位,其中西

---

① 《国务院关于促进牧区又好又快发展的若干意见》,国务院办公厅,2011 年 8 月 9 日。

安、宝鸡、咸阳、渭南 4 市奶山羊存栏和羊奶产量均占全省的 97%。①

（二）甘肃省的牧场及畜牧业

甘肃省现有草场约 1800 万公顷（包括宜牧草山草坡和荒漠、干旱草原面积）。其中，高寒草甸类草场约 28.5 万公顷，山地林间草场约 39.6 万公顷，灌木草丛类草场约 53.5 万公顷，草原草场 572.8 万公顷，荒漠草场 627 万公顷，盐生草甸类草场 72.4 万公顷。这些草场主要分布在甘南草原、祁连山地、西秦岭、马衔山、崛山、哈思山、关山等地，海拔一般在 2400—4200 米，气候高寒阴湿，海拔 3000 米以上的地区牧草生长季节短，枯草期长。这类草场可利用面积为 427.5 万公顷，占全省利用草场总面积的 23.84%，年平均鲜草产量 4100 千克/公顷，总贮草量约 175 亿千克，平均牧草利用以 50% 计，约可载畜 600 万羊单位。甘南藏族自治州是甘肃省最重要的畜牧业基地，草原面积约 272 万公顷，占全州土地总面积的 67.7%。丰富的草场资源使甘肃成为我国最重要的牧区之一，每年向内地输送大量的肉禽产品。2017 年年末，全省牛肉产量 22.41 万吨，羊肉产量 24.51 万吨，牛奶产量 64.48 万吨。年末大牲畜存栏 654.11 万头（只），出栏 237.93 万头（只）。羊存栏 1989.00 万只，出栏 1551.44 万只。② 2018 年，甘肃省肉类产量 102.2 万吨，牛奶产量 40.5 万吨。年末大牲畜存栏 504.6 万头（只），其中牛存栏 440.4 万头；大牲畜出栏 212.6 万头（只），其中牛出栏 201.9 万头；羊存栏 1885.9 万只，出栏 1462.8 万只。生猪存栏 545.2 万头，出栏 691.6 万头。③

（三）宁夏回族自治区的牧场及畜牧业

宁夏回族自治区地处祖国西北边陲，是中国少数民族回族的集居地。其地域深居西北内陆高原，沿长城内外分布，属典型的大陆性半湿润半干旱气候，地处于我国农牧过渡带，南部是石质山区，北部是引黄灌区，中部

---

① 陕西省统计局编：《陕西统计年鉴 2018》，中国统计出版社 2018 年版，第 8 页。

② 陈波、杜克成：《〈2017 年甘肃省国民经济和社会发展统计公报〉解读》，《甘肃日报》2018 年 4 月 25 日。

③ 陈波、杜克成：《主要指标提速进位 质量效益进一步提升——〈2018 年甘肃省国民经济和社会发展统计公报〉解读》，《甘肃日报》2019 年 3 月 28 日。

干旱覆沙地带是农牧交错带。植被自南向北呈现森林草原—干草原—荒漠草原—草原化荒漠的水平分布规律。荒漠化草原和温性草原气候使宁夏回族自治区在干旱、半干旱的草地气候下形成了良好的草地生态系统，给宁夏回族自治区的畜牧业发展提供了良好的条件。

宁夏回族自治区有耕地 1650 万亩，人均 2.8 亩，居全国第 2 位；引黄灌溉 790 万亩，是全国 12 个商品粮生产基地之一；有草场 3665 万亩，是自治区的半壁河山和面积最大的绿色生态屏障，是全国十大牧区之一。2018 年年末，全区肉牛存栏 84.49 万头，出栏 74.80 万头；肉羊存栏534.28 万只，出栏 558.83 万只；奶牛存栏 40.15 万头，牛肉产量 11.52 万吨，羊肉产量 9.9 万吨。[1]

（四）新疆维吾尔自治区的牧场及畜牧业

新疆维吾尔自治区是我国第二大牧区，牧区牧民以哈萨克族为主，首府设在乌鲁木齐市，乌鲁木齐的蒙古语意为优美的牧场。新疆维吾尔自治区土地资源丰富，全区农林牧可直接利用土地面积 10 亿亩，占全国农林牧宜用土地面积的 1/10 以上。现有耕地 7600 多万亩，人均占有耕地3.45 亩，为全国平均水平的 2.6 倍；天然草原面积 7.2 亿亩，占全国可利用草原面积的 14.5%。2018 年年末，牲畜存栏 5047.93 万头（只），出栏4508.35 万头（只）。全年猪牛羊禽肉产量 161.9 万吨。其中，羊肉产量59.4 万吨，牛肉产量 41.96 万吨，猪肉产量 38.10 万吨，禽肉产量 16.06万吨，禽蛋产量 37.3 万吨，生牛奶产量 194.9 万吨。[2]

（五）青海省的牧场及畜牧业

青海全省平均海拔在 3000 米以上，属青藏高原范围之内，全省地势总体呈西高东低、南北高中部低的态势，西部海拔高峻，向东倾斜，呈梯级下降。东部地区为青藏高原向黄土高原过渡地带，地形复杂、地貌多样，众多大山大河构成了全省地貌的基本骨架。

根据《青海省综合农业规划》中的分区原则及各县经济中牧区产值

---

① 宁夏回族自治区统计局编：《宁夏统计年鉴 2019》，中国统计出版社 2019 年版，第 14 页。
② 新疆维吾尔自治区统计局编：《新疆统计年鉴 2019》，中国统计出版社 2019 年版，第 4 页。

所占国民经济比重和传统农业生产方式及生产发展方向划分的青海省牧区，由海北藏族自治州、黄南藏族自治州、海南藏族自治州、果洛藏族自治州、玉树藏族自治州、海西蒙古族藏族自治州6个自治州的26个县构成，人口295.57万人，土地面积696263平方公里，约占青海省国土总面积的96.57%。草地面积4193.33万公顷，其中可利用面积3866.67万公顷，分为9个草地类、7个草地亚类、28个草地组、173个草地型。在各类草原中，高寒草甸为2366.16万公顷，占全省草地面积的64.92%，是青海省天然草地的主体。在草地总面积中，可利用草地占86.72%，其中夏秋草场1825.35万公顷。2018年年末，全省牛存栏514.33万头，羊存栏1336.07万只，生猪存栏78.18万头，家禽存栏305.74万只。全年全省牛出栏135.59万头，羊出栏748.10万只；生猪出栏116.47万头；家禽出栏494.06万只。全年全省肉类总产量36.53万吨(见表7-1)。①

表7-1　青海省牧业州的基本概况

州名	基本概况
海西蒙古族藏族自治州	辖区总面积32.58万平方公里，占青海省总面积45.19%。辖德令哈、格尔木、茫崖三市，都兰、乌兰、天峻三县和大柴旦、冷湖、2个行政委员会，35个乡镇。截至2017年年底，总人口405668人
海北藏族自治州	辖区总面积3.47万平方公里，占全省土地总面积的4.81%。下辖海晏县(三角城镇)、祁连县、刚察县、门源回族自治县4县，30个乡镇。截至2017年年底，全州总人口296762人
黄南藏族自治州	辖区总面积17.92万平方公里，占全省土地总面积的24.86%，下辖同仁县、尖扎县、泽库县、河南蒙古族自治县4个县，35个乡镇。截至2017年年底，全州总人口为279135人
海南藏族自治州	辖区总面积4.6万平方公里，占全省土地总面积的6.38%，下辖共和、贵德、贵南、同德、兴海5县和龙羊峡行委，41个乡镇。截至2017年年底，全州常住人口472849人
果洛藏族自治州	辖区总面积7.6万平方公里，占全省土地总面积的10.54%。下辖玛沁、班玛、甘德、达日、久治、玛多6个县，44个乡镇。现有各类可利用草场约8860万亩，草场以高山草甸植被为主。截至2017年年底，总人口207255人(其中，农牧业人口14.02万人)

① 青海省统计局、国家统计局青海调查总队:《青海省2018年国民经济和社会发展统计公报》，《青海日报》2019年2月28日。

续表

州名	基本概况
玉树藏族自治州	土地总面积26.7万平方公里,占青海省总面积的37.2%。下辖玉树1市、称多、囊谦、杂多、治多、曲麻莱5县,45个乡镇,257个村(牧)委会。截至2017年年底,总人口409613人。畜牧业为玉树的支柱产业,畜产品产量约占全省总面积产量的1/4,是青海省主要畜牧业产品基地

资料来源:青海省统计局编:《青海统计年鉴2018》,中国统计出版社2018年版,第92、94页;中华人民共和国民政部全国行政区信息查询平台。

三、西北牧区小城镇概况

(一)陕西省牧区小城镇概况

陕西省没有纯牧区,其牧区主要包括陕北黄土高原和渭水北面的西部地区,是一些农牧结合,亦牧亦农的半农半牧区,该区属黄河流域,区为按行政划分为榆林、延安、宝鸡、咸阳市,城镇规模相对较小、数量少(见表7-2)。

表7-2　陕西省牧区小城镇分布情况

城市	下辖县	(市)下辖城镇
延安市	延长县	郑庄镇、张家滩镇、交口镇
	延川县	贾家坪镇、关庄镇、文安驿镇
	子长县	马家砭镇、李家岔镇
	志丹县	杏河镇、顺宁镇
	吴起县	长城镇、周湾镇
	富县	张家湾镇、吉子现镇
	黄陵县	双龙镇
榆林市	府谷县	庙沟门镇、三道沟镇
	靖边县	周河镇、中山涧镇、海则滩镇、镇靖镇
	定边县	安边镇、红柳沟镇、砖井镇、白泥井镇、堆子梁镇、新安边镇
	绥德县	吉镇镇
	米脂县	沙家店镇
	清涧县	解家沟镇
	子洲县	何家集镇、苗家坪镇

续表

城市	下辖县	（市）下辖城镇
宝鸡市	陇县	东风镇、八渡镇、温水镇、天城镇、曹家湾镇、固关镇、东南镇、河北镇、新集川镇
	千阳县	崔家头镇、南寨镇、张家塬镇、水沟镇、草碧镇、柿沟镇、高崖镇
咸阳市	永寿县	渠子镇、店头镇、马坊镇、常宁镇
	淳化县	官庄镇、马家镇、方里镇、润镇镇、胡家庙镇、十里塬镇、卜家镇、车坞镇、铁王镇、固贤镇

资料来源：根据《2014—2020年陕西主体功能区规划》整理。

（二）甘肃省牧区小城镇概况

甘肃省的牧区主要包括甘南、临夏2个民族自治州，天祝、肃南、肃北、阿克塞、张家川5个民族自治县，共39个民族乡，26个建制镇，居民达到3万人以上的镇有12个。甘南下辖夏河、玛曲、碌曲、卓尼、迭部、临潭、舟曲7县和合作市，99个乡（镇、街道办），其中玛曲、碌曲、夏河、卓尼、合作5县（市）为纯牧业县（市），迭部、临潭、舟曲3县为半农半牧业县。临夏州下辖临夏市1个县级市，临夏县、康乐县、永靖县、广河县、和政县5个县，东乡族自治县、积石山保安族东乡族撒拉族自治县2个自治县，124个乡镇、7个街道办事处，1130个行政村。天祝藏族自治县辖9镇10乡（见表7-3）。

表7-3　甘肃省牧区小城镇分布情况

州市	下辖县（市）	政府驻地	县（市）下辖镇
甘南藏族自治州	合作市	合作市人民街24号	当周街道、伊合昂街道、坚木克尔街道、通钦街道
	卓尼县	柳林镇	柳林镇、木耳镇、扎古录镇、喀尔钦镇、藏巴哇镇、纳浪镇、洮砚镇、阿子滩镇
	碌曲县	郎木寺镇	郎木寺镇、玛艾镇、西仓镇、尕海镇、双岔镇
	玛曲县	尼玛镇	尼玛镇、曼日玛镇、阿万仓镇、齐哈玛镇、欧拉镇、采日玛镇

续表

州市	下辖县(市)	政府驻地	县(市)下辖镇
甘南藏族自治州	夏河县	拉卜楞镇	拉卜楞镇、王格尔塘镇、阿木去乎镇、桑科镇、甘加镇、麻当镇、博拉镇、科才镇
	舟曲县	城关镇	城关镇、大川镇、峰迭镇、立节镇、东山镇、曲告纳镇、博峪镇、巴藏镇
	临潭县	城关镇	城关镇、新城镇、冶力关镇、羊永镇、王旗镇、古战回族镇、洮滨镇、八角镇
	迭部县	电尕镇	电尕镇、益哇镇、腊子口镇、旺藏镇、洛大镇
临夏回族自治州	临夏县	韩集镇	新集镇、马集镇、土桥镇、尹集镇、韩集镇、黄泥湾镇
	永靖县	刘家峡镇	刘家峡镇、太极镇、盐锅峡镇、西河镇、三塬镇、岘塬镇、陈井镇、王台镇、红泉镇、川城镇
	广河县	城关镇	城关镇、三甲集镇、祁家集镇、买家巷镇、庄禾集镇、齐家镇
	和政县	城关镇	三十里铺镇、买家集镇、新营镇、陈家集镇、马家堡镇、松鸣镇、三合镇、罗家集镇、城关镇
	康乐县	附城镇	附城镇、胭脂镇、莲麓镇、苏集镇、景古镇
	东乡族自治县	锁南镇	锁南镇、达板镇、河滩镇、那勒寺镇、唐汪镇
	积石山保安族东乡族撒拉族自治县	吹麻滩镇	吹麻滩镇、大河家镇、别藏镇、居集镇
武威市	天祝藏族自治县	华藏寺镇	华藏寺镇、打柴沟镇、安远镇、炭山岭镇、哈溪镇、赛什斯镇、石门镇、松山镇
张掖市	肃南裕固族自治县	红湾寺镇	红湾寺镇、皇城镇、康乐镇
酒泉市	肃北蒙古族自治县	西洞镇	西洞镇、清水镇、总寨镇、金弗寺镇、上坝镇、三墩镇、银达镇、泉湖镇、果园镇、西峰镇、铧尖镇、东洞镇、丰乐镇、下河清镇
酒泉市	阿克塞哈萨克族自治县	红柳湾镇	红柳湾镇
天水市	张家川回族自治县	张家川镇	张家川镇、龙山镇、恭门镇、马鹿镇、马关镇、梁山镇

资料来源:中华人民共和国民政部全国行政区划信息查询平台。

（三）宁夏回族自治区牧区小城镇概况

根据自然条件、地貌特征和生态类型，宁夏回族自治区可分为北部引黄灌区、南部黄土丘陵沟壑区和中东部风沙干旱区。中东部风沙干旱区也称中部干旱带，是宁夏回族自治区的农牧交错带，主要牧业区。这一地区西起贺兰山东麓的镇北堡、贺兰山农牧场，东至平罗县陶乐镇全部、灵武市灵河乡、五里坡、狼皮子梁、甘城子，南起中宁县长山头、中卫市城郊南山台，其行政区域包括盐池、海原、同心、红寺堡区、陶乐镇的全部，灵武市、中宁、中卫的山区和固原市的一部分。土地面积占全区面积的一半以上。其西部、北部、东部分别有腾格里沙漠、乌兰布和沙漠、毛乌素沙地。由于宁夏回族自治区的农牧交错带是传统的牧业经济与农耕经济的交织地区，主要特点是农牧结合，是农业生态系统与草地生态系统的耦合，是一个经济、社会和自然复合系统，形成了与纯游牧业不同的草地养殖畜牧业。因此，宁夏回族自治区牧业区的小城镇也与其他省份不同，商贸和加工业比较发达，人口集聚度比较高，城镇化程度高于其他省（自治区）（见表7-4）。

表7-4　宁夏回族自治区牧区小城镇分布情况

城市	下辖县（区）	政府驻地	县（市）下辖镇
中卫市	沙坡头区	滨河镇	滨河镇、文昌镇、东园镇、柔远镇、镇罗镇、宣和镇、永康镇、常乐镇、迎水桥镇、兴仁镇
	中宁县	宁安镇	宁安镇、鸣沙镇、石空镇、新堡镇、恩和镇、大战场镇
	海原县	海城镇	海城镇、李旺镇、西安镇、三河镇、七营镇
银川市	灵武市	灵武市	东塔镇、郝家桥镇、崇兴镇、宁东镇、马家滩镇、临河镇
石嘴山市	平罗县	城关镇	城关镇、黄渠桥镇、宝丰镇、头闸镇、姚伏镇、崇岗镇、陶乐镇
固原市	西吉县	吉强镇	吉强镇、兴隆镇、平峰镇

资料来源：中华人民共和国民政部全国行政区划信息查询平台。

（四）新疆维吾尔自治区牧区小城镇概况

新疆维吾尔自治区牧区主要分布在北疆的阿勒泰地区（1市6县）、

塔城地区(2市5县)及博尔塔拉蒙古自治州(2市2县),由23个牧业县(市)和14个半农半牧县(市)组成,其中牧业乡287个、地方国营牧场183个。

新疆维吾尔自治区牧区县(市)数占新疆维吾尔自治区县、市总数的42.5%。新疆维吾尔自治区23个牧业县(市)中11个县市被列为国家、自治区级贫困县。新疆维吾尔自治区牧区总面积64.95万平方公里,占新疆维吾尔自治区土地总面积的39.1%。新疆维吾尔自治区的牧区有447.44万人,牧民大多居住在天山、阿尔泰山、昆仑山等山地牧区,占新疆维吾尔自治区总人口的23.85%,其中近3/5为少数民族(见表7-5)。

表7-5　新疆维吾尔自治区牧区小城镇分布情况

新疆牧区分布		市县	主要小城镇
伊犁哈萨克自治州	阿勒泰地区	阿勒泰市	北屯镇、阿苇滩镇、红墩镇
		布尔津县	布尔津镇、冲乎尔镇
		富蕴县	库额尔齐斯镇、可可托海镇、恰库尔图镇
		福海县	福海镇
		哈巴河县	阿克齐镇
		青河县	青河镇、塔克什肯镇、阿热勒托别镇
		吉木乃县	托普铁热克镇、吉木乃镇
	塔城地区	塔城市	二工镇、恰夏镇
		乌苏市	白杨沟镇、哈图布呼镇、西湖镇、西大沟镇车排子镇、甘河子镇、百泉镇、四棵树镇、古尔图镇、皇宫镇
		额敏县	额敏镇、玉什喀拉苏镇、杰勒阿尕仁镇、上户镇、玛热勒苏镇
		裕民县	哈拉布拉镇
		托里县	托里镇、铁厂沟镇、庙尔沟镇
		沙湾县	三道河子镇、四道河子镇、老沙湾镇、乌兰乌苏镇、安集海镇、东湾镇、西戈壁镇、柳毛湾镇、金沟河镇
		和布克赛尔蒙古自治县	布克赛尔镇、和什托洛盖镇

续表

新疆牧区分布	市县	主要小城镇
博尔塔拉蒙古自治州	博乐市	小营盘镇、达勒特镇、乌图布拉格镇
	精河县	精河镇、大河沿子镇
	温泉县	哈日布呼镇、博格达尔镇

资料来源:中华人民共和国民政部全国行政区划信息查询平台。

(五)青海省牧区小城镇概况

青海省的牧区小城镇主要分布在青藏高原的东部和北部,总共有65个,其中城关镇27个。相对同样面积的其他区域来说,小镇的数目相对较少。各州的小镇数量具体见表7-6。

表7-6 青海省牧区小城镇分布情况

州名	下辖县	政府驻地	县(市)下辖镇
海北藏族自治州	海晏县	三角城镇	三角城镇、西海镇
	祁连县	八宝镇	八宝镇、峨堡镇、默勒镇
	刚察县	沙流河镇	沙柳河镇、哈尔盖镇
	门源回族自治县	浩门镇	浩门镇、青石咀镇、泉口镇、东川镇
黄南藏族自治州	同仁县	隆务镇	隆务镇、保安镇
	尖扎县	马克唐镇	马克唐镇、康扬镇、坎布拉镇
	泽库县	泽曲镇	泽曲镇、麦秀镇
	河南蒙古族自治县	优干宁镇	优干宁镇
海南藏族自治州	共和县	恰卜恰镇	恰卜恰镇、倒淌河镇、龙羊峡镇、塘格木镇
	同德县	尕巴松多镇	尕巴松多镇、唐谷镇
	贵德县	河阴镇	河阴镇、河西镇、拉西瓦镇、常牧镇
	兴海县	子科滩镇	子科滩镇、河卡镇、曲什安镇
	贵南县	茫曲镇	茫曲镇、过马营镇

续表

州名	下辖县	政府驻地	县（市）下辖镇
果洛藏族自治州	玛沁县	大武镇	大武镇、拉加镇
	班玛县	赛来塘镇	赛来塘镇
	甘德县	柯曲镇	柯曲镇
	达日县	吉迈镇	吉迈镇
	久治县	哇赛乡	智青松多镇
	玛多县	玛查理镇	花石峡镇、玛查理镇
玉树藏族自治州	玉树市	结古街道	隆宝镇、下拉秀镇
	杂多县	萨呼腾镇	萨呼腾镇
	称多县	称文镇	称文镇、歇武镇、扎朵镇、清水河镇、珍秦镇
	治多县	加吉博洛格镇	加吉博洛格镇
	囊谦县	香达镇	香达镇
	曲麻莱县	约改镇	约改镇
海西蒙古族藏族自治州	德令哈市	德令哈市	尕海镇、怀头他拉镇、柯鲁柯镇
	格尔木市	格尔木市	郭勒木德镇、唐古拉山镇
	乌兰县	希里沟镇	希里沟镇、茶卡镇、铜普镇、柯柯镇
	天峻县	新源镇	新源镇、木里镇、江河镇

资料来源：中华人民共和国民政部全国行政区划信息查询平台。

第三节　西北牧区小城镇的类型及特点

一、西北牧区小城镇的类型

西北牧区的小城镇依所在地和主体经济可大致分为以下六种类型：(1)州县政府所在地的城关镇型建制镇；(2)农牧业混合型建制镇；(3)旅游商贸型小城镇；(4)工矿型小城镇；(5)纯牧业型建制镇；(6)交通枢纽型小城镇。

二、西北牧区小城镇的区域差异

由于西北五省（自治区）自身从地理环境到经济发展的差异性比较大，不同省（自治区）牧区的小城镇数量、人口规模、镇区镇域的规模、经济总量、镇区空间结构、城镇功能及其城镇化质量之间的差异性比较大。青海省地处青藏高原，其牧区大部分是典型的高寒牧场，其牧业基本上是自给自足的家庭游牧业；基于游牧业的小城镇呈现出人口集聚度低、产业初级化、空间结构松散、基础设施差、城镇生活质量不高、集市贸易和牧区社会特征明显。甘肃省、陕西省、宁夏回族自治区和新疆维吾尔自治区地理环境比较复杂，以高原、平原、盆地为主，包括黄土高原、塔里木盆地、准格尔盆地、河西平原等。从东到西依次为耕地—草原—荒漠草原—荒漠—高原。大多在400毫米等降水量线以下，以戈壁荒漠高原为主。其牧区大部分处在高原和平原丘陵地带，牧业区和农业区交错混合，游牧业和以草业为基础的蓄养业并存，商品化程度较高。基于畜牧业的小城镇人口集聚度较高，有较完整的产业结构，空间结构比较完整，城镇化质量较高，地域文化特色比较突出，城市特征明显。

三、西北牧区小城镇的现状

总的来看，近年来，随着国家大力支援、各省市部门的对口援建及西北各省（自治区）自身经济的发展壮大，牧区小城镇建设呈现出加速发展态势。概括起来有以下几个方面大的变化。

（一）基础设施有了较大改善

随着各级政府对牧区投入的增加、各地对口支援力度的增大和美丽城镇建设等专项的投入，西北牧区小城镇的基础设施有了较大的改善，大部分州县政府所在地的城关镇及规模较大建制镇的学校、医院、交通比较完善，自来水、污水和垃圾处理等市政设施比较齐全，有些地区甚至有所超前。

（二）投资主体呈多元化趋势

不少小城镇已从等待财政投资向主动争取、多方筹资方向转变，一个以政府投资为导向,社会集资、多方支持为补充的建设投资体系王在初步形成。通过鼓励多元投资主体参与小城镇建设,重点解决了居民教育、医疗、就业、出行、居住等实际问题,提高了小城镇居民的生活质量。通过转移支付、对口支持、培育自身发展能力等方式,探索了提高小城镇公共服务水平的新办法、新途径。

(三)管理逐步走上了法制化轨道

小城镇管理的核心是对人和人的行为的管理。而这些人大多数是进镇的农牧民,他们弃农牧经商务工,行为上大多带有农牧区的生活习惯,文明卫生守法意识要稍差于城市居民,因此牧区的镇政府运用了行政、经济、法律等多种手段,依据《城市规划法》《城市道路管理条例》《城市绿化管理条例》《城市市容和环境卫生管理条例》等法规条例,制定和建立了比较完善的小城镇法规体系,使小城镇管理工作有法可依,有章可循,对已经颁布的法规加大宣传力度,做到家喻户晓。

小城镇管理与城市管理一样,是一项系统的社会工程,"麻雀虽小,五脏俱全",涉及面广,矛盾多,难度大。同时,城镇治理又没有固定的模式,管人管事都是动态的,因此,管好小城镇难,管出特色就更难。大多数小城镇在小城镇治理体系的改革中,都系统地实施了小城镇就业、社保、户籍管理、土地管理、村镇建设、公共服务等全方位改革,加快了推进城乡一体化的步伐。以委托或授权方式,下放了行政管理权限,激发小城镇发展活力,提升了行政管理的效率。

(四)对周边牧区的辐射带动功能不断增强

小城镇作为最基层的一级城镇,承担着服务农牧业的重要功能,与牧区在地缘、亲缘上的相互渗透使之天然具有牧民低成本就近就地城镇化的便利条件。随着小城镇功能的不断完善,对周边牧区的带动辐射作用明显增强,为周边牧区在服务、医疗、养老、教育等方面提供了越来越好的条件,带动了周边牧区的经济社会发展。

(五)人口向小城镇集聚态势明显

从小城镇镇区居民和周边牧区牧民的满意度调查和访谈来看,小城镇虽然在经济发展、就业机会和设施水平上不如大中城市,但在生态环境、邻里关系、故土情结、居住空间、民族文化等方面有着大城市不可比肩的优势,是大部分现有居民适宜的生活环境和一批愿意从农村牧区进入小城镇定居的潜在居民的理想家园。

通过访谈和问卷调查,笔者了解到,近年来,越来越多的牧民权衡利弊后主动选择从牧区流向其邻近的小城镇,愿意到小城镇工作或居住,进行就近就地城镇化。其主要原因主要有如下五个方面:(1)相比从事牧业生产,小城镇收入较高、发展空间更大;(2)镇区的公共设施和服务较乡村更完备,生活更便捷,方便子女教育、日常就医、购物、办事等;(3)相比县城,离牧区更近,可以照顾家庭,兼顾放牧,可以亦牧亦工或商;(4)小城镇和牧区在社会、生态、居住、文化环境等方面类似,城镇化成本低,易于融入;(5)受制于现实条件,自身文化程度和技能有限,难以去大中城市就业生活。

从总体来看,虽然近年来牧区小城镇人口增加明显,但西北牧区小城镇由于规模小、集聚能力低、缺乏产业提供的就业岗位,对人口的吸引力有限,大部分小城镇外来人口较少,主要人口是来自周边牧区的牧民及生态安置或易地扶贫安置的移民。人口聚集规模过小,导致小城镇单位面积吸纳人口的成本偏大,城镇基础设施投资效益低下。

四、西北牧区小城镇的特点

(一)地处高寒地带,受环境制约,发展能力受限

西北牧区大多地处高寒地带,地形复杂,地貌多样,山大沟深,干旱缺水,海拔高。小城镇多在高山峡谷河流交汇之地依山傍水或围绕寺院而建,四面高山环绕,地势多陡峭狭窄,交通不便,与外界交流困难,发展空间受限。

(二)城镇间距离远,互动能力弱,居民少,城镇规模小

离大中城市远,交通不便,无法形成有效的城镇互动体系,难以承接大中城市的产业外溢而受益,边远地区的小城镇有孤岛化趋势。以青海省牧区为例。据2017年资料,青海省牧区人口约295.57万,土地面积696263平方公里,约占青海省国土总面积的96.57%,平均每平方公里不

足 2.4 人。现有小城镇的居民(包括非城镇户籍居民)一般在 2000 —
5000 人,最大的建制镇(非城关镇)在 1 万人左右。在这么小的人口密度
和这么大的地域中的小城镇犹如一片沙漠中的绿洲,大海中的孤岛,相互
之间距离远,联系少,城镇建设有相当的难度。

(三)产业规模小,财政严重依赖上级政府的转移支付

由于历史原因和规模太小,西北牧区的小城镇普遍没有规模性的产
业,多为规模不大的小手工业和商贸服务业,对小城镇的发展无法起到产
业支撑作用。部分小城镇的财政完全靠国家转移支付,城镇建设靠国家
项目和对口省市单位支持,发展缺乏可持续性。

(四)生态环境恶化,生态承载力下降,难以全域发展

按照《全国主体功能区规划》,西北牧区绝大部分地区都是禁止开发
区和限制开发区,有污染的重化工业不能发展,矿业、加工业也受到很大
限制。小城镇要发展,只能立足于自身特色发展一些小规模的绿色产业,
很难形成较完整的产业结构。

(五)镇域人口少,产业结构单一

牧区小城镇周边的腹地虽然广大,但本地人口少,外来人口难以进
入,产业结构单一,自给自足的初级畜牧业生产难以支撑小城镇成为区域
经济发展的中心。

五、西北牧区小城镇存在的问题

(一)城镇化水平低,地区间发展不平衡

由于西北牧区地域广大,地区间发展很不平衡,各省(自治区)城镇
化的水平有较大差异性。从 2018 年年末各省(自治区)常住人口城镇化
率来看,陕西省是西北地区经济最发达的省份,城镇化率为 58.13%,宁夏
回族自治区为 58.88%,青海省为 54.47%,新疆维吾尔自治区为 49.38%,
甘肃省为 47.69%,西北五省(自治区)的城镇化差异是比较大的。总体
来看城镇化率虽然不高,但局部地区发展较好,城镇化率呈现较高水平。
从青海省域来看,海西州由于柴达木盆地盐化工工业比较发达,工业经济
规模较大,对新型城镇化发挥了积极的推进作用,城镇化率呈现比较高的

水平。玉树州由于撤县建市和震后重建,城镇生活设施有了质的提升,吸引了较多的人口进入市区居住,城镇化率也比其他地区要高。但远离工业区和中心城市的小城镇规模都比较小,城镇化率较低。

(二)小城镇经济规模小,非农业人口总量低

牧区的小城镇虽然是城镇,但大多是由一个村庄或几个临近村庄及交通枢纽发展演变而来的,主要居民仍然为农牧业户籍人口。这些居民虽然常年居住在镇里,但与农村牧区有着非常紧密的联系,很大一部分居民仍在牧区从事农牧业生产,在牧区有房子和牧场,有三代以内近亲在牧区居住,这些小城镇的居民受户籍限制,大多还不能享受城镇居民的社会保障和福利待遇,不认为自己是小城镇的真正居民。

(三)产业弱小,就业困难

由于小城镇民营经济欠发达,产业弱小,吸纳就业能力有限,就业者职业主要分布在"畜牧""打零工""做生意"和"机关企事业单位上班"四大领域,以机关企事业单位上班的人员为主。就业困难成为人口流失、人口难以集聚的重要原因。这和西北牧区特殊的地理环境下产业发展能力弱、行政主导、国家生态保护政策及财政转移支付政策等有关。

(四)小城镇规划跟不上经济社会发展的步伐,结构布局不尽合理

有些小城镇,由于规划者定位不准,城镇特色不够鲜明,城镇用地缺乏环保意识,生产、生活、休闲等用地结构失衡,住宅比例高,服务设施少,教育设施不健全,难以提供洁净、舒适、优美的生产、生活空间。部分小城镇没有根据自身的实际情况制订出相应的规划方案,导致规划过于理论化,实际可操作性不强。有些小城镇制订的规划方案刻意效仿大中城市,过分超前,偏离了当地的实际发展需求。

(五)基础设施少,运管能力不足

小城镇的基础设施欠账较多,除了州县政府所在地的城关镇与一些规模较大的建制镇以外,大部分小城镇自来水、生活污水处理设施、垃圾集中处理尚未有效开展,"脏乱差"现象比较普遍,有待进行综合整治并形成长效的维护管理机制。同时,由于小城镇财政收入不足,无法足额支撑已建

成的城镇设施的运转费用,各种已建成的公共设施运行困难,影响了功能的发挥。居民对基础设施、公共服务、绿地、镇容镇貌的改善充满期待。

第四节　促进西北牧区小城镇发展的思路与对策

一、推进西北牧区小城镇发展的思路

(一)西北牧区小城镇建设的目标

西北牧区的牧民大多处在从游牧向定居转换的阶段,虽然在政府大力推进的定居工程中,牧民定居率提高较快,推动了小城镇的扩大,形成了一定的人口聚集效应,但游牧经济仍然是牧区的主导经济,低效的游牧经济和机械地集聚在一起的人口不仅很难产生城镇形成所需要的资源集聚,而且人口和牲畜过多地集中在小城镇及其周围,带来的后果不仅是小城镇周边的草场因承载力过高被破坏,更为严重的是以辐射状向四周扩展,殃及了周围大片草场,带来了周边草场的退化。

城镇是商品经济发展的产物,是市场的载体,是一定区域的政治、经济、文化的中心,连接城乡的纽带。牧区商品经济发展能力的欠缺,使牧区城镇的发展缺乏内在发展动力,城镇的发展主要取决于外力的推动和投入。在自给自足的自然经济生产方式没有得以根本转变之前,机械地向小城镇集聚人口,并不利于小城镇及其周边牧区的发展。生态承载力很低的高寒牧区不适合人口高密度的集聚,人口应以小城镇为生产生活基地,以点上集聚、面上分散居住为宜。

从全球视野看,在荷兰、以色列、澳大利亚和新西兰等国家的经济发展中,其农牧业扮演着相当重要的角色。这些国家的农牧业,并不是单纯的传统农牧业,而是高附加值的产业化、工业化的农牧业。小城镇则是承担农畜产品深加工的牧区地域性经济中心,具有引导畜牧业资源合理集聚,发展畜牧业产业化经营的功能。因此,西北牧区小城镇建设要立足于畜牧业产品深加工,培育龙头企业带动基地建设,基地带动牧户,改变传统的畜牧业发展模式。加快畜牧业资源的转换升值,延伸产业链条,吸收

农村牧区劳动力,扩大农畜产品的消费群体,才能为牧区的发展提供有力的支撑。① 以推进畜牧业现代化,提升生产效率,完善产业结构层次,依托当地农畜资源发展加工业,以产业促发展,应是牧区小城镇发展的基础。

(二)提高牧业生产效率与提高牧民的生活水平

1. 发展小城镇是实行牧民定居、提高牧业生产效率的最佳选择

小城镇建设不仅可促进种养结合、发展牧区的农牧业生产,而且对整个牧区经济和社会的发展,包括牧区少数民族自我发展能力的提高都有巨大的促进作用。牧民去小城镇定居可以改变游牧生活居无定所、分散流动的状况,有利于牧区交通、能源等基础设施的规划建设,有利于牧区文教、卫生事业的发展,提高和改善牧民文化素质和人口素质。牧民定居到小城镇后,相当一部分劳动力不仅可以投入到流通服务领域,而且可以投入牧区资源开发、兴办采矿、农牧产品加工、旅游等企业,改变牧区经济单一落后的面貌,有利于牧区第二、第三产业的发展。牧民定居到小城镇,可以实现牲畜冬春舍饲,有利于防止草场大面积严重退化,为畜群结构的调整、品种改良、疫病防治、草料加工等技术的推广提供了条件,促进牧民科学养畜水平的提高。无论是从小城镇现状及其发展趋势来看,还是从牧区农牧民的主观意愿来看,小城镇都是农牧民就近就地城镇化的重要承载地,在新型城镇化中发挥着重要作用。随着国家和地方政府对小城镇发展日益增长的关注和投入,小城镇在就近就地城镇化中发挥的作用必将更加显著。

2. 西北牧区小城镇建设和发展的基本思路

从西北牧区地广人稀、产业稀缺、财政靠国家转移支付及《国家主体功能区规划》要求的实际出发,今后一个时期西北牧区小城镇建设和发展的基本思路应当是:立足牧区小城镇的现状,在保持小城镇数量相对稳定的前提下,以现有城镇和县城所在地为依托,通过科学规划、合理布局,

---

① 王建忠:《内蒙古草原牧区小城镇发展问题研究》,《内蒙古农业大学学报(社会科学版)》2007 年第 2 期。

抓好水、电、路和通信网络等基础设施建设,优先把地理位置优越,交通、通信方便,人口、经济规模相对较大,能够带动和吸引周边乡镇工业和农牧业剩余劳动力的中心镇建设成具有示范作用的小城镇,形成各具特色的小城镇发展格局。扶持政策重点向县城中心城镇和建制镇倾斜,促进各地美丽城镇建设和质量的提高;按照产业形态特色鲜明、人居环境和谐宜居、传统文化特色彰显、设施服务便捷完善、体制机制充满活力的培育要求,充分考虑西北牧区特有的自然、历史、民族文化、地理环境,循序渐进建设产业规划科学、空间布局合理、人口肌理清楚、文化脉络贯穿、风貌特色鲜明、交通便利的适合人居的小城镇;使一批重点镇真正成为专业性强、功能明确、设施完善、环境优美、具有吸引力的现代化小城镇;努力建设好小城镇的生活设施,大力发展教育、医疗、养老、卫生、文化等设施,完善城镇功能;出台优惠政策,吸引周边牧民进入小城镇生活、定居,以高质量的城镇生活聚集人口,把牧区小城镇建设成为周边牧区牧民的生活基地,在提高牧民生活质量的同时,减轻人口散居对牧区生态环境的影响,使小城镇真正成为区域经济发展的核心和增长极。

3. 明确西北牧区小城镇建设的目标

西北牧区小城镇建设和发展具体来说要实现四个目标:一是吸纳农牧民进入城镇以提高他们的生活质量;二是积极促进人口向城镇集聚以扩大内需拉动区域经济持续发展;三是通过农牧民向小城镇的集聚推动土地、草场流转,促进农牧业生产的现代化,提高牧业生产的效率;四是从实际出发,立足资源、寻找特色、突出主业、循序渐进,发展符合自身实际的特色产业,以特色产业支撑小城镇发展,使小城镇成为周边牧区经济发展的增长极,带动周边牧业发展,最终以小城镇为核心,实现区域经济社会一体化。

二、促进西北牧区小城镇发展的对策

小城镇建设是一项繁重的系统工程,必须突出西北牧区小城镇的特点,着眼未来,科学规划,合理布局,注重效益,采取扶持措施,制定配套政策,特别是稳定后续资金的来源,以保证其能可持续发展。

（一）规划先行，明确定位布局，功能分区，完善小城镇发展规划和建设规划

西北牧区虽然广大，但由于地形复杂，多数地区为深山峡谷、戈壁大漠，能建设小城镇、适宜人口较大规模居住的地方不多。目前大多数的牧区小城镇多是依山傍水、沿大江大河交汇地或交通枢纽而建，城镇建设严重受地理环境约束。而历史上由于小城镇建设缺乏规划，建设布局不规范，既浪费土地又缺少功能分区，显得杂乱无章，极大地影响了小城镇的生活品质。应加强小城镇规划，选择地理环境相对优越，有发展潜力的小城镇，优化小城镇布局，实施有重点、有层次、有步骤的小城镇发展战略。认真做好小城镇规划工作，以小城镇人口集聚和素质提升为核心，谋求小城镇经济发展与资源合理利用及生态保护的良性循环是促进牧区小城镇建设的首要任务。

小城镇的建设与发展必须从粗放型扩张走向集约型发展，从数量增加转变为质量提高。当前应抓紧编制县（市）城镇体系规划，以县（市）、城关镇、重点镇为核心，合理确定城镇体系的发展目标和方向，统筹安排小城镇的空间布局、功能定位，协调区域性重大基础设施、公用设施建设和产业布局，有序有目标地推进小城镇建设。

小城镇与大中小城市一样，也是由众多的子系统组成，主要包括经济系统、基础设施系统、居住与环境系统、教育文化系统、社会系统及防御安全系统等。各个系统都有自身的发展规律，在用地、空间组织及建设活动方面，都有他们的要求和规律，这些系统的发展和完善，是整个小城镇现代化建设必不可少的有机构成部分。因此，小城镇的规划要注意以下几个方面的问题。

1. 可持续性和动态性

小城镇规划是一个动态的持续时间很长的实施过程。由于小城镇系统是动态的、持续变化的过程，所以小城镇规划也应结合小城镇社会经济条件的变化，在坚持可持续性的同时适时进行动态调整，来突出小城镇建设的特色。

2. 突出镇区空间特色

小城镇的发展与特色的形成都要依赖于一定的物质经济基础,因此小城镇特色的定位不能脱离实际,贪大求洋,不能过于超前,超越小城镇的经济实力,否则定位很高,不能付诸实施,反而造成不必要的浪费。同时,小城镇的总体规划编制要着眼于可持续发展,具有一定的超前性和地方特色,既要坚持高标准,又要从实际出发,根据小城镇定位和经济社会发展类型,创造有特色的城镇空间,体现小城镇建设的地方特色。

3. 依据小城镇的自然人文资源准确定位

要结合小城镇的自然人文资源,体现小城镇建设的特色。每一个小城镇都有自己独特的自然人文环境,在做小城镇规划之前,要根据小城镇的资源特点来确定小城镇的定位、格局和发展方向。特别是对历史遗留下来与自然协调较好的部分,要强化原有的城镇文脉,最大限度地发挥自然人文要素的优势,做到每一个建筑都要与自然环境融为一体,以突出小城镇的自然特色。

4. 保护中发展,传承中延续

要结合小城镇的历史文化和民族宗教,保护和创造小城镇的特色。每一个小城镇的历史、文化、民族、宗教都有自己的特色,对于历史传统的继承和发展,是小城镇特色定位时需要加以考虑的重要方面。因此,小城镇的规划建设要深入研究其历史文化和民族宗教,对小城镇的文物、原有城镇格局和传统街区等历史文化景观要加以保护和发展,使小城镇在总体布局和局部风貌上保持并强化其特有的历史文化、宗教文化和民族特点,保护和延续小城镇的文化特色。

5. 要结合景观设计,强化小城镇建设的特色

景观设计是对一条街、一个城镇空间、一个重点地段的景观品位的设计,是处理建筑单体与环境整体协调关系的关键,是独立于规划和建筑设计的工作。通过景观设计可以加强对小城镇空间、主要街区和重点地段的景观控制,避免建筑设计的盲目性,达到强化小城镇特色、提高镇区文化品位的目的。

（二）以分类指导、分层推进的方式，积极培植小城镇经济发展的增长极

根据各区域经济发展的不同情况，小城镇建设要突出重点，分层推进，使重点城镇成为"排头兵"，逐步发挥其带动全局的作用。根据牧区小城镇的资源特点选择适合的模式，创建政府主导型小城镇、旅游型小城镇、商业贸易型小城镇、民族工业型小城镇、依托大中城市发展的城郊型小城镇。依据不同的类型，确立不同的发展目标，采取不同的扶持发展策略，重点发展不同的产业，通过提升小城镇的经济实力，实现坚持生态保护优先、推动高质量发展、创造高品质生活的"一优两高"发展战略。

采取扶持措施，帮助小城镇发展适合自身资源的特色产业。重点建设好农牧副产品批发市场和粮油畜产品交易市场，活跃流通，促进城乡经济发展。政府要全面落实支持发展新型经营主体的政策措施，着力发展农牧民专业合作社，引导支持种养大户、家庭农牧场、农牧民专业合作社、产业化龙头企业、社会化服务组织等新型经营主体规范发展，扶持发展合作社，支持多种形式适度规模经营。发展数字农牧业、实施智慧农牧业、林业水利工程，积极推动各类信息技术在农牧业中的应用，综合应用大数据、物联网、遥感、移动互联网等技术，整合涉农各部门数据资源，发展智慧农牧业。

（三）统筹规划小城镇建设资金的使用，防止重复建设和保障建设项目的使用效率

各级政府的有关部门应为小城镇建设创造更好的投资环境，提高对外开放程度，吸引更多的资金，形成国家、集体、个人、外资多元化投资的格局，改变小城镇建设单一投资主体的局面。财政、金融等部门应积极参与小城镇建设的投资，在搞好水、电、路、通信技术等基础设施建设的同时，增加与农牧民利益有密切联系的、有巨大消费空间的项目，以此吸纳民间投资。可以将小城镇基础设施的部分或全部资产通过产权转让、入股、拍卖、使用权转让、经营权转让等方式，进行资产经营。可采取 BOT（建设—经营—转让）方式或 TOT（转让—经营—转让）等方式经营城市基础设施。可以将小城镇无形资产包括开发权、使用权、经营权、冠名权、

广告权等,通过招标、拍卖、出租或承包的方式,按照"谁投资,谁经营;谁管理,谁受益"的原则,吸纳社会资金,进行资产经营,加快牧区小城镇建设的步伐。

(四)挖掘牧区小城镇的特色文化,发展生态旅游

按照《全国主体功能区规划》的要求,绿色旅游业产业的发展对西北牧区小城镇的发展具有至关重要的作用。对具有丰富民族文化旅游资源同时又具备传统而精致的手工艺品生产能力的小城镇,应积极整合旅游资源,促进与其他资源的结合,发展具有地域文化的特色旅游业,带动小城镇的发展。每一个小城镇的历史、文化、民族、宗教都有自己的特色,对于历史传统的继承和发展,是小城镇特色定位时需要加以考虑的重要方面。要深入研究其历史文化和民族宗教,对小城镇的文物、原有城镇格局和传统街区等历史文化景观要加以保护和发展,使小城镇在总体布局和局部风貌上保持并强化其特有的历史文化、宗教文化和民族特点,达到保护和传承小城镇特色文化的目的。

(五)理顺小城镇的治理体制,提高效率,增强活力

创新小城镇的行政治理体制,可根据需要合理确定内设机构和编制,在县(市、区)的小城镇行政编制总额内适当增加小城镇政府人员编制。在管理权限方面,赋予镇政府更大的经济社会管理权限,增强小城镇发展的内生动力。为强化镇政府的社会服务职能,在社会保障、社会公益事业、对外联系、社区服务管理等方面发挥主导作用,按照事财匹配的原则,进一步完善镇财政管理体制,建立健全激励机制,在财政体制、收入划分、转移支付以及各类财政资金安排等方面向小城镇倾斜,支持小城镇加快发展。

(六)改革户籍管理制度,促使更多的农牧区人口向宜居的小城镇转移,提高小城镇的人口密度

应进一步优化生态环境、整治社会秩序、改善小城镇的人居环境、提升居民满意度,在增强小城镇对人口吸引集聚能力的基础上,放宽小城镇落户条件,引导牧区人口有序向小城镇转移,加快就业、住房、教育、医疗、社会保障等与户籍制度相关的配套制度改革,使进入小城镇的农牧民转

移人口尽快市民化。城市本质上是人口聚居的产物,人口聚居到一定规模自然就能吸引产业的集聚,产业和人口集聚就会促进城镇的发展。

(七)关注小城镇的老龄化问题

从笔者访谈的情况来看,小城镇人口老龄化趋势已经比较明显,35岁以下人口偏少。牧区进入小城镇居住的人口多为老人和小孩,普遍情况是家中的老人带着小孩在镇上生活上学,年轻的父母们在牧场放牧或外出打工,为老人和子女提供日常生活用品和费用。相比于经济更发达、设施与保障体系更完善的城市地区,小城镇人口老龄化带来的养老问题压力更大。如果不能加强小城镇对年轻人口的吸引力,未来其人口金字塔底部缺口有进一步扩大的趋势,人口老龄化程度将继续加深。随着小城镇老龄化程度进一步加重,如何完善养老保障体系和养老设施服务配置,应对小城镇大量老人的养老问题,将成为小城镇发展面临的重大课题。

(八)合理规划生态移民与异地扶贫安置,实现与小城镇建设的有效对接

促进牧区小城镇发展有利于牧民定居。在推进小城镇建设的进程中应进一步把生态移民安置、异地扶贫安置与小城镇建设结合起来,实现有效对接,在带来小城镇人口不断聚居的同时促进相关产业的发展,保证安置人口能稳定就业、持续发展,长久稳定地居住在小城镇里成为小城镇的永久居民。牧民在小城镇的规模化定居对促进牧区又好又快发展、加强草原生态保护与建设、构建国家生态安全屏障、转变草原畜牧业发展方式、增加牧民收入、缩小区域发展差距、全面实现小康社会具有非常重要的现实意义。从2009年至2014年,青海省积极推进游牧民定居工程,帮助了约50万名牧区群众实现了在城镇定居。青海省的生态移民工程使三江源核心区的近3万名藏族牧民搬迁进城,住进了人口相对集中的小城镇或城镇周围。受其影响,三江源自然保护区周边小城镇的建设步伐也越来越快。在三江源地区的果洛州、玉树州、海南州等地区,建在小城镇的移民社区是当地最好的民居之一,生活设施比较齐全,门窗以及院落都具有浓郁的藏民族特色。到2018年年末,易地扶贫搬迁完成了"十三

五"时期总工程量的97%,光伏扶贫实现全覆盖,12万农牧民吃上"旅游饭",超额完成了年度脱贫任务。①

(九)提升教育能力,提高人口素质

人口素质问题是制约小城镇发展的重要因素之一,除了加强教育与培训投入提高劳动力质量外,发展能够满足小城镇经济发展需求,同时又能够匹配小城镇劳动力现实条件的产业,无疑将是西北牧区小城镇发展中的关键问题。

西北牧区大部分小城镇的主要功能定位是周边牧区的服务中心,可提供的工作岗位主要集中于畜牧加工业、商业、传统服务业、特色手工业等领域或制造业初级环节,就业门槛较低。除了行政事业单位外,大部分就业者为个体就业,超过一半的小城镇从业者工作相对自由闲散,明显区别于城市以工作节奏较快的上班族为主的就业结构。兼业在小城镇也比较常见,"农忙务农,农闲打工""上班开店两不误"是很多小城镇居民的真实写照。目前,这些岗位仍适合小城镇和牧区存在的大量文化水平偏低、职业技能单一、劳动能力有限、年龄偏大的劳动力。然而,未来随着我国经济的转型升级,对技能要求较低的一般性工作岗位逐步地在减少,小城镇中大量没有受过中高等教育的低技能劳动力和一般高龄劳动者将面临巨大的就业压力。

从西北牧区的情况来看,牧区小城镇的教育近年来虽然在中央和地方政府的大力支持及各省市部门的对口支援下,硬件设施有了质的飞跃,但由于人才缺乏,普遍呈现出"设施一流、教师三流",甚至教师空缺的状况,教育能力普遍较弱。应注重人才引进和当地人才的培养,大大提升教育培训的质量,提升人口的素质,为小城镇经济社会发展提供高素质的劳动者。

(十)创造条件,积极促进城关镇向小城市发展

在经济社会结构转变的宏观背景下,现阶段我国的小城镇不仅担负着城乡联系的任务,还承担着增加城市载体供给、完善城镇体系的功能。

---

① 刘宁:《青海省政府工作报告(2019年)》,《青海日报》2019年1月28日。

西北牧区的小城镇虽然大部分已经基本上脱离了乡村社区的性质,但还没有完成城镇化的进程,还处在城镇化的低级阶段。总的来看,西北牧区的小城镇作为农村牧区工业产品的集散中心和民营小微企业发展的空间载体,在与广大农牧区保持着密切联系的同时,城市性在逐渐增强,城市的功能在逐步完善。今后西北牧区的小城镇建设应当以县城城关镇和其他具有一定经济实力和聚集规模的建制镇为重点,创造条件,积极促进小城镇向小城市发展,将这些小城镇作为城市体系中的新生成员大力发展,以健全城镇化载体的基础层次。

第五节　西北牧区小城镇建设的调研报告

一、青海省果洛藏族自治州玛沁县拉加镇的调研报告

(一)案例选择与研究的意义

1. 案例选择的原因

西北地区的特点是地广人稀、山高谷深、海拔高、气候恶劣,人口大多沿江河两岸水源较丰富、气候相对较好的冲积平原、河谷地带形成村落和城镇,由于地理环境和恶劣气候的制约,这些村落和城镇大多规模较小,形成了大分散、小集聚的生存模式。选择拉加镇作为研究案例是因为拉加镇是西北牧区典型的以藏传佛教寺院为重心,依山傍水绕寺而居,聚落人口发展起来的具有典范意义的牧区型小城镇。

2. 案例的特点

拉加镇具有以下几个特点:(1)背依阿尼群贡(意为:大鹏展翅)山,三面黄河水环绕,水资源丰富,在缺水的高原牧区是不可多得的好地方;(2)虽然海拔高达 3700 米,但局部地势平坦,气候较好,森林环绕,绿草铺地,良好的生态环境,适宜一定规模的人口居住生活;(3)依拉加寺发展起来的拉加镇,藏传佛教寺院对城镇的兴起起到了凝聚人口的积极作用,具有浓郁的藏文化特色,这对西北多民族、多宗教地区城镇的兴起与发展研究具有一定的典型意义;(4)镇域规模较大,人口在万人以上,以

畜牧业为主,属于牧区大镇,具有典型的区域增长极作用;(5)镇区基础设施建设比较齐全,生活质量较高,具有吸引人口进一步集聚的发展潜力;(6)拉加镇的发展主要靠国家和对口省市的援助项目,自身的内生动力很弱,如何处理好内生与外援之间的关系,依靠自身的特色资源的开发,走好符合自身条件的新型城镇化之路,这对国家生态保护大战略下的西北牧区具有现实的研究价值;(7)拉加镇作为坐落在青藏高原牧区的一个小城镇,其典型意义还在于在一片高海拔的大草原上,一个傍着黄河在一小块冲积坡地而建的小城镇所承载的区域核心作用。

3.案例研究的意义

拉加镇的形成与发展是西北牧区众多小城镇的缩影,通过对拉加镇的研究会对西北牧区小城镇的城镇化路径和发展目标带来新的思考,找到一条更适合西北牧区小城镇的发展之路。

（二）拉加镇的基本情况

拉加镇位于青海省果洛藏族自治州玛沁县县境东北部,是根据 2001 年 3 月 5 日青海省人民政府青政函〔2001〕14 号文批复,撤销拉加、军功 2 个乡合并设立的镇。距州府所在地大武镇 69 公里。镇域土地面积 2626 平方公里。其中草场面积 384.5 万亩,沿黄河岸边分布有小块河谷农业区,耕地面积 265 亩。境内平均海拔 3700 米,天然草原植被以高寒草甸植被为主。镇辖赞更村、思肉欠村、台西村、哈夏村、叶合恰村、欧科村、加思乎村、拉德村、洋玉村、赛什托村、曲哇加萨村等 11 个村,拉加路、军工路 2 个镇社区和 1 个藏传佛教寺院——拉加寺。共有人口 13824 人、3315 户,劳动力 6019 人,藏族占总人口的 99%。其中,牧业户数 2705 户、人口 10528 人;拉加路社区有城镇居民 104 户、252 人,玛吾农业点 40 户、108 人,流动人口 15 户、43 人;军功路社区有城镇居民 75 户、179 人,牧业户籍居民 317 户、951 人,流动人口 282 户、470 人。①

（三）拉加镇的空间特征

拉加镇东与青海省黄南州河南县相连,西与本县的大武乡为邻,南与

---

① 有关拉加镇的数据依据镇政府提供的材料或依据材料计算所得。

甘肃省甘南州玛曲县和本州甘德县接壤,北与海南州同德县、兴海县为邻。境内年平均气温3.7℃,无绝对无霜期。镇区建在一块比较平坦的坡地,背靠阿尼群贡山,其余三面被黄河环绕,形成围绕黄河两岸呈半圆形的沿河发展的镇区格局。镇区的主要建筑分布在"黄河第一曲"的东西两岸,以拉加黄河大桥、军工黄河大桥相连接。西久公路穿越拉加镇,是拉加镇的主要交通干线。

2013年列入全国重点文物保护单位的拉加寺坐落在拉加镇黄河北岸的拉加乡阿尼群贡山下,坐东向西,面临黄河。拉加寺作为黄河上游规模较大的格鲁派寺院,始建于公元1769年,占地700亩,现有僧人615名,在寺活佛7名,堪布6名,格西2人。有大小殿堂5座397间,昂欠8座182间,转经房6间,僧舍124间。寺里设有总领全寺的大经堂"托桑林",下分五院,即上下密修院、医明学院、时轮学院和旦正院。每年有正月初一至十五日的祈愿法会、三月初三日至十五日的供养法会以及十月底的"五供节",朝拜群众达上万人,在藏区有很大的影响力。拉加镇是牧区典型的以藏传佛教寺院为中心,傍水而居、聚落发展起来的牧区型小城镇。

拉加镇沿黄河两岸而建,地处洋玉原始森林之中,生态环境好,水源丰富,植被完整,沿岸树林排布,山上的大片原始森林不仅为拉加镇提供了丰富的各种资源也带来了良好的气候条件和旅游资源,是拉加镇旅游业的重要景点。洋玉原始森林主要分布于拉加、大武、东倾沟、雪山乡的黄河南岸及各支流河谷地带,林地面积约799平方公里。森林中生长着青海云杉、祁连圆柏、白桦、青杨、高原柳、沙棘等树种和600余种牧草、野生药材,还有白唇鹿、香獐等数十种珍稀动物。林区沿格曲河向北距离大武镇35公里,公路直达林区。景区内山高谷深、河水滔滔,直入云端的参天大树、四季常青,翠绿的圆柏、婆娑的白桦各展异姿、美不胜收。每到春暖花开的季节,各色鲜花竞相绽放,姹紫嫣红,绚丽多彩,景色如画。

为了更好地提升拉加镇镇区的生态环境质量,拉加镇镇政府组织镇林业站、派出所、林业派出所、工商所、卫生院等17个企事业单位共500余人,先后对镇区内黄河北岸、城北路、北山路、镇区主要街道、幸福路广场、塔拉隆路段及镇区空地实施植树绿化,补绿增青,共绿化主街道、巷道9条,全长5000米,空地8000平方米,共植树12000余棵,绿化面积达到2.2万平方米。

(四)拉加镇的基础设施建设

1.强化镇区基础设施建设,完善镇区功能,提升镇区生活质量

拉加镇小城镇建设自2012年4月正式启动,城镇规划范围13.51平方公里,城建区规划面积2.97平方公里,规划镇区功能结构确定为"一河两岸三区"。一河:沿黄河景观带;两岸:黄河两岸自然山体景观渗透;三区:办公居住综合区、商贸居住区和文化居住区。2014—2015年,全面完成投资300余万元的休闲小广场建设项目;完成投资500余万元的军功大街改造和亮化、滨河南路沿街建筑物民族特色风貌改造工程;完成幸福南北路人行道及下水管网改造建设项目;拉加镇卫生院急救中心投入使用。

拉加镇作为全省第一批美丽城镇建设镇之一,项目于2014年8月全面启动,2015年10月全部竣工,共实施项目11项,总投资10588万元。分别是:投资2200万元的拉加镇寄宿学校建设项目;投资2153万元的拉加镇女子学校建设项目;投资1295万元的拉加镇城北路道路工程;投资1203万元的拉加镇北山路道路工程;投资437万元的拉加镇南岸广场路道路工程;投资722万元的拉加镇安宁路、保宁路、文化路道路工程;投资450万元的拉加镇军功路道路工程;投资1200万元的拉加镇供水工程;投资650万元的拉加镇军功路道路两侧立面风貌改造工程;投资43万元的环卫设施配套工程和投资235万元的通信网络工程。全面启动投资8900万元的拉加镇黄河干流防洪工程项目;投资5463万元的拉加寺文物保护修缮二期工程继续实施;全面完成八一新村及上下玛吾风貌改造前期调查摸底及项目预算。通过美丽城镇建设,极大地完善了镇区基础设施,提升了拉加镇的品位和人口承载能力。

镇政府在"十二五"期间累计投资1.24亿元,完成了镇区自来水网改造,实施了330kW电网改造工程,解决了S101省道沿线部分牧户的用电问题。2012—2017年,拉加镇投资4.6亿元完成了城镇基础设施建

设、环境卫生整治、村级道路、桥梁修建、游牧民定居工程、畜牧业基础设施等项目建设。其中,阳光小区建设完成后安置了873户,壮大了镇区人口。2017—2018年,投资2000万元建设了拉加镇污水处理厂、投资2000万元配套建设了拉加镇污水处理管网、投资3376万元建设了拉加镇北片区集中供热站、投资237万元完成了拉加镇民族路的建设、投资600万元完成了拉加镇避难场所建设。同时,在积极推进美丽城镇建设中,投资4000万元完成了玛沁县培训中心,投资5463万元完成了拉加寺文物保护修缮二期工程,投资2975万元完成了西久公路建设项目。这些项目的开建和陆续完成,使拉加镇的镇区面貌得到了极大改善,居民的生活质量有了质的提升,集生态、旅游、服务于一体的高原精品小城镇初具雏形。

2. 以镇带村,积极推进美丽乡村建设,促进镇域协调发展

在强化拉加镇镇区建设的同时,积极推进了美丽乡村建设。2012—2017年,完成了赞根村、思肉欠村、赛什托村、曲哇加萨村党政军企共建示范村项目,修建村级道路421.37公里、桥梁4座,发放光伏电源4419套,解决了用电困难户1523户的用电问题。投资3413万元,对赛什托、哈夏等5个村的村级道路进行了修建;投资799万元,实施了玛吾农业点3.5公里巷道改造工程。在改善硬件设施的同时,修建了村级文化活动室11所,广场2处,配备了完整配套的活动器材,不断完善村级文化活动场所,为农牧民的生活提供了丰富多彩的活动内容。

3. 以异地搬迁安置促精准扶贫

2018年完成了2014年上海投资440万元援建的台西村110户异地搬迁项目;2016年完成了投资760万元的38户异地搬迁项目;2017年投资420万元完成异地搬迁21户共58人的项目;实施投资217.5万元的危房改造项目87户(其中建档贫困户29户、建档立卡户46户);完成总投资250万元的上海援建安全住房项目;完成2017年农牧民危房改造415户;2018年实施异地搬迁4户,实施投资902.5万元,危旧房改造项目361户(其中建档立卡户320户、非建档立卡户41户),有效地改善了群众的居住条件。

（五）拉加镇的居民及其生活状况

拉加镇总人口 3207 户、16875 人，2000 年农牧民人均年收入 630 元，2014 年农牧民人均年收入 6696 元，2016 年农牧民人均收入 9427.5 元，城镇居民人均可支配收入 10856 元。畜牧、务农、从事工商业及外出务工是拉加镇家庭获得收入的主要途径，随着拉加镇城镇化进程的推进和国家大力扶持的各种项目的建设，现代农牧业、工商服务业、旅游业等不断得以发展，为镇域内的农牧民提供了更多的就业机会，进入镇区就业居住的人越来越多。随着镇区生活质量的不断提升，有些牧民将老人、小孩送到镇区居住养老、上学，自己在牧区畜牧，也带动了镇区人口的增加。

在商品和服务的消费上，分布在黄河两岸的镇区各种商店为拉加镇的居民及游客提供了日常生活所需。值得注意的是，随着小汽车的普及，开汽车出行日渐成为人们主要的出行方式。出行方式的改变也带来了人们消费休闲娱乐方式的改变，由于汽车使用的便利性，人们在购买大件商品时更多地选择去附近的大城市或州府、县城，休闲娱乐更多地选择去较远的风景区或城镇，这对镇区商业的发展带来了一定的影响。

医疗设施方面，镇医院和拉加寺藏医院近年来在政府的扶持下有了很好的发展，基本能够满足居民看病的日常需要，大病和疑难杂症则多选择去大城市的医院。

从公共活动空间看，居民的娱乐活动主要集中在镇政府门前的广场，进行各种休闲活动和篮球比赛。去拉加寺进行宗教活动是藏区的民族文化，是和藏族同胞生活息息相关的一项日常活动。

拉加镇的教育机构比较完善，共有各级各类学校 5 所，分别为：拉加镇寄宿制藏文中学、拉加镇女子学校、拉加镇第二寄宿学校、吉美坚赞职业学校、拉加镇中心幼儿园，共有在校生 3118 名（其中学龄儿童在校兰 1423 人，初中阶段在校生 872 人），51 个班（其中学前教育 7 个班、小学部 32 个班、初中部 10 个班、高中部 8 个班、寺院班 1 个），共有教职员工 297 名（其中，在编专任教师 111 名、临聘教师 91 名、工勤人员 95 名），入学率为 99.78%。

拉加镇居民热爱篮球运动，经常在镇上举办篮球比赛，对周边村镇形成了较大影响。阿尼琼贡"民族团结杯"篮球赛已成为定期在拉加镇举办的玛沁县全县的盛大节日。2011年6月21日,为迎接第十届"环青海湖国际公路自行车赛",青海省体育局向拉加镇捐赠了价值5万元的体育器材,并将拉加镇命名为青海省的"篮球之乡"。

为了更好地服务居民,2017年拉加镇基层党建工作开展过程中,镇党委和政府以"两学一做"学习教育为抓手,以"8个1"工作模式为引领,在深入开展巡回督导、巡回党课、巡回服务、巡回法制宣传工作的同时,以群众满不满意、群众认不认可为标尺,广泛深入开展了入户走访、摸底调查、接待服务等工作,实行"为民办实事认领卡"制度,将一件件群众关心关注的热点难点问题逐一了解、登记,共收到各类民生诉求10大类105件,办结48件,正在办理57件,涉及金额1416.82万元。"为民办实事认领卡"内容由认领人、认领事项、办理结果、群众评价四部分组成。班子成员将收集到的社情民意以民情日记的形式记录在案并反馈至镇党委,然后镇党委以"为民办实事认领卡"的方式将意见建议再次反馈至班子成员手中,由首问责任人主动认领并负责解读政策或办理事项,镇党委定期进行全程监督,及时纠错查误,对已办结的事项由群众本人进行监督评价,并填写办结满意度测评,对落实不力的责任人严格问责。"为民办实事认领卡"对群众困难和诉求逐项进行办结,切实提高了乡镇干部为民服务的责任意识,实现群众动嘴,干部跑腿,办理快捷,群众满意,将群众的生产生活困难及合理诉求落到了实处,得到了当地群众的一致好评。①

总的来看,随着城镇化的步伐,在政府各种项目和各地援藏项目的推动下,拉加镇建设有了质的飞跃,现代化的城镇生活方式正在兴起并呈现出旺盛的生命力,居民的生活方式发生着悄然的改变,传统的农牧区生活方式正在被迅速发展起来的城市生活方式所取代。

(六)拉加镇的经济状况

近年来,拉加镇的城镇化发展已经具有了一定的规模,随着旅游业的

---

① 孙肇明、才让多杰:《拉加镇"为民办实事认领卡"让基层党建工作见实效》,《青海日报》2017年1月3日。

发展,沿街的商业设施规模和数量都有了较大的提升,商品品种日趋丰富。全镇共有生态畜牧业专业合作社11个,经济合作组织38个,其中重点扶持的特色专业合作社7个。但受地理环境和气候条件的制约,经济发展规模仍然比较小。

1.农牧业

以游牧为主的畜牧业经济是拉加镇的主导产业。拉加镇目前有可利用草地面积289.44万亩,成立了25个牧业生产合作社。2016年,存栏各类牲畜15.75万头(只、匹),其中,牛84025头、羊71291只、马2221匹,母畜比例47.49%。由于拉加镇草场植被较脆弱,拉加镇成立的生态畜牧业专业合作社开展了人工种草,种植面积达1.4万亩。其中,种草较多的赞根生态畜牧业合作社种草3000亩、哈夏生态牧业合作社种草713亩、中吉合作社种草1000亩、科达种植销售合作社种草2500亩。全镇种草户均种植面积达5亩。有效地解决了拉加镇牧民冬季牲畜过冬的饲料问题。

由于耕地少,农业经济占比很小。比较典型的、有一定规模的农业生产项目是2009年在玛沁县工商行政管理局注册登记成立的玛吾村蔬菜专业合作社,现有成员124人,蔬菜种植面积75亩,蔬菜大棚45座,每座温棚年平均经济效益根据不同的种植内容可达5000—10000元,实现了一定的规模化效益。为了进一步满足镇区居民对新鲜蔬菜的消费需求,镇政府进行了"菜篮子"工程建设。2016年8月,拉加镇建成500平方米温室大棚16座,200平方米温室大棚26座,设施蔬菜种植面积达19.8亩,主要种植西红柿、黄瓜等蔬菜作物,2016年全年生产各类蔬菜4.5吨。2019年拉加镇镇政府给村集体经济组织补助了38.5万元,进一步促进了村级专业合作社的发展。为了更好地促进拉加镇经济的发展,2019年大力扩展了电商服务点,增加了赞根村、台西村、洋玉村和加思乎村电商服务点,为加快城乡生产要素的双向流动提供了条件。

2.养殖业

主要以落实项目促进养殖产业的发展。总投资83.84万元的台西村奶牛养殖基地建设项目,修建了360平方米的暖棚两座,60平方米的储草棚一座,40平方米的饲料库一座,100平方米的彩钢房一座,围墙85米,购买奶牛113头,整合草场1559亩,带动了拉加镇奶业的发展。总投资81.28万元的思肉欠村扶贫专业合作社扶贫产业基础设施建设项目建成并投入运营后,由贫困户进行特色产品的生产,对脱贫起到了积极的引领效果。拉加镇野血牦牛繁育基地项目投资47.36万元,成立了玛沁县阿尼玛卿牦牛繁育专业合作社,现有野血牦牛种公畜40多头,优良母牦牛种畜320多头,选育野血牦牛后代200多头,建成砖混结构办公室4间,防疫注射栏1处,占地面积0.3亩,繁殖场已初具规模,选育的种牛在格萨尔文化艺术节上获得好评,给班玛县和久治县出售种畜40头,获得了很好的经济效益。

3. 工商业

主要有投资200万元的上海援建台西村旅游产品开发基地项目、拉加镇餐饮具消毒有限公司投资102.4万元餐饮业餐具集中消毒项目、塞什托村销售有限公司投资90.88万元的商贸项目。青海藏浴生物科技有限公司投资209.28万元的藏浴生物制造项目。玛沁县玛央民族手工艺制作有限公司投资77.44万元的民族手工艺产品制作项目。投资9.6万元的玛吾农业点产业扶贫农畜产品超市及投资6.4万元的拉加寺寺院综合商店项目完成投入运营后已见成效。

4. 旅游业

坐落在黄河第一曲的拉加寺是藏区的重要藏传佛教寺庙,在藏文化中具有重要的地位。近年来,拉加镇镇政府以拉加寺为中心,以洋玉原始森林为重点,促进了拉加镇旅游业的发展,在大力改造镇区面貌的同时,宾馆、餐饮业和旅游产品制造业有了较好的发展,有了较为齐全但规模很小的餐饮旅游服务业。

（七）拉加镇型牧区小城镇建设的发展路径设想

1. 拉加镇型牧区小城镇在区域发展中的作用

（1）商贸生活中心。从生产与生活的角度来看,拉加镇型牧区小城镇在广大游牧地区的作用就是一个区域的商贸生活中心,它的存在和发展给周边农牧区的农牧民们带来了便利的商业贸易、提供了各种服务,满足了农牧民在生活与生产中对各种物质和精神的需求。

（2）区域增长极。从区域经济发展的角度来看,拉加镇在满足周边农牧民商业贸易的同时也发展了镇区的第二、第三产业,吸引了周边农牧民人口的入住。随着镇区第二、第三产业的发展和人口的集聚,镇区对周边农牧区的辐射能力不断增强,最终会成为区域增长极而引领区域发展。

（3）区域生产生活基地。从社会发展和经济演变的规律来看,随着国家土地制度的不断改革,土地流转加快,以一定规模的农（牧）场为主的农牧业现代化的发展势必会取代以家庭为主的、自给自足的农牧业自然经济。当现代农牧业大生产改变了生产方式,各种为农牧业服务的企业就会不断入驻小城镇,农牧民成为农牧场的职业农牧业工人或进入城镇成为工商业从业者成为必然,小城镇自然也会随之发展成为与周边农牧业发展相适应的区域生产生活基地。因此,居于相对环境良好区位的类似拉加镇的牧区小城镇自然也会围绕现代农（牧）场的需要和居民的生活,成为为现代农（牧）场提供各种服务的服务基地和人们的居住生活之地。

2. 拉加镇型牧区小城镇的发展路径

基于拉加镇发展的现实和以上的分析,拉加镇型牧区小城镇的发展路径主要取决于农牧业发展的状况,随着农牧业从自然经济向现代农牧业的逐步转化,拉加镇型牧区小城镇的发展路径主要有以下几条:（1）作为国家重点扶持的牧区小城镇,在大规模的硬件设施建设基本完成后,其内在质量的提升重点在自身特色的打造上。拥有良好的自然生态环境和鲜明的民族特色文化是牧区小城镇的优势所在。在保护好生态的前提下,建立合适的发展机制,立足自身的特色资源发展具有一定品质的特色产业,构建自身内在的发展动力,是牧区小城镇可持续发展的基本路径。（2）随着国家土地制度改革的不断推进和土地流转的加速,以家庭农（牧）场为主要形式的现代农牧业的发展成为必然,其发展带来的对农牧业服务业的需求和部分失地农牧民进入小城镇就业势必促进小城镇成为区域贸易和第二、第三产业的中心、牧民的定居点。因此,如何把农牧区小城镇打造成区域农牧业现代化的服务基地是未来农牧区小城镇发展的一个重要选择。（3）随着农牧民生活水平的提高和收入的增加，生活质量的提高成为必然的追求，到镇区定居养老成为必然，打造区域康养小镇，满足农牧民对高质量城镇生活的追求，成为生态环境较好、区位适中、交通便利、基础设施齐全、城镇化水平较高的拉加镇型小城镇的首要选择。

二、青海省果洛藏族自治州久治县智青松多镇的调研报告

（一）案例选择的原因与特点

1. 案例选择的原因

智青松多镇是西北高寒牧区典型的以藏传佛教寺院为重心，依寺傍水而居、以县城为核心聚居人口发展起来的牧区城关镇，是草原宽谷地带小城镇的典型代表。

2. 案例的特点

作为久治县县府驻地的一个县辖镇，智青松多镇具有以下几个较显著的特点：（1）智青松多镇是久治县县府驻地的一个县辖镇，是一个比较典型的牧区县县城城关镇；（2）地处青、甘、川三省交界的山地和宽谷地带，是在一块比较平坦的、平均海拔在 3600—4800 米的大草原上建立的城镇；（3）傍水而建，沙曲河自南向北穿境而过注入黄河，水资源比较丰富；（4）是一个以畜牧业经济为主导的城关镇；（5）是随着县城的扩展撤乡设镇而围绕着三座寺院建立的松散的村落镇，呈现出强乡村特征向弱城镇功能转换的初级镇的特点。

（二）智青松多镇的基本情况

2001 年 3 月 5 日青海省人民政府青政函〔2001〕14 号文批复：撤销康赛乡，设立并命名为智青松多镇。智青松多镇是久治县县府驻地，位于果洛州东南部，地处青、甘、川三省交界的山地和宽谷地带，东与甘肃省玛曲县相接，南与四川省阿坝县毗邻，西、北与索乎日麻乡、门堂乡接壤。镇政府所在地距甘肃交界 30 公里，距四川交界 19 公里，是久治县政治、经济、文化、交通中心。

全镇境内沟壑纵横,河流湍急,属山原、河谷地区,平均海拔在3600—4800米。气候属明显的高原大陆性高寒湿润区,高寒多风雨(雪),无四季之分,仅有冷暖之别,冷季长达314天,漫长而寒冷;暖季51天,短暂而温和;长年雨水较多且集中,降水量居全省之首,日照充足,辐射强烈,无绝对无霜期,年平均气温0.6℃。牧草生长期为190天,生长期平均日照55—68小时,水丰草茂,是得天独厚的天然牧场。境内野生动植物资源丰富,产贝母、冬虫夏草、秦艽、羌活、甘松、大黄、黄芪、手掌参等药材。矿藏有金、煤炭、玉石等。

(三)智青松多镇的人口与经济状况

智青松多镇地处山地和宽谷地带,辖4个行政村(沙科、宁友、德合龙、果江),14个牧业合作社,2个社区(智青松多社区、南环路社区)。全镇常住人口2426户、7961人,其中,牧业人口1111户、4615人,藏族占总人口的98%以上,是一个以藏族为主,包括少量汉族、回族、土族的多民族聚集地。

全镇土地总面积254.1万亩,可利用草场面积246.59万亩,占镇土地总面积的97%。其中,冬春草场173.65万亩,夏秋草场79.34万亩,人均占有可利用草场546亩。畜牧业是镇上的主导产业,是久治县内河曲马的主要产地。畜种以牦牛、藏系绵羊、河曲马为主。截至2018年7月末,存栏各类牲畜61455头(只、匹),其中牛56658头、羊3930只、马867匹。

从收入来看,总体收入不高,牧民和城镇居民的收入差别较大。2015年牧民人均可支配收入5728.92元,2016年牧民人均可支配收入6724.03元,2017年牧民人均可支配收入7534.95元;2014年城镇居民人均可支配收入22892.11亿元,2015年城镇居民人均可支配收入25088.12元,2016年城镇居民人均可支配收入27379.74元,2017年城镇居民人均可支配收入29889元。①

在生活物资获取方面,其日常生活需求主要从社区小超市和综合服

---

① 有关智青松多镇的数据依据镇政府提供的材料或依据材料计算所得。

务站购买,大一些的物件去县城购置,居民的日常生活和活动基本上集中在寺院周边,寺院在满足居民宗教活动的需求的同时也满足了居民们的社会交往和休闲娱乐活动的需求。

在生活方式上,文娱活动比较单调。镇区居民除了宗教活动外,闲暇时间主要以看电视和玩手机为主,年轻人把用手机上网作为一项重要的娱乐活动,其他活动比较少。

在出行方式上,随着摩托车、小汽车的普及,以开摩托车、小汽车放牧、购物、外出成为主要的出行方式。

镇区居民的文化教育和人畜医疗主要由建在智青松多镇政府所在地的寄宿制藏文小学和卫生院、兽医站来承担。境内东南 10 公里处清代建的宁玛派寺院德合隆寺和分属格鲁、觉囊二派的宁友寺、觉囊寺系县级文物保护单位,是镇域内主要的藏传文化建筑。

(四)智青松多镇的镇区空间

智青松多镇位于久治县城边缘的沙柯路,处在县城的外围,是县城扩展后撤乡建的新镇,镇域空间广大,功能分散,没有明显的功能分区。镇区以牧民为主,居住分散,近几年来"美丽乡村"建设、"游牧民定居点"建设和"整村推进""易地搬迁"等项目的实施,吸引了人口向县城周边和宁友寺、觉囊寺、德合龙寺三所寺院附近定居,围绕三个寺院周边形成了三个有一定规模集聚人口的村社定居点,形成了镇区的基本雏形。

为了提升镇区居民的生活质量,自 2013 年以来,镇政府围绕着交通、水源、居住、服务功能进行了基础设施的改造建设和公共社会事业基础设施建设及定居工程建设。

在交通设施方面,2013 年年初,通过向州工业交通局积极协调,共争取到道路建设资金 37 万元,其中 9 万元用于德合龙寺天葬台简易道路建设,28 万元修建了宁友—觉囊寺桥梁 1 座。2014 年,镇政府自筹资金 3 万余元,为吉哈沟修建了 6 公里的便民砂石路,解决了镇与临界地区牧民群众的出行难问题;与花久公路施工项目部协调后,为镇辖德合隆村二社、三社共修建砂石路 10 公里;交通部门投入 630 万元,为宁友村修建了 18 公里硬化路;对三所寺院内的道路进行了硬化,修建了 21 公里的寺院内外的硬化路;通过积极协调,争取到省民委扶贫资金60万元,分别在阿东沟、热尔干、迪托、才依等地,新建村社简易路四条,共计35公里,解决了127户、562人出行难的问题。2015年,投资297万元进行了寺院道路硬化工程;通过海北州门源县对口帮扶,获得资金168万元,新建了一栋600平方米的生态畜牧专业合作联社办公用房;通过与省扶贫部门的积极协调,争取到资金315万元为果江村森达沟新建了43公里砂石道路。2016年,投资63万元在沙科村边界地带修筑了9公里砂石路,州宗教局帮扶果江村森达沟45万元修筑了10公里的砂石路;省民委投资35万元修建了民族团结进步文化广场,投资816万元为果江村修建了41公里砂石路。

在饮水工程方面,2011年,投资280万元,完成了德合龙市水土防洪工程;投资120万元,完成了宁友寺、觉囊寺、德合龙寺的饮水工程。2012年,针对德合龙寺敬老院无自来水,五保户老人用水困难的问题,积极协调争取资金10万元,为敬老院铺设了自来水管道,解决了49名五保户老人用水难的问题。2014年投入270万元修建了260口土井,基本解决了镇区牧民的人畜饮水困难。

在镇区建设和牧民定居方面,2011年,争取到40万元专项资金用于镇政府大楼的维修;投资30万元修建了镇文化中心站;投资70.2万元建了综合服务站;投资128万元建设了村级文化活动广场。2011年至2015年年底,投资510万元实施了全镇游牧民定居工程100套;从2013年到2015年连续实施草原新帐篷项目,共实施项目户386户。2015年,投资500万元在宁友村进行了美丽乡村建设;2016年投资1776万元的111户的易地搬迁项目均已竣工。截至2018年,全镇共完成游牧民定居工程618套,建设养畜工程234套,退牧还草工程263.2万平方米。修建通村公路172公里,建有村级卫生室4间共240平方米,村级党员活动室4间共320平方米,敬老院1座,占地面积1218平方米,整村推进项目3个,占地面积3440平方米。

(五)智青松多镇的典型意义

作为西北高寒牧区的县辖小城镇,智青松多镇发展很缓慢,这主要是受制于生态环境、地区经济发展状况和人口总量。西北牧区大多处在从游牧向定居转换的阶段,游牧经济仍然是牧区的主导经济,低效的游牧经济和高度分散的人口很难产生城镇形成所需要的资源集聚,故而城镇的发展主要取决于外力的推动和投入。

从智青松多镇的发展来看,随着久治县的发展和国家政策的推动,2001 年 3 月由省政府撤乡建镇,在从乡向镇的转换过程中,各级政府部门做了大量的项目投入进行基础设施的建设,历时 18 年才初步解决了基本的道路、饮水、定居问题,在空间上初步形成了依靠三大寺院和县城为中心的人口集聚,至于城镇功能进一步提升所必需的污水收集处理、垃圾集中处理、集中供热、公共厕所等镇区基本设施的建成尚需大量资金的投入与长时间的建设。

作为一个人口不多,改建时间不长的牧区城关镇,其建立与发展反映了西北牧区新型城镇化发展的走势,即随着城镇化的推进,以家庭为主体的游牧经济逐渐在向现代牧场经济发展,人口随之逐渐定居于适宜居住的地方,形成了新城镇或扩展已有的城镇,使之成为广大牧区的区域发展核心。但由于游牧经济效率低下和自我发展能力的欠缺,依靠自我的发展将是一个非常缓慢的过程,而国家为保护西北地区脆弱的生态环境制定的生态保护战略客观上也限制了这些地区产业的大规模发展,其发展内在动力的不足,必须要依靠政府提供强有力的外部支持来促进其发展。

此外,小城镇的镇区往往是由乡村发展起来的,镇区与乡村之间的边界比较模糊,镇区与乡村之间的社会经济联系非常紧密。而城关镇又不同于其他建制镇有相对独立的经济体系,城关镇作为县城经济的组成部分,在经济上高度依赖县城的发展;作为县城城区的组成部分,基础设施的建设与发展受县城发展的约束;作为同一区域中的上下级政府,在行政上小城镇的镇政府对县政府的依赖性非常强,与县城的行政互动比较频繁。因此,县城的发展能力直接决定着所辖城关镇的发展水平。从发展趋势来看,城关镇型小城镇条件好的往往会随着县城向小城市发展,在县城改制为县级市后,会成为县级市的一个区。

第八章　西北牧区小城镇建设的实证研究

——以青海省果洛州牧区小城镇为例

1930年5月,毛泽东同志在《反对本本主义》一文中提出了"没有调查,没有发言权"①的著名论断。要切实解决现实问题就必须深入基层去调查研究,在了解基层情况后才有研究的基础,才能从实际得到的数据中找出真实的问题,得出科学的结论,提出符合实际的解决问题的思路与对策。

小城镇居民作为小城镇的经济活动主体,其生活状况是小城镇经济社会乃至文化发展的具体体现,本章以青海省果洛藏族自治州小城镇建设调查问卷为依据,从基本情况、政策了解、基础设施建设、生态环境建设、经济建设、居民生活六个方面具体分析果洛州小城镇建设的现状、居民的满意度、存在的问题,力求得出符合实际的结论,提出基于牧区生态承载力和以畜牧业经济为主导条件下对牧区小城镇建设与发展的思考,希冀为提升西北牧区小城镇居民的生活和小城镇可持续发展提供理论和现实依据。

第一节　调研问卷及说明

一、调研目的

本次调研的目的在于深入基层切身感受西北高寒牧区小城镇的真实

---

① 《毛泽东选集》第一卷,人民出版社1991年版,第109页。

情况,了解牧区小城镇居民的真实生活和感受,用掌握的第一手资料对西北牧区小城镇建设发展问题进行深入研究。

二、调研目标的选择

(一)调研区域选择的理由

西北五省(自治区)的大部分地方都是牧区,对牧区小城镇的调研具有非常重要的现实意义。本章的研究选择了青海省果洛藏族自治州作为西北牧区小城镇建设的调研区域。主要理由如下:(1)果洛藏族自治州地处青藏高原腹地,黄河源头,位于青海省的东南部。总面积7.8万多平方公里,约占青海省总面积的10.82%。2019年年末全州总户数61127户,常住人口211588人。其中:藏族人口194237人,占总人口的91.80%;农牧业人口161942人,占总人口的76.54%。全州常住人口城镇化率28.02%。[①] 是西北地区比较典型的高寒草甸型牧业区,其小城镇的形成与发展具有典型的牧业区特色。(2)与其他地区相比,果洛州的小城镇建设较少受到外部资源的影响,发展历程比较自然,能代表西北牧区大部分小城镇发展的路径并呈现其特色与问题,在西北牧区小城镇建设与发展中具有典型意义。

(二)调研对象的具体概况

本着典型、就近、熟悉和易得的原则,经过谨慎比较,从果洛州的小城镇中选择了具有区域代表性的果洛州州府所在地大武镇、久治县县府所在地智青松多镇、玛沁县牧业镇拉加镇、玛多县旅游小镇玛查里镇四个不同类型的小城镇作为调研的对象。

大武镇位于玛沁县县境东部,海拔3719米,是果洛州州府、玛沁县县府所在地,是果洛州政治、经济、文化、贸易和交通的中心。辖区面积80平方公里,1984年建镇,辖雪山路、黄河路等6个社区,吾麻、尼玛龙等5个牧委会,管理着郭芒、阿杂、尖木科等11个牧业合作社。其特点是州县镇三级政府所在地,借助于政府的力量镇区建设得比较好,基础设施齐

全,2017 年年末,辖区人口 33375 人,镇区常住居民约 13000 多人,具有比较典型的西北地区政府所在地型小城镇的特点。[1]

拉加镇位于玛沁县东北部,海拔 3700 米,镇域面积 2626 平方公里,2001 年建镇,是一个比较典型的牧区型小城镇。现辖拉加路、军功路 2 个社区,赛什托、曲哇加萨、加思乎等 11 个牧委会,管理着宁多、阿舍、军功等 25 个牧业生产合作社。2017 年年末,辖区人口 13824 人,镇区常住居民 1382 人(拉加路社区:城镇居民 104 户、252 人,军功路社区:城镇居民 75 户、179 人,牧民户 317 户、951 人)。

智青松多镇地处山地和宽谷地带,总面积 1865.65 平方公里,海拔 3631.4 米。2001 年建镇,是以久治县县城为核心聚集人口发展起来的比较松散的城关镇,现辖智青松多和南环路 2 个社区,沙科、宁友、德合隆、果江 4 个牧委会及 14 个牧业生产合作社。2017 年年末,辖区人口 79619 人,镇区常住居民 3346 人。

玛查里镇位于玛多县县境中南部,是玛多县县府所在地,面积 4924 平方公里,海拔 4500 米,2006 年 8 月建镇,玛查理藏语意为"黄河沿",被人们称为"万里黄河第一镇"。唐代以来,玛查理是内地通往西藏的重要驿站和古老渡口。当年,文成公主入藏由此经过,留下了许多美丽的传说,在当地群众中流传至今,为旅游业发展提供了良好的资源,是一个比较典型的高原旅游小镇。每年入夏以后来此打工、做生意、旅游观光的流动人口是常住人口的十多倍。玛查理镇现辖玛查理、江多、隆埂等 8 个牧委会,辖区人口约 2300 人,镇区常住居民约 600 人。[2]

三、问卷设计

(一)问卷设计的目的

问卷的目的在于通过被调查人对问卷所列问题的回答,真实了解答卷人对相关问题的认知、感受或态度,为相关研究提供数据。本问卷的目

---

① 根据大武镇镇政府提供的资料整理所得。
② 根据拉加镇、智青松多镇、玛查里镇镇政府提供的资料整理所得。

的在于通过对果洛州所选小城镇居民的回答了解这些小城镇居民对自己所居住的小城镇建设、生活等方面的真实感受和要求，从而通过对这些数据的分析找出西北牧区小城镇发展中存在的问题，进而在全面认识问题的基础上探索发展的目标及路径，提出西北牧区小城镇建设的可行性对策。

（二）问卷设计的原则

问卷设计的主要原则是：(1)小城镇居民对自己所居住小城镇建设满意度的主观评价；(2)对小城镇基础设施建设是否齐全适用的客观评价；(3)对居民自身生活质量的体验性评价。

（三）问卷使用的方法

由于牧区小城镇人口稀少，分布分散，组织在一起答卷比较困难，选择了在镇区公共场所随机找人现场答卷的方法，在选择答题人时尽量做到男女、各年龄段的人比较均衡。

（四）问卷内容的构成

本问卷主要由基本情况、政策了解、主观感受、基础设施建设、生态环境建设、经济建设、居民生活问题反映等8个方面构成，侧重于了解答题人所居住的小城镇基础设施建设、环境、经济和民生状况。

四、发放与填写

发放：在公共场所随机发放，给答题者讲清楚原委，恳请被调查人给予配合。

填写：当场提供中性笔请被调查人进行填写。

回收：填写完毕，当时确认回收。

第二节　统计与分析

一、问卷统计

本次在4个小城镇共发放问卷200份，回收200份，经过检验统计得到有效问卷196份(由于时间的限制和镇区人口多少的不同,4个小城镇不是平均发放。由于在大武镇和拉加镇各住了一夜加之镇区人口较多,发放回收的问卷比较多,为140份;智青松多镇和玛查里镇是路过,停留的时间较短,镇区人口稀少,发放回收的问卷比较少,为60份)。

二、问卷分析

(一)基本情况
(1)您的文化程度、性别、年龄、家庭人口等。

表8-1 答卷人及其家庭人口的基本情况

基本情况	选项	统计总数(人)	占比(%)
您的文化程度	小学	32	16.32
	初中	11	5.61
	高中	18	9.18
	中专	10	5.10
	大专及以上	125	63.78
您的性别	男	87	44.39
	女	109	55.61
您的年龄	18岁以下	2	1.02
	18—40岁	137	69.90
	41—60岁	57	29.08
您家总人口		797	
在家人数		451	56.59(在家人数占总人数)
外出人数		346	43.41(外出人数占总人数)
外出原因	打工	103	29.77
	上学	172	49.71
	其他	71	20.52
您家的劳动力人口为		296	37.14(劳动力人口占总人口)

　　由于果洛州是藏族自治州,城镇居民精通藏汉双语的多为受过高等教育的人,而调研组的人员对藏语也不甚了解,故在调研时语言交流不甚通畅,在随机发卷时多选择年轻的、受过教育能看懂汉语和用汉语回答问卷的人。故而出现了答卷人的年龄主要集中在18—40岁(69.90%),受教育程度中专以上达到63.78%的情况。由于调研时期正逢农忙季节,青壮年男子外出务工放牧的比较多等原因,在性别比例上也出现了女(55.61%)多于男(44.39%)的情况。虽然在年龄和受教育程度上出现了比较集中的情况,没有匀质地反映各年龄段和学历段人们对问题的反应,但其优点在于这些人由于年龄和受教育程度的优势,更关心自己所生活的小城镇建设中存在的问题,对问题的思考具有一定的深度和广度,能比较全面、客观地对问题作出符合现实的判断,答卷的质量相对比较高。

　　从人口去向来看,有29.77%的人出去打工,说明随着市场经济的发展,牧区小城镇的居民经济意识增强,外出打工获得较高的收入成为生活的一种常态;49.71%的人外出求学,说明党和政府对西北牧区教育的关注和投入带来了牧区小城镇人口受教育程度的快速提高,西北牧区小城镇的居民受教育程度的提高带来了牧区人口素质的快速提高,为小城镇的发展提供了较高素质的劳动力。

　　从劳动力情况来看,家庭劳动力人口只占37.14%,说明西北牧区小城镇的低龄劳动人口占比不高,41—60岁的人口占比接近30%,老龄化趋势开始显现,关注牧区的养老问题应该成为各级政府部门的一项重要的工作内容。

　　(2)如果有机会,您希望您或您的子女能去哪里生活?

表8-2　果洛州小城镇人口愿意去生活的地方

顺序	选项	统计总数(人)	占比(%)
A	待在小城镇	26	13.26
B	去大城市	73	37.24
C	去农村牧区	9	5.10
D	去小城市	23	11.73

顺序	选项	统计总数（人）	占比（%）
E	去省城	28	14.28
F	去县城	16	8.16
G	哪里都行	21	10.70

从表8-2来看，想离开小城镇去大城市生活的人口比例达到了37.24%、去省城的比例为14.28%，说明牧区小城镇的居民普遍不安于小城镇的生活，想去更发达的地方生活的愿望比较强烈，符合中国小城镇发展中难以留住人的普遍的实际情况，如何留住人是小城镇建设的关键问题。

（3）不愿意离开小城镇生活的原因是什么？（可多选）

表8-3　人们不愿离开小城镇的原因

顺序	选项	统计总数（人）	占比（%）
A	生活方便	71	29.96
B	收入高	6	2.53
C	有民族特色	6	2.53
D	不了解外面的世界	82	34.60
E	找不到合适的工作	15	6.33
F	故土难离	39	16.46
J	文化水平低，不适应外面的生活	18	7.59

从表8-3来看，不了解外面的世界（34.60%）和留恋小城镇便利的生活（29.96%）成为小城镇人口不愿外出的主要原因，说明西北地区的小城镇由于地处偏远，离大城市比较远，人们对外面的世界了解不够全面，在信息不对称的情况下对向外流动产生了一定的心理压力。这种心理压力容易导致小城镇的居民产生向外流动的畏难心理，进而强化了偏安一隅，留在小城镇过一种无压力安逸生活的思想。这种想法的流行，会制约人口的流动，使西北地区的人们面对市场经济普遍缺乏市场意识、竞争意识和进取意识，对区域经济社会的发展产生制约。

（4）愿意离开小城镇生活的原因是什么？（可多选）

表 8-4　人们愿意离开小城镇的主要原因

顺序	选项	统计总数（人）	占比（%）
A	能让孩子接受好的教育	124	51.88
B	能提高收入	30	12.55
C	大城市生活方便	23	9.62
D	小城市生活太郁闷,不利于青少年发展	14	5.86
E	小城镇缺少就业机会	38	15.90
F	小城镇生活环境不好	10	4.19

从表 8-4 来看,能让孩子接受好的教育(51.88%)和小城镇缺少就业机会(15.90%)及增加收入(12.55%)成为小城镇居民离开的主要原因。说明随着社会经济的不断快速发展,人们普遍关注下一代的教育问题,希望自己的子女能够接受更好的教育,而小城镇的教育水平很难满足居民对高质量教育的需求,迫使居民向外寻求优质的教育资源。此外,西北地区小城镇规模普遍较小带来的产业发展不足,使居民就业困难,渴望获得更多的就业机会以增加收入,提高生活质量也成为居民外出的重要动力。

从(2)(3)(4)题的统计数据来看,小城镇居民由于对接受良好教育和增加收入的渴望,往大中城市流动的愿望比较强烈,如果能对外部世界了解的更充分一些,信息能够获得更多一些,素质更高一些,这种愿望有很大的可能会成为行动。因此,给小城镇居民提供更优质的教育资源和就业机会是人口向城镇集聚的关键因素。

（5）你所居住的小城镇的主要特色是什么？（可多选）

表 8-5　答卷人所居住小城镇的主要特色占比

顺序	选项	统计总数（人）	占比（%）
A	镇、区建设具有鲜明的民族特色	131	53.69
B	民族特色不明显	10	4.10
C	农牧小镇	32	13.11

顺序	选项	统计总数（人）	占比（%）
D	商贸小镇	3	1.23
E	交通枢纽小镇	13	5.33
F	资源开发形成的特色产业小镇	11	4.51
G	政府所在地	24	9.84
H	旅游小镇	20	8.19

由表8-5可知,除了外观上民族特色突出外(53.69%),牧区的小城镇大多未完成从农村牧区向城镇的功能转换,依靠农牧业(13.11%)和政府所在地(9.84%)形成的经济形式占主导地位,体现了小城镇农牧业因素的主导性,缺乏向城镇发展的主导产业。虽然随着国家投入的增加,特色小镇、美丽城镇建设的推进,这几年部分小城镇的旅游业有了较大的发展(8.19%),但受地理环境、气候、资源和交通等因素的制约,旅游业的发展难以成为西北地区小城镇普遍的主导产业。

（二）政策了解

(1)您学过党的十九大报告吗?

表8-6　对党的十九大报告了解情况占比

顺序	选项	统计总数（人）	占比（%）
A	完整地学习过	41	20.92
B	学过一点	89	45.41
C	知道一点	48	24.49
D	没学过	18	9.18

(2)您对国家提出的有关小城镇建设的政策了解吗?

表8-7　对国家提出的小城镇建设政策了解情况占比

顺序	选项	统计总数（人）	占比（%）
A	很了解	18	9.19

顺序	选项	统计总数（人）	占比（%）
B	了解一点	107	54.59
C	不了解	71	36.22

（3）您所在镇的镇政府是否组织过对小城镇建设政策的宣讲活动？

表 8-8　所在镇的镇政府组织小城镇建设政策开展宣讲活动占比情况

顺序	选项	统计总数（人）	占比（%）
A	认真组织过	46	23.47
B	组织过,但不认真	46	23.47
C	没有组织过	24	12.24
D	不清楚	80	40.81

（4）您了解国家小城镇建设政策的主要途径是什么？（可多选）

表 8-9　了解国家小城镇建设政策的途径

顺序	选项	统计总数（人）	占比（%）
A	政府的宣传	57	28.64
B	电视新闻	90	45.23
C	收音机	5	2.51
D	从别人那里听说的	29	14.57
E	张贴的宣传画	18	9.05

（5）您对这一政策有什么看法？

表 8-10　对国家有关小城镇建设政策的看法

顺序	选项	统计总数（人）	占比（%）
A	非常支持	49	25
B	支持	105	53.57

续表

顺序	选项	统计总数（人）	占比（%）
C	无所谓	13	6.63
D	不知道	29	14.8

从表8-6来看,牧区小城镇居民对党的十九大报告,完整地学习过（20.92%）和学过一点（45.41%）的超过66%,说明牧区小城镇的居民对党和政府的政策比较关注。由表8-9可知,居民了解国家政策的渠道主要是电视新闻（45.23%）、镇政府的宣传（28.64%）和从别人那里听说的（14.57%）。但从表8-7来看,牧区小镇居民对国家提出的小城镇建设政策了解一点（54.59%）和不了解（36.22%）的人占了绝对多数。这说明,我们的基层政府部门虽然组织居民学习过（23.47%）或宣传过,但不够认真（23.47%）,政策宣传缺乏针对性,或流于肤浅,致使对政策不清楚的人数占比达到了40.81%,没有把政策让群众真正掌握,没有很好地激发起群众建设小城镇的激情,让群众真正参与到小城镇的建设中来（见表8-8）。尽管政府部门的宣传不是很到位,但居民对小城镇建设的认同度是非常高的,非常支持（25%）和支持（53.57%）的占比达到了78.57%的水平（见表8-10）。

（三）对所居住小城镇的主观感受

（1）您所在镇区这几年建设状况如何?

表8-11　小城镇镇区的建设状况

顺序	选项	统计总数（人）	占比（%）
A	有建设,改变很明显	92	46.94
B	有一些建设,但效果不明显	67	34.18
C	基本没有建设	22	11.22
D	完全没有建设	15	7.65

（2）你所居住小城镇的人口大概有多少？

表 8-12　答卷人所居住小城镇的人口数量

顺序	选项	统计总数（人）	占比（%）
A	1000 人以下	26	13. 27
B	1000—2000 人	33	16. 84
C	3000—5000 人	27	13. 78
D	6000—10000 人	30	15. 30
E	1 万—2 万人	22	11. 22
F	3 万—5 万人	31	15. 82
G	6 万—10 万人	16	8. 16
H	11 万—15 万人	6	3. 06
I	16 万—20 万人	5	2. 55

（3）你认为青海省牧区小城镇适宜居住的人口是多少？

表 8-13　青海省牧区小城镇适宜居住的人口

顺序	选项	统计总数（人）	占比（%）
A	1000 人以下	19	9. 69
B	1000—2000 人	25	12. 76
C	3000—5000 人	35	17. 86
D	6000—10000 人	23	11. 73
E	1 万—2 万人	22	11. 22
F	3 万—5 万人	34	17. 35
G	6 万—10 万人	19	9. 69
H	11 万—15 万人	8	4. 08
I	16 万—20 万人	6	3. 61
J	20 万人以上	5	2. 55

从表 8-11 来看，46.94% 的受访者认为自己居住的小城镇改变很明显，34.18% 的受访者认为有一些改变，但效果不明显。这说明，近年来在党和政府大力推进新型城镇化、美丽小城镇建设等方面取得了良好的效

果,绝大多数的小城镇居民对这几年小城镇的建设成绩非常认可。从表8-12来看,牧区小城镇的人口较少,答题者主观感觉到的人口规模大多为 1000—2000 人(16.84%)、6000—10000 人(15.30%)和 2 万—5 万人(15.82%)。说明牧区小城镇的总体规模比较小,其原因主要在于脆弱的生态环境和高寒的气候使经济发展受制于环境而无法大规模地发展,从而难以集聚人口。由表 8-13 可知,大部分受访者认为牧区小城镇的适宜人口规模应该在 3000—5000 人(17.86%),在地理环境比较适宜的地方,小城镇的适宜人口规模应在 1 万—5 万人(28.57%)。

（4）你认为当前建设好青海省牧区小城镇最缺乏的是什么？（可选四项）

表 8-14　青海省牧区小城镇建设最缺乏的条件

顺序	选项	统计总数（人）	与比（%）
A	资金	116	21.21
B	技术	104	19.01
C	企业	42	7.68
D	人才	94	17.18
E	人口	17	3.11
F	基础设施	61	11.15
G	资源	38	6.95
H	商贸	27	4.94
I	土地	5	0.91
J	农牧业	4	0.73
K	水	10	1.83
L	道路	27	4.94
M	其他	2	0.36

（5）你所居住小城镇的人口构成中主要民族有哪些？

表 8-15　小城镇的主要民族构成

顺序	选项	统计数（人）	比率（%）
A	藏族	127	64.80

顺序	选项	统计数（人）	比率（%）
B	汉族	35	17.86
C	回族	28	14.29
D	蒙古族	6	3.05

由表 8-14 可知,目前牧区小城镇建设最缺乏的资源,受访者选择的前四项分别是:资金(21.21%)、技术(19.01%)、人才(17.18%)、基础设施(11.15%)。虽然各级政府对小城镇建设给予了高度重视,投入了大量资金,但由于缺乏内生机制,资金、技术和人才的缺乏,仍然是牧区小城镇发展面临的最大问题。在牧区小城镇规模小,人口集聚能力不足的情况下,掌握一定科学技术的人才是比资金更重要的建设资源。

（四）基础设施建设

(1)您认为您所居住的小城镇的整体建设规划怎么样?

表 8-16　对小城镇整体建设的满意度

顺序	选项	统计数（人）	比率（%）
A	非常好	41	20.92
B	一般	123	62.76
C	不好	19	9.69
D	不了解	13	6.63

(2)您对您所居住的小城镇目前的交通设施建设满意吗?

表 8-17　对小城镇交通设施的满意度

顺序	选项	统计数（人）	比率（%）
A	非常满意	16	8.17
B	基本满意	114	58.16
C	不满意	45	22.95
D	没感觉	21	10.72

（3）您对您所居住小城镇的基础设施（如供水、供电和供气等）建设满意吗？

表8-18　对小城镇基础设施的满意度

顺序	选项	统计数（人）	比率（%）
A	非常满意	31	15.81
B	基本满意	96	48.98
C	满意	20	10.21
D	不满意	35	17.86
E	非常不满意	14	7.14

（4）您对您所居住小城镇的公共服务设施建设（公园、图书馆等）怎么看？

表8-19　对小城镇公共服务设施的满意度

顺序	选项	统计数（人）	七率（%）
A	很好	109	55.61
B	一般	68	34.69
C	不好	19	9.70

（5）您对您所居住小城镇的教育工作（教学设施、教学质量）是否满意？

表8-20　对小城镇教育的满意度

顺序	选项	统计数（人）	比率（%）
A	很满意	53	27.04
B	一般	96	48.98
C	不满意	22	11.22
D	很不满意	25	12.76

（6）您对您所居住小城镇的医疗卫生状况（医保、看病、医药费等）是否满意？

表8-21　对小城镇医疗卫生状况的满意度

顺序	选项	统计数（人）	比率（%）
A	非常满意	24	12.25
B	满意	122	62.24
C	不满意	37	18.88
D	很不满意	13	6.63

（7）您出行方便吗？

表8-22　对小城镇出行状况的满意度

顺序	选项	统计数（人）	比率（%）
A	方便	124	63.27
B	一般	43	21.94
C	不方便	20	10.20
D	很不方便	9	4.59

（8）您出行主要是哪种交通工具？

表8-23　小城镇居民出行的主要交通工具占比

顺序	选项	统计数（人）	比率（%）
A	自行车	16	8.16
B	小汽车	60	30.61
C	公共汽车	43	21.94
D	出租车	36	18.37
E	骑马	9	4.59
F	摩托车	15	7.66
J	其他	17	8.67

（9）您所居住的镇上有网络吗？

表 8-24　小城镇的网络情况

顺序	选项	统计数（人）	比率（%）
A	有网络	188	95.9
B	没有网络	8	4.1

（10）您对镇上的网络上网速度是否满意？

表 8-25　对小城镇网速状况的满意度

顺序	满意度	统计数（人）	比率（%）
A	网速很快	70	35.71
B	网速比较慢	63	32.15
C	经常掉线	24	12.24
D	网速很慢	25	12.76
E	其他	14	7.14

　　从对小城镇基础设施 10 个问题的答题情况来看，小城镇的居民对牧区小城镇这些年来的建设是比较满意的。随着美丽城镇和特色小镇的建设，小城镇的整体规划趋于合理，空间功能结构比较明确了，但大部分人对小城镇整体建设的满意度不高（62.76%），认为很满意的人数不是很多（20.92%）（见表 8-16）。认可度比较高的是交通设施改善明显（58.16%）（见表 8-17），对基础设施（如供水、供电和供气等）的满意度比较高（非常满意 15.81%、满意 10.21%、基本满意 48.98%）（见表 8-18）；对公共服务设施建设（公园、图书馆等）满意的为 55.61%（见表 8-19）；对小城镇的教育工作（教学设施、教学质量）很满意的为 27.04%、一般的为 48.98%（见表 8-20）；对医疗卫生非常满意的为 12.25%、满意的 62.24%（见表 8-21）；由于交通设施的改善，认为交通出行方便的为 63.27%（见表 8-22）；交通工具也有了大的变化，小城镇的居民出行首选小轿车（30.61%），其次为公共汽车（21.94%）和出租车（18.37%）（见表

8-23);95.9%的小城镇通了网络(见表8-24),35.71%的人认为网络质量比较高,能满足电商发展的需要(见表8-25)。根据受访人在选项外的答案和建议,对教育不满意的主要原因依次是:教育质量不高、教育方式单一、好教师短缺;对医疗不满意的主要原因依次是:好医师不多、医疗质量欠佳、治疗手段单一、药品比较少,有时买不到急需的药品;对出行不满意的主要原因依次是:停车不方便、乱停乱放现象比较严重、摩托车客货车辆混行相互影响。这些数据说明,虽然小城镇的居民对牧区小城镇这些年来的建设总体是比较满意的,但随着人们生活水平的提高,居民对公共服务质量的要求也在不断提升,小城镇的发展要能更好地满足居民生产、生活和发展的需求。

(五)生态环境建设

(1)您认为目前您所居住的小城镇的环境质量状况如何?

表 8-26　对小城镇环境状况的满意度

顺序	选项	统计数(人)	比率(%)
A	非常好	29	14.80
B	良好	104	53.06
C	一般	41	20.92
D	比较差	10	5.10
E	非常不好	6	3.06
F	污染严重	6	3.06

(2)您对您所居住小城镇的绿化工作满意吗?

表 8-27　对小城镇绿化状况的满意度

顺序	选项	统计数(人)	比率(%)
A	很满意	24	12.24
B	基本满意	130	66.33
C	一般	38	19.39
D	不满意	4	2.04

（3）您认为您所居住小城镇最突出的环境问题是什么？（可多选）

表8-28　小城镇最突出的环境问题

顺序	选项	统计数（人）	比率（%）
A	地表水污染	49	23.12
B	噪声污染	29	13.68
C	缺少绿地树木	47	22.17
D	各种垃圾污染	38	17.92
E	空气污染	18	8.49
F	其他污染	31	14.62

（4）您认为小城镇建设中的环境污染主要是由下列哪些原因造成的（可多选）？

表8-29　造成小城镇环境污染的主要原因

顺序	选项	统计数（人）	比率（%）
A	镇政府不够重视	84	42.6
B	居民的环保意识不强	74	37.7
C	没有重视环保教育	39	19.9
D	环保部门没有做好工作	9	4.6
E	其他	1	0.5

　　总体来看，牧区小城镇的环境质量是比较好的，认为是非常好（14.80%）和良好的（53.06%）占了绝大多数（见表8-26）；对小城镇的绿化工作很满意（12.24%）和基本满意（66.33%）的人占到了答题人总数的78.57%（见表8-27）；认为小城镇环境突出的问题依次是地表水污染（23.12%）、缺少绿地树木（22.17%）和各种垃圾污染（17.92）（见表8-28）；造成污染的主要原因依次是政府部门不重视环保、居民的环保意识差、没有重视环保教育（见表8-29）。从笔者亲身感受到的情况来看，牧区小城镇的环境相比大城市应该是非常好的，但由于在建设中对环境问题重视不够，工地的噪声、汽车的喇叭声和商店等公共场所使用高音喇

叭造成的噪声污染确实在一定程度上影响了小城镇居民的生活;而排污系统的缺失和不畅,使一些小城镇的小溪小河中漂浮着一些垃圾,造成了对地表水和周边环境的污染,成为美丽小镇的污点;受高寒环境的制约、缺水和大广场的建设使小城镇树木和绿地较少成为西北地区小城镇的普遍现象。

(六)经济建设

(1)您对您所居住小城镇的经济发展状况是否满意?

表8-30 对小城镇经济发展的满意度

顺序	选项	统计数(人)	比率(%)
A	非常满意	17	8.67
B	满意	108	55.11
C	不太满意	62	31.63
D	很不满意	9	4.59

(2)您认为您所居住小城镇在经济建设方面的主要成就是什么?(可多选)

表8-31 小城镇在经济发展方面的主要成就

顺序	选项	统计数(人)	比率(%)
A	经济获得高速增长	19	9.22
B	居民生活水平质量提高	109	52.91
C	基础设施和基础产业大大加强	48	23.30
D	人口素质提高很快	30	14.56

(3)您目前收入的主要来源是什么?(可选主要的三项)

表8-32 小城镇居民主要收入来源

顺序	选项	统计数(人)	比率(%)
A	售卖农牧产品的收入	60	28.99

续表

顺序	选项	统计数（人）	比率（%）
B	在本镇经商的收入	17	8.21
C	工资收入	35	16.91
D	在本镇企业打工的收入	19	9.18
E	外出打工收入	44	21.26
F	自己企业的赢利	8	3.86
G	其他收入	24	11.59

（4）您主要的家庭支出有哪些？（可选主要的三项）

表 8-33　小城镇居民家庭支出的主要项目

顺序	选项	统计数（人）	比率（%）
A	子女结婚支出	14	7.14
B	子女的教育支出	121	61.73
C	医疗支出	71	36.22
D	购（建）房子支出	53	27.04
E	购（养）车支出	20	10.20
F	家庭日常开支	87	44.39
G	购买生产资料	7	3.57
H	人际交往	13	6.63
Q	旅游	9	4.59
J	其他	4	2.04

（5）您认为主要靠什么才能使自己富裕起来？（可多选）

表 8-34　小城镇居民认可的致富能力

顺序	选项	统计数（人）	比率（%）
A	胆识和气魄	19	9.69
B	机遇和关系	23	11.73
C	技术和勤劳	88	44.90
D	学习文化	68	34.70

从表 8-30 来看,对小城镇经济发展非常满意(8.67%)和满意(55.11%)的受访人占多数,但不太满意(31.63%)和很不满意(4.59%)的占比也比较高,说明小城镇的经济总体发展比较慢,发展速度滞后于居民的期盼;由表 8-31 可知,人们总体上对小城镇的发展给予了较高的认同,绝大多数人认为小城镇建设带来了居民生活水平和质量的提高(52.91%)、基础设施和基础产业得到了加强(23.3%)、经济获得了高速增长(9.22%)、人口素质得以提升(14.56%);居民的收入来源虽然仍以出售农牧产品的收入为主(28.99%),但经商、打工的收入增加了,收入来源多元化了,部分人创办了自己的企业,有了资本性的收入(见表 8-32)。从小城镇居民的家庭支出情况来看,子女的教育、家庭日常开支、医疗和购房位列前四名,说明高度重视子女的教育成为小城镇居民的共识,但因收入不高,食物和日常生活开支占了较大的比例,恩格尔系数比较高(见表 8-33);在对如何致富的路径选择上,居民普遍认为技术和勤劳是关键(44%),通过认真学习(34%)是掌握技术的重要途径,具有一定的胆识和气魄(10%)抓住机遇(12%)也是不可或缺的条件(见表 8-34)。

(6)您认为针对您所居住小城镇的特点,最适合进行的生产是什么?

表 8-35　小城镇适合发展的产业

顺序	选项	统计数(人)	比率(%)
A	发展工业	24	12.24
B	发展农牧业	55	28.06
C	发展旅游业	83	42.35
D	发展商业	25	12.76
E	其他	9	4.59

(7)您觉得您所居住小城镇的就业情况如何?

表 8-36　小城镇的就业状况

顺序	选项	统计数(人)	比率(%)
A	容易	14	7.14

顺序	选项	统计数（人）	比率（%）
B	一般	80	40.82
C	比较困难	79	40.31
D	很困难	23	11.73

（8）您的家庭每人每月平均支出在多少？

表8-37　小城镇居民家庭每人每月平均支出

顺序	选项	统计数（人）	比率（%）
A	100 元以下	7	3.57
B	100—199 元	19	9.69
C	200—299 元	31	15.81
D	300—499 元	27	13.78
E	500—799 元	29	14.80
F	800—1199 元	41	20.92
G	1200 元以上	42	21.43

（9）您家庭支出主要用在哪些方面？（可多选）

表8-38　小城镇居民家庭每人每月主要支出项目

顺序	选项	统计数（人）	比率（%）
A	购买食物	92	46.94
B	购买日常用品	118	60.20
C	缴水电暖气费	41	20.92
D	缴物业费	25	12.76
E	娱乐	9	4.59
F	旅游	11	5.61
G	购买服饰	31	15.82
H	其他	16	8.16

从表 8-35 来看，在对小城镇产业发展方面，大部分居民认为应该发展旅游业（42.35%）、发展农牧业生产（28.06%）、发展商业（12.76%），不太认同发展工业（12.24%）。这说明，国家的生态保护战略得到了小城镇居民的广泛认同，把发展旅游业作为牧区小城镇发展的首选产业。由表8-36 可知，认为小城镇就业一般（40.82%）和比较困难的（40.31%）超过八成，说明牧区小城镇的就业问题比较严重，是发展小城镇中需要高度重视的问题。从家庭开支来看，家庭人均月开支在 800 元以下的占了五成以上，800 元以上的占了四成多（见表 8-37），大部分收入用于购买食物（27%）、日常用品（34%）和支付水电暖费（12%），其他的消费占比较小（见表 8-38），说明大部分小城镇居民的收入偏低，日常开支偏高，消费能力有限。发展小城镇的多种产业，为居民提供更多的就业岗位，提高居民的收入水平是政府在小城镇建设中应着重关注的首要问题。

（七）居民生活

（1）您对您目前的收入状况满意吗？

表 8-39　小城镇居民对收入状况的满意度

顺序	选项	统计数（人）	比率（%）
A	很满意	14	7.15
B	比较满意	54	27.55
C	一般	67	34.18
D	不满意	48	24.49
E	很不满意	13	6.63

（2）您平时的文化娱乐活动主要有哪些？

表 8-40　小城镇居民平时主要的文化娱乐活动

顺序	选项	统计数（人）	比率（%）
A	看电视	123	62.76
B	打牌	4	2.04
C	邻里串门	16	8.16

续表

顺序	选项	统计数（人）	比率（%）
D	跳广场舞	13	6.63
E	玩手机	89	45.41
F	其他	7	3.57

（3）您住的是哪种类型房？

表8-41　小城镇居民的住房状况

顺序	选项	统计数（人）	比率（%）
A	商品房	40	20.41
B	自建房	76	38.77
C	农家小院	39	19.90
D	租赁房	40	20.41
E	别墅	1	0.51

（4）您家房屋的面积大约是多少（平方米）？

表8-42　小城镇居民的住房面积

顺序	选项	统计数（人）	比率（%）
A	50平方米	25	12.76
B	80平方米	53	27.04
C	100平方米	40	20.41
D	120平方米	35	17.86
E	150平方米	22	11.22
F	180平方米	10	5.10
G	200平方米及以上	11	5.61

（5）您家的住房有上下水吗？

表 8-43　小城镇居民住房的上下水状况

顺序	选项	统计数（人）	比率（%）
A	有上下水	105	53.57
B	没有上下水	91	46.43

（6）您的房屋建成于哪个年代？

表 8-44　小城镇居民住房的建成年代

顺序	选项	统计数（人）	比率（%）
A	20 世纪 70 年代	19	9.69
B	20 世纪 80 年代	16	8.16
C	20 世纪 90 年代	37	18.88
D	2000—2009 年	35	17.86
E	2010—2014 年	50	25.51
F	2015 年及以后	39	19.90

（7）您的日常用水能得到及时充足供应吗？

表 8-45　小城镇居民日常用水状况

顺序	选项	统计数（人）	比率（%）
A	很充足	62	31.63
B	基本充足	96	48.80
C	不充足	24	12.24
D	自己解决	14	7.14

（8）您对供水的水质满意吗？

表 8-46 小城镇居民对自来水的满意度

顺序	选项	统计数（人）	比率（%）
A	很满意	44	22.45
B	基本满意	116	59.18
C	不满意	25	12.76
D	很不满意	11	5.61

（9）您觉得水价合理吗？

表 8-47 小城镇居民对自来水价格的满意度

顺序	选项	统计数（人）	比率（%）
A	合理	113	57.65
B	比较贵	50	25.51
C	便宜	33	16.84

（10）您会因收费的提高而节约用水吗？

表 8-48 小城镇居民对自来水价格变化的态度

顺序	选项	统计数（人）	比率（%）
A	节约得多	52	26.53
B	会注意节约	97	49.49
C	不会	22	11.22
D	不在意	25	12.76

（11）2017 年，您家自来水停水（欠水费停水除外）次数达多少次？

表 8-49 小城镇自来水供水状况

顺序	2017 年停水次数	统计数（人）	比率（%）
A	10 次以上	31	15.82

顺序	2017 年停水次数	统计数（人）	比率（%）
B	5—10 次	37	18.88
C	3—4 次	33	16.84
D	1—2 次	43	21.93
E	0 次	52	26.53

（12）您对目前自来水公司提供的服务满意吗？

表 8-50　小城镇居民对自来水公司服务的满意度

顺序	选项	统计数（人）	比率（%）
A	很满意	33	16.84
B	基本满意	79	40.31
C	一般	62	31.63
D	不满意	14	7.14
E	很不满意	8	4.08

（13）如果您对自来水公司的供水服务不满意，您会怎么样？

表 8-51　小城镇居民对自来水公司供水服务状况的反应

顺序	选项	统计数（人）	比率（%）
A	抱怨，但不采取行动	38	19.39
B	及时向自来水公司反映	118	60.21
C	向有关部门投诉	19	9.69
D	等别人反映	21	10.71

（14）您是如何处理生活垃圾的？

表 8-52　小城镇居民对生活垃圾的处理方式

顺序	选项	统计数（人）	比率（%）
A	装入垃圾袋，由专人收集拉走	65	33.16

顺序	选项	统计数（人）	比率（%）
B	扔到路边或门口墙角	10	5.11
C	扔到垃圾堆或垃圾桶	80	40.81
D	送到垃圾收集点	41	20.92

（15）如果向您征收垃圾处理费，您会怎么样？

表 8-53　小城镇居民对征收垃圾处理费态度

顺序	选项	统计数（人）	比率（%）
A	坚决抵制	27	13.78
B	不情愿，但会缴纳	68	34.69
C	愿意缴纳	62	31.63
D	积极缴纳	39	19.90

（16）您认为垃圾收费以怎样的方式您比较容易接受？

表 8-54　小城镇居民可以认可的生活垃圾收费方式

顺序	选项	统计数（人）	比率（%）
A	按户收费	103	52.55
B	按重量收费	34	17.35
C	按人口数收费	27	13.78
D	由保洁公司收费	15	7.65
E	由政府征收	17	8.67

（17）您觉得垃圾分类怎么样？

表 8-55　小城镇居民对生活垃圾分类的态度

顺序	选项	统计数（人）	比率（%）
A	太麻烦不愿意接受	17	8.68
B	勉强可以接受	48	24.49

顺序	选项	统计数（人）	比率（%）
C	应该如此,但不知道该怎样分类	107	54.59
D	很愿意对垃圾进行分类后回收	24	12.24

这一部分的问题主要是从居民的收入、娱乐和住房来了解居民的生活情况;从自来水用水的状况了解公共设施的普及及使用便利与否的情况;从对水价的态度了解居民对公共服务的要求;从对垃圾处理的态度了解居民的素质状况。

从居民对自己的收入水平来看,认为一般的为 34.18%、比较满意的为 27.55%、不满意的为 24.49%(见表 8-39)。说明牧区小城镇居民对自己的收入水平评价不高。文化娱乐活动中看电视、玩手机、邻里串门和跳广场舞的占了小城镇居民娱乐活动的前 4 位(见表 8-40),说明小城镇居民文化生活的内容比较单调,种类较少,缺少选择。居民住房方面,自建房(38.77%)、农家小院(19.9%)和商品房(20.41%)排列前三位(见表 8-41),说明小城镇的居民中农牧民的比重较大或农村集体土地的占比较高,农牧业经济和人口的因素占了较大成分。大部分居民的居住面积在 80 平方米(27.04%)、100 平方米(20.41%)和 120 平方米(17.86%)之间(见表 8-42),说明大部分小城镇居民的住房空间不大,可能的原因是部分农牧民在农牧区有住房,在城镇的住房只住家庭中的老人小孩,用来养老和上学,不是主体的生活空间;或是进入小城镇就业家庭的住房,因人口少,经济能力有限,故住房面积较小。53.57%的住房有上下水(见表 8-43),用水很充足(31.63%)和基本充足(48.8%)占了八成(见表 8-45);对水质很满意(22.45%)和基本满意(59.18%)占了八成以上(见表 8-46);认为水价合理的占 57.65%,比较贵的占 25.51%(见表 8-47);76.02%的人认为提高水费会促使人们节约用水(见表 8-48);供水质量不是太好,每年停水的次数 1—2 次的占 21.93%、3—5 次的占 16.84%、5—10 次的占 18.88%、10 次以上的占 15.82%(见表 8-49);住房建成年代主要集中在 2010 年(25.51%)和

2015 年以后(19.9%),1990 年(18.88%)和 2000 年以前(17.86%)的房屋占比较小(见表 8-44);从自来水的使用状况来看,住房有上下水,且供水状况较好,住房大体应该是 2000 年以来国家推进西部大开发和 2015 年推进新型城镇化发展的成果。由表 8-51 至表 8-55 可知,随着小城镇建设力度的加大,新居民的不断进入,从对使用自来水遇到的问题(60.21%的居民在遇到自来水使用问题时会主动向供水公司反映)的处理和处理垃圾的态度(61.73%的人认为垃圾应该分类,并愿意这样做、51.53%的居民愿意主动缴纳垃圾处理费、61.73%的居民能自觉地把垃圾扔到垃圾堆、垃圾桶或送到垃圾收集点)来看,小城镇居民对小城镇的认同感和素质有了较大的提升,小城镇的城市性在不断加强,农村牧区生活方式的因素在减弱。

(八)问答部分

1. 小城镇目前存在哪些主要问题? 受访者提出了以下几个问题:(1)规划滞后,镇区建设参差不齐,影响市容市貌;(2)交通不便,没有停车场;(3)街道比较乱,不整洁;(4)没有专门的污水处理、垃圾处理设施;(5)就业困难,年轻人无所事事,闲逛的人比较多;(6)学校和医院建设的比较好,但缺少好老师和医生,教学和医疗水平不高。

2. 如何建设才能满足居民的需要? 受访者的建议主要集中在以下几个方面:(1)加强基础设施建设,提升小城镇的生活质量;(2)增加就业机会,提升居民的收入水平,留住年轻人;(3)办好教育,为下一代提供良好的教育资源;(4)广泛招聘好的医护人员,留住人才,提高医疗水平;(5)强化镇区规划,明确小城镇的功能分区;(6)加强镇区治理,提高小城镇的社会治理能力。

3. 如何建设才能凸显小城镇的特色? 受访者写下了以下建议:(1)突出小城镇的地理环境优势,彰显独特的自然山水资源;(2)保护和使用好小城镇的人文资源;(3)因地制宜,凸显小城镇的民族文化特色;(4)小城镇的建筑要凸显民族文化元素。

第三节 结论与思考

通过问卷中基础设施建设数据的分析可以看出，牧区小城镇的基础设施建设在西部大开发以来，在新农村建设、特色小城镇建设等一系列政府政策的推动下，有了质的提高，自来水厂、污水处理厂、镇区广场、文化活动中心、医疗机构、学校等建设布局比较齐全，特别是医疗、文化教育和养老设施的不断完善，使居民的满意度比较高，也提高了农牧民进入小城镇居住的愿望，吸引了更多的农牧区人口入住镇区，扩大了镇区的规模。通过问卷中生态环境建设方面数据的分析可以看出，建立在生态环境比较好的地区的小城镇，自然环境都比较好，能为居民提供高质量的空气、水资源和绿色环境，使小城镇通过一定的建设，成为区域良好的旅游、康养之地，有较好的发展空间。从问卷中经济建设的数据来看，牧区小城镇的经济由于缺乏产业的强力支撑，整体发展能力弱，对国家财政的依赖度高，自我发展的能力不强。而产业发展不足带来的就业能力的不足不仅使大量的年轻劳动力人口外流，也使小城镇的人口结构失衡，老龄化日趋严重，加重了小城镇发展的负担。从小城镇居民的生活数据来看，牧区小城镇的居民收入普遍较低，恩格尔系数较高，生活比较单调，生活质量普遍不高。

通过问卷的数据分析，使我们对牧区小城镇有了一个直观的认识，西北牧区的小城镇虽然有政府给予的大力的投资与建设，但整体上仍然处在初级发展阶段，无论是硬件设施还是软件建设都与各方的期望有较大的差距。对地广人稀的西北牧区来说，依靠政府的政策与资金支持，强化小城镇的建设仍然是未来推进新型城镇化的主要内容，建设好一个功能完善的小城镇，对西北牧区广大镇域的发展，对推动牧区振兴，实现区域城乡融合发展至关重要。

一、通过问卷分析得出的结论

第一，地处青藏高原的果洛州，其主体经济形式仍然是自给自足的家庭游牧业，现代农牧业和工商业经济发展迟缓，小城镇产生与发展的动力机制主要是以行政需要为内在要求,以行政推动为主要驱动力,小城镇多为各级政府所在地,因经济发展而自发发展起来的小城镇非常少,大多处在农牧区向城镇的过渡阶段,人口集聚度低,规模小,小城镇带有浓厚的农牧业经济因素和牧民的生活方式。

第二,在产业发展方面,国家的生态保护战略得到了小城镇居民的广泛认同,大部分居民把发展旅游业作为牧区小城镇发展的首选产业。大部分小城镇缺乏具有一定规模的支柱产业,弱小、单一的产业对牧区小城镇建设带动能力不足。

第三,近年来,党和政府在大力推进新型城镇化战略、美丽小城镇建设等方面取得了良好的效果,随着美丽城镇和特色小镇的建设,小城镇的整体规划趋于合理,空间功能结构比较明确,绝大多数小城镇居民对这几年小城镇建设的成绩非常认可,但小城镇的综合功能较弱,以行政与居住为主要功能。

第四,由于收入提高和交通设施的改善,交通工具也有了很大的变化,小城镇居民出行的首选大多是小轿车和摩托车,网络质量也比较高,通信非常便利。交通和通信功能的完善,对小城镇居民生活质量的提升起到了重大的促进作用。

第五,党和政府对牧区教育的关注和投入带来了牧区小城镇人口受教育程度的快速提高,小城镇的居民受教育程度的提高带来了小城镇居民综合素质的较大提升。在城镇就业带来的牧民职业和社会身份的转换,使小城镇的城市性在不断增强,农牧性生活因素在减弱。

第六,随着市场经济的发展,牧区小城镇居民的经济意识在不断增强,外出打工以获得较高收入成为生活的一种常态;居民的收入来源虽然仍以出售农牧产品的收入为主,但经商、打工的收入增加了,收入来源多元化了,部分人创办了自己的企业,有了资本性的收入,但大部分小城镇居民的收入仍然偏低,消费能力受限。

第七,小城镇大部分居民的居住面积大致在80—120平方米,自建房和农家小院约占了居民住房的六成,城镇户籍居民少,非城镇户籍的农牧民居民多,镇区的部分土地是农村集体用于发展工商业的集体所有的土地和农牧民的宅基地,农牧业经济和人口的因素占了较大成分。

第八,小城镇居民文化生活的内容比较单调,文化生活开展的广泛性不足,种类较少,缺少选择,制约着居民生活质量和综合素质的提高。

第九,居民们总体上对小城镇的发展给予了较高的认同,绝大多数人认为,小城镇建设带来了居民生活水平质量的提高、基础设施和基础产业得到了加强、经济获得了高速增长、居民的素质得以提升。总体来看,牧区小城镇的环境质量是比较好的,突出的问题依次是地表水污染、固体废弃物污染和噪声污染。

第十,小城镇经济总体发展比较缓慢,发展速度滞后于居民的期盼。小城镇规模普遍较小带来的产业缺失,使居民就业困难,渴望能够获得更多的就业机会以增加收入,提高生活质量。由于牧区小城镇就业困难,小城镇的居民普遍不安于小城镇的生活,想往大中城市流动的愿望比较强烈,有一技之长或受到较好教育的年轻人,使这种愿望有很大的可能会成为行动。

第十一,牧区小城镇由于脆弱的生态环境和高寒的气候,经济发展受到制约,难以集聚人口,从而制约了规模的发展。大部分受访者认为牧区一般小城镇的适宜规模应该在3000—5000人。在地理环境比较理想、生态承载力比较高的地方,小城镇的适宜规模应在1万—5万人。

第十二,牧区地域广大,小城镇地处偏远,离大中城市比较远,受大中城市辐射影响小,相互之间也缺乏联系,部分远离大城市的小城镇发展趋于孤岛化。

二、基于以上结论的思考

(一)牧区小城镇的建设与发展应以政府推动为主,政府应是牧区小城镇建设的主要推动力

费孝通先生认为,小城镇发展直接的动力是农村工业的发展,是乡镇企业的推动。乡镇企业的发展带动了大量的资源、人口和资金进入到小城镇,农村的剩余劳动力得以较好地转移,使小城镇逐渐成为农村的经济中心、文化中心和服务中心,扩大了小城镇的辐射范围,同时也带动了小城镇周围乡村经济的发展。但在西北地区,尤其是高寒牧区,几乎没有

成规模的乡村工业经济,其小城镇的产生与发展主要是以政府推动的外源性投入作用的结果,缺乏内源性动力的持续推动。因此,强化政府的外部推动力、培育小城镇的内生动力是推动西北地区小城镇建设的必然要求。

(二)牧区小城镇的作用应以服务周边农牧区发展和区域居住地为主要功能

费孝通先生认为,城乡发展一体化的动力主要是工业下乡。工业下乡带动城市的生活方式和先进科技进入乡村,从而使农牧业生产工业化、农牧民生活城市化。在西北绝大部分牧区处于限制开发和禁止开发的状态而使工业难以下乡的情况下,西北牧区城乡的联系应该如何建立和协调是推动小城镇发展的一个重要问题。从畜牧业生产来看,西北牧区的畜牧业生产大多处于初级状态,以提供畜牧原材料为主,虽然通过建立牧业合作社等组织,畜牧业产业化水平有所提高,但大部分畜牧业生产对小城镇的依赖性不强,小城镇尚未成为区域畜牧业生产的产业基地。从牧区小城镇的区位作用来看,应在强化其产业功能的同时进一步完善服务功能,以为周边农牧区的经济社会发展提供服务为主要功能,为区域人口向小城镇聚集提供条件。通过小城镇基础设施的完善,为区域人口生活质量的提高提供条件,在坚持生态保护优先的前提下,为牧区群众追求高品质生活创造条件。

(三)牧区城镇体系关系

西北牧区城镇规模小,缺乏大中型城市,基本上都是小型的县级城市和城关镇、建制镇,而州县级城镇大多是政府驻地,各类居住在县城的行政部门工作人员及其家属和前来办事的人员是城镇生活消费的主体,餐饮和商业贸易成为这些城镇的主要经济内容,过少的人口和少量的服务业对周边小城镇发展的带动作用十分有限。因此,依靠大中城市带动牧区小城镇的发展、通过大中城市产业转移和外溢来促进小城镇的发展都不现实,规模过小的小城镇不仅缺乏产业承接的能力,也缺乏相应的资源聚合能力,小城镇的发展应主要靠自身的区位及特色资源优势,寻求符合自身条件的发展之路。

第九章　西北地区推进小城镇
发展的战略选择

　　城镇化是随着工业化而出现的经济社会发展进程,工业化的方式和进程对区域城镇化的方式与进程产生着决定性的影响。由于各个区域工业化发展的程度与方式不同,城镇化的方式和进程也具有较大的差异。因此,在国家推进新型城镇化发展战略的进程中,西北地区应立足自身工业化的特殊性,在国家新型城镇化发展的总战略下进行适合西北地区特殊性的城镇化战略选择。

　　本章以习近平总书记关于新时代中国特色社会主义城镇化问题的一系列重要讲话精神为指导,立足于世界城镇化的一般规律与中国城镇化的进程及特点,探讨中国经济进入新常态后,中国新型城镇化的发展方向及西北地区小城镇发展的战略选择。提出西北地区基于工业化、区域生态地位和地理环境的特殊性,其新型城镇化应走生态型城镇化之路。在保护好生态环境的前提下,实施强化大城市(城市群)综合能力、适度扩大中等城市的数量、积极完善小城镇功能、重点抓好两头的"抓大扩中完小"的发展战略,以更好地促进西北地区小城镇的可持续发展。

第一节　城镇化的一般规律与中国城镇化进程

一、世界城镇化进程及一般规律

(一)世界城镇化进程

城镇化作为从传统乡村社会向城市社会发展的自然历史进程,是从

18 世纪 60 年代资本主义产业革命开始的。18 世纪 60 年代以产业革命为先导的资本主义生产方式的兴起,使机器大生产取代了手工生产,而工业生产所需要的规模集聚,开始吸引农牧区人口主动或被动地向城镇大量转移,促进了城镇化的发展,揭开了世界城镇化的序幕。

世界城镇化的历史进程,大体上可分为四个阶段。

1. 1760—1851 年为世界城镇化的兴起阶段

从 1760 年的产业革命开始到 1851 年,英国花了 90 年的时间,基本上实现了城镇化,成为当时世界上第一个城市人口超过总人口 50% 的国家,率先从农业社会进入城市社会。[①] 标志着世界城镇化进入了兴起阶段。

2. 1851—1950 年为城镇化在欧洲和北美等发达国家基本实现阶段

在这 100 年的时间内,城镇化进程推动了 4 亿多人口进入城镇,整个世界的城镇人口由 8000 万增加到 7.12 亿,净增 6.32 亿,世界城镇人口占到了总人口的 28.4%。在这个阶段,英国、其他发达国家、发展中国家和整个世界的城镇化进程的格局大致是:英国进入了高度发达的城镇化阶段,其他发达国家进入了基本城镇化阶段,发展中国家的城镇化进入了起步阶段,整个世界则进入了城镇化加速发展阶段。

3. 1950—1990 年为城镇化加速发展,全世界基本实现城镇化的阶段

在这个阶段,世界城镇人口的比重由 1950 年的 28.4% 上升到 1990 年的 50% 左右,整个世界开始进入了基本实现城镇化阶段。在这个阶段不仅整个世界的城镇化速度大大加快了,而且人口继续向大城市或较大城市集中,形成了城市群、大都市带(或大都市圈、大都市区)。[②]

4. 从 1991 年到现在,为世界城镇化高速发展阶段

这一时期的城镇化主要呈现为,以中国为首的发展中国家,随着经济快速的发展,在工业化的推动下,城镇化得到了迅速发展,城镇化率提升很快,发展中国家和地区的城镇化进程逐步与世界水平接近。发达资本

---

① 参见中国科学院经济研究所世界经济研究室:《主要资本主义国家经济统计集·1948—1960》,世界知识出版社 1962 年版。

② 高佩仪:《世界城市化的一般规律与中国的城市化》,《中国社会科学》1990 年第 5 期。

主义国家的城镇人口增长趋缓,城镇化经过了一段长时间的城市分散化和郊区化之后,又出现了再集中化和再城镇化的趋势。这一趋势最明显的是美国,自20世纪90年代以来,美国又出现了人口向中心城市集中的趋势。以美国东北部大西洋沿岸自波士顿经纽约至华盛顿的都市带、美国沿五大湖的都市带、日本东京至九州太平洋沿岸的都市带、西德鲁尔区的都市带、英国以伦敦为中心的英格兰南部的都市带、中国以长三角城市群、中国珠三角城市群为代表的世界城市群或大都市区发展很快。

从根本上说,城镇化的动力源于工业化,但不同国家的历史和政治因素对城镇化进程的影响也不可低估。政府全面介入城镇管理和公共服务,建立健全现代社会保障和公共服务体系,对各国城镇的建设和城镇化的进程起到了重大的直接推动作用。

在工业化过程中,英国政府对工业布局不加以行政干预,这使英国的城镇发展更多地围绕工矿区展开。由于新兴工业城镇一般有比较便捷的运河、港口、铁路等交通优势,工矿业城镇对人口有很强的集聚能力,使英国的城镇人口占总人口的比重很快由1850年的50%上升到1951年78.9%,进入了高度发达的城镇化阶段。相比之下,法国小农经济势力较强,工业化进展较慢,而且工厂主要集中在巴黎、里昂、波尔多和马赛等传统政治中心城市周围,城镇化主要是通过这些城市的自我扩张实现的,小城镇直到第二次世界大战之后才有所发展,城镇化进程比较缓慢。德国从1871年到1910年,用不到40年的时间就实现了工业化和城镇化。这是因为在德意志帝国建立之前,德国是由38个各自为政的小邦国组成,由于这些邦国都有自己的政治、经济中心城市,从而使德国的城镇化得以在全国比较均匀地铺开,形成了较为合理的城镇布局,在工业化的推动下,在国家威权的促进下,在较短的时间内快速实现了国家的城镇化。[①]

(二)世界城镇化的一般规律

纵观世界各国城镇化发展历程,城镇化不仅仅是人口向城镇的简单聚集,而且是整个社会基本形态由农业型社会向更高一级的城市型社会

---

① 田德文:《欧洲国家城镇化的三点启示》,《人民日报》2013年1月20日。

转型的过程,是一个国家经济增长和社会发展的"晴雨表""风向标"。

从一般意义上来看,世界城镇化有如下主要规律。

1. 城镇化与工业化互动规律

欧洲国家的城镇化与工业化是同步推进的,共同构成了现代化的基本内容。1957 年,美国经济学家霍利斯·钱纳里(Hollis B.Chenery)对世界各国的人均国内生产总值和城镇化水平进行了统计分析,发现两者之间存在正相关关系,即人均国内生产总值越高,城镇化水平也就越高。经济发展与城镇化水平提高是互相促进、互为因果的关系。经济发展到一定阶段,特别是工业化发展到一定程度,城镇化水平也随之提高,而随着城镇化进程的推进,占主导地位的产业从农业转为工业,再转为服务业,经济发展水平呈现出不断提高的发展趋势。

2. 城镇化进程的阶段性规律或诺瑟姆曲线规律

美国城市地理学家诺瑟姆(Ray M.Northam)在对英、美等西方国家工业化进程中城镇化率变化轨迹进行分析的基础上,于 1979 年在其《城市地理》一书中对城镇化发展过程的曲线运动轨迹做了比较详细的描述,他认为城镇化的发展曲线类似于一条被拉平的"S"形曲线,被学界称为诺瑟姆曲线。诺瑟姆曲线揭示了城镇化发展水平与产业发展阶段之间的对应关系。在诺瑟姆看来,城镇人口占总人口比例的城镇化率,表征着从农业社会向城市社会发展的不同的城镇化发展阶段,每个阶段不同主导产业的转换是城镇化的主要动力,城镇产业的加速发展和转换带来的就业岗位的增加,促进了人口向城镇的快速集聚,不同阶段城镇化的速度是由产业集聚和发展的速度决定的。他将城镇化进程分为初期、中期、后期三个基本阶段。在城镇化初期阶段(城市人口占总人口比重在 30% 以下),工农业生产水平较低,工业提供的就业机会和农牧业释放的剩余劳动力都很有限,主导产业是轻纺工业,城镇化发展较为缓慢。在城镇化中期阶段(城镇人口占总人口比重在 30% — 70%),工业化进程加快,工业经过快速扩张基础已经比较雄厚,主导产业是钢铁、化工、机械等重化工业,为大批农牧业剩余劳动力提供了就业机会,从事农牧业生产的劳动力减少和机械的广泛使用使农牧业劳动生产率大幅提高。在工业化的带动下城镇数量增多、规模扩大,城镇化率快速提高,城镇化发展进入加速发展阶段。在城镇化后期阶段(城市人口占总人口比重达到 70% 以上),第二产业上升到 40% 后将缓慢下降,第三产业蓬勃兴起,经济发展从工业经济向服务经济转变,第三产业成为城镇化进一步发展的主要动力。此时,城镇化总水平比较高,城镇化率大于 70%,但增长速度趋缓甚至停滞。城市地域不断向农村推进,大城市的人口和工商业迁往离城市更远的农村和小城镇,大城市人口减少,出现"逆城市化"现象,农业人口比重已经不大,农业生产维持在社会需要的规模,城镇化进入稳定发展阶段,提升质量成为城镇化的重要内容。

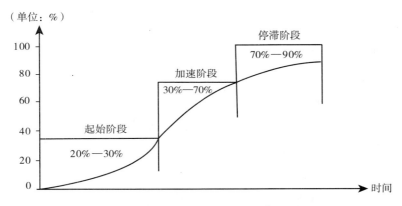

图 9-1　城市化发展的"S"形曲线(诺瑟姆曲线)

3. 大城市优先发展规律

大城市优先发展是工业革命以来世界城镇化发展的一个普遍规律,虽然不同阶段不同国家城镇化的发展方式有所侧重,但都遵循大城市优先发展规律。根据国内外学者的研究,在城镇化的不同阶段,不同类型的城市发展进程不同:城镇化前期阶段以集中型城镇化和大城镇化为主;城镇化后期阶段以扩散型城镇化和城镇区域化为主。在城镇化前期阶段,由于受资源稀缺性的限制,城镇常会在少数具有优势的经济中心,或者交通枢纽、矿产资源富集地等产生,并逐渐成长为核心区,出现集中型城镇化。集中型城镇化一般会导致大城市超先增长,出现大城市化。导致大城市优先发展的直接原因是大城市具有更好的区位优势,集中了更多的资源,经济运行的效率更高,对能源、信息、交通、人力的使用也更加高效,资源集聚优势提供的就业和发展机会多于中小城镇,使城镇人口和农业人口在流动中,优先选择流向大城市。当城镇化进入后期阶段,扩散将上升到主导地位,成为该阶段的主要特征。在这个阶段,大城市随着经济不断发展带来的产业结构调整使其低端产业不断向外转移出去,带动了周边中小城市的产业发展,强化了城市间的经济关系,形成了城市群(带)。引起扩散的因素主要有:避免集聚不经济,寻求新的发展机会和政府的干预作用等。城镇化发展到一定程度,在特定的区域范围内聚集相当数量的不同性质、类型和等级规模的城市,以一个或两个特大城市为中心,依托一定的自然环境和交通条件,借助现代化的交通工具、综合运输网及高度发达的信息网络,城镇之间的内在联系不断加强,共同构成一个相对完整的城镇“集合体”——城市群(圈、带)。城市群带来的规模聚集效应,使人口高度集中。城市群在一个地区的城镇化进程中占有举足轻重的地位,如日本三大城市群(大东京区、阪神区、名古屋区)区域面积仅占日本全国土地面积的 6%,却吸纳了全国总人口的 61%,产出了全国 GDP 的 68%。

二、中国城镇化的进程、特点与效应

(一)中国城镇化的进程

中国城镇化的进程从 1978 年改革开放以来依据其产业发展、人口流动和城镇化率可以分为以下四个阶段。

1. 1978—1985 年城镇化启动阶段

中国改革首先从农村开始,农村经济体制改革推动了城镇化的发展,出现了“先进城后城建”的现象。具体表现是:一是大约 2000 万上山下乡的知青和干部返城并就业;二是放开城乡集贸市场后,出现了大量的城镇暂住人口;三是乡镇企业异军突起带动了小城镇的发展;四是国家提高了城镇维护和建设费,拨专款用于城镇住房补贴,结束了城镇建设多年徘徊的局面。这一时期城镇化率由 1978 年的 17.92% 上升到 1985 年的 23.71%,年均提高 0.83 个百分点。

2.1986—1995 年城镇化缓慢增长阶段

这一时期工业化对城镇化的推动作用比较明显。主要是在国内市场需求拉动和外向型经济发展模式支持下,劳动密集型的轻工业迅速发展,带动了工业就业人口迅速增长,沿海地区出现了大量由新兴小城镇组成的"工业化地区"。但是,这一时期的工业化是在城乡二元经济背景下推进的,农村工业发展主要采取"离土不离乡"的模式。因此,城镇化增速明显低于工业化推进速度。到 1995 年,城镇化率上升至 29.04%,年均仅提高 0.53 个百分点,为中国改革开放以来城镇化发展最慢的阶段。

3.1996—2010 年城镇化加速发展阶段

这一时期工业结构升级特点比较明显,工业化推进速度加快,工业化与城镇化的联系更加紧密。农村人口向城镇的转移数量增大,城乡之间的流动人口增加,保护农村外出务工人员的政策不断完善,城镇基础设施建设力度加大。这些都有力地推动了城镇化进程。到 2010 年年末,城镇化率达到 49.68%,年均提高 1.4 个百分点。

4.2011 年后进入城市社会阶段

2011 年是中国城镇化发展史上具有里程碑意义的一年。这一年中国的城镇常住人口占总人口的比重首次超过 50%,达到 51.27%,中国从一个具有几千年农业文明历史的农业大国,进入以城市社会为主导的新发展阶段。50%的背后意味着人们生产生活方式、职业结构以及价值观念的深刻改变。随着产业结构的不断转型升级,生产性服务业和消费性服务业强劲增长,公共服务水平和人均收入持续提高,到 2019 年年末,中国常住人口城镇化率上升到 60.60%。

(二)中国城镇化的特点

根据前述的我国城镇化四个阶段的划分,中国从 1978 年以来的城镇化进程主要呈现了如下特点。

1.自上而下的政府主导与自下而上的市场推动相结合

中国城镇化的发动与发展走的是以自上而下政府为主导和自下而上农村就地城镇化为辅助的双轨城镇化道路,政府自上而下的推动是城镇化动力机制的主导力量。

2. 区域非均衡发展

我国在改革开放初期，邓小平同志提出了"两个大局"的思想，采取了沿海地区优先发展然后带动中西部地区发展的区域非均衡发展战略。随着东部地区快速发展带来的区域差距拉大问题，中央政府把握历史机遇机及时地作出了西部大开发战略决策及一系列缩小地区差距的方针政策，并提出了东西部联动与合作发展的新思路，利用东部地区的人才、技术、资金以及发展经验来发展西部地区，推动西部开发和建设、缩小东西部发展差距、实现东西部协调发展。但由于历史的原因和《全国主体功能区规划》赋予的功能不同，东中西部地区经济发展的差异虽然有所缩小，东部与中西部区域之间城镇化水平阶段性差异仍然存在，目前城镇化的重点仍在东部地区。

3. 大城市导向

虽然中国政府一再强调"大中小城市和小城镇协调发展"，但在大城市超先发展规律的作用下，实践中大城市优先政策比较明显，导致大城市发展的速度远远快于中小城市和小城镇，发达的城市与凋敝的乡村并存，城乡差距日益明显，城乡间产业经济发展的不平衡造成了城乡居民生活水平的失衡。

4. 土地城镇化快于人口城镇化

从20世纪90年代以来，我国城市的人均综合占地增加很快，达到了110—130平方米/人，大部分小城镇的人均综合占地指标高达200—300平方米，城市建成区规模快速增长，而人口城镇化的增速相对较低，土地城镇化速度明显快于人口城镇化速度。考虑到产业支撑能力和资源环境承载能力，根据我国基本国情，城镇用地经济密度和区域性国土开发强度及人均用地标准已超过合理的人均综合占地面积，土地使用效率低、浪费严重。

5. 工业化与城镇化不同步，城镇化滞后于工业化

自20世纪50年代中期以后建立的城乡二元分割的社会结构，使城镇化长期处于停滞状态。更有甚者，在较长的一段时间里，实行的是驱赶城市人口下乡安家落户的"反城市化"战略，使我国的城镇化进程远远落

后于其他国家。唐志军(2011)认为,新中国成立后我国的重工业优先发展战略和 20 世纪 60—70 年代的"反城市化"导致城镇化水平的低下。改革开放以后,虽然我国的城镇化进程得以加快,然而在发展理念、政策和制度安排非持续的作用下,我国的城镇化发展也是一波三折,远远落后于工业化的速度。1994 年后,在分税制改革等政策的激励下,地方政府开始成为经济发展的第一推动力,我国的城镇化进程也因为地方政府对发展经济的追求而加快推进,城镇化得以较快发展,但仍然未能实现城镇化与工业化的同步发展。

6. 农民工市民化进展缓慢,身份转换滞后于职业转换

改革开放以来,我国走过了一条以工业化带动经济增长为主的发展道路,在较短时期内迅速实现了向工业化中期阶段的迈进,数以亿计的农村劳动力成为产业工人,实现了职业转换。但在低成本工业化和高成本城镇化的双重制约下,农村劳动力流动呈现"候鸟"型转移模式,农民工身份转换滞后于职业转换,农民家庭迁移滞后于农村劳动力转移。人口城镇化滞后于土地城镇化、居住城镇化滞后于就业城镇化,这给我国城镇化发展中的社会结构调整带来了严峻的挑战。原因在于,虽然农民工已成为我国产业工人的主体,但受城乡分割的户籍制度影响,被统计为城镇常住人口的约 2.6 亿农民工及其随迁家属,未能在教育、就业、医疗、养老、保障性住房等方面享受与城镇居民同等的待遇,也无法长期在城市稳定就业和居住生活。也就是说,这 2.6 亿农民工及其随迁家属处在"人在城市,根在农村"的"半城镇化"状态。

虽然国家在推进新型城镇化的进程中大力推进了农民工市民化,但根据国家统计局的数据,2019 年年末,中国的常住人口城镇化率为60.60%,比上年末提高了 1.02 个百分点,户籍人口城镇化率为 44.38%,比上年末提高了 1.01 个百分点,流动人口 2.36 亿,常住人口和户籍人口的城镇化率的差距仍然高达 16.22%。常住人口的城镇化率远高于户籍人口的城镇化率,说明农民工市民化并不顺畅,身份转换存在多方面的制约。

（三）中国城镇化的效应

2001 年诺贝尔经济学奖获得者美国经济学家约瑟夫·斯蒂格利茨（Joseph Eugene Stiglitz）曾说："中国的城市化将是区域经济增长的'火车头'，同时也将是中国在新世纪里面临的第一大挑战。"经济发展是城镇化发展的内在动力，但城镇化的效应不仅涉及经济发展，而且也带来了政治、社会、文化等多方面的变革。这种变革带来的综合、复杂、全面的社会转型，使一个区域的城镇化产生了复杂的经济、社会和生态效应。这些效应在不同区域的不同表现对区域城镇化战略的选择具有极大的制约作用。

1. 城镇化的经济效应

中国国民经济的高速增长和大规模的工业化推动了城镇化的高速发展。在短短 40 多年间，中国从一个贫穷落后的农业国快速发展成为世界第二大经济体，城镇化功不可没。

（1）城镇化发展对经济的正面效应。

①城镇化的经济增长效应。城镇化对经济增长具有积极的促进作用，是经济增长的有效牵引力，为中国经济增长提供了中长期的增长动力。

②城镇化的居民消费增长效应。城镇化推动居民消费增长的内在传导机制主要体现在城镇化能够催化区域性消费市场。城镇化能通过"集聚效应"和"规模效应"促进消费需求扩张，在经济结构优化和产业结构升级过程中，人口、资本等重要生产要素被高度集中于城镇，促进了区域整体消费需求的加速扩张。

③城镇化的产业结构优化效应。城镇相对于农村牧区是各种生产要素的聚集地，是孕育新行业、新技术工艺和新产品的主要载体。在资源与生态强约束的背景下，创新驱动使产业结构升级，新兴的生态型企业和环保型产品将日趋取代污染型企业和产品。产业结构的升级优化，助推了生产的减物质化，实现了经济与环境的"双赢"。随着经济结构优化以及社会向高级化发展，城镇化的步伐不断加快，各种生产要素从第一产业向第二、第三产业迅速流动和集聚，特别是对第三产业或服务业占比的迅速提升起到了积极促进作用，产业结构不断优化，城镇化与产业发展之间形

成了十分密切的互动关系。

④城镇化的民生改善效应。城镇最重要的一个功能就是集聚,对人口、要素和其他资源等都具有很强的吸附力。城镇本质上是一个消费中心,第三产业是城镇的主要产业形态,随着经济全面转型和产业结构高级化发展,服务业占比将日益增大。三次产业中服务业吸附劳动力的能力最强,是有效转移农村牧区剩余劳动力从而提高农牧区居民收入,达到缩小城乡收入差距、改善居民民生目标的重要载体。

⑤城镇化的公共服务供给效应。公共产品的外部性和"搭便车"等属性决定了市场在该领域很难发挥其配置资源的基础性作用,也即存在市场失灵,因此政府成为公共产品最合适的供给者。城镇政府按照均等化的原则为居民提供公共服务产品,在公共服务产品供给过程中形成了政府、市场、社会的协同互动机制。这些机制有效地提升了公共服务水平,显著地影响了各地区公共服务的提供水平与规模。①

(2)城镇化发展对经济的负面效应。

①城镇化与经济发展失衡带来的失业问题。随着中国经济进入新常态,国民经济增速放缓,产业结构面临着越来越大的调整压力。城镇化发展到较高水平带来的城镇产业结构转型使新增就业岗位数量减少,城镇实际吸纳农牧区转移人口的能力在下降,就业岗位的增加满足不了城镇化的需要,使城镇失业率居高不下,对城镇发展带来了巨大影响。

②城镇化与承载力失衡带来的社会问题。超出经济发展与就业增长能力的过快、过高的城镇化,使城镇基础设施的支撑能力、资源环境的承载能力和城镇管理能力面临着巨大压力,带来了城镇生态环境的恶化、生活质量的下降和城镇治理能力的不足,这样的城镇化有可能带来政治和社会的不稳定,不利于社会和谐。

2. 城镇化的社会效应

中国快速推进的城镇化不仅推动了经济的高速发展,而且大量人口的流动带来了社会结构的变化,促进了中国社会的发展。2011年中国的

---

① 参见赵永平:《城镇化的经济效应:一个文献综述》,《当代经济管理》2017年第6期。

常住人口城镇化率超过50%,达到51.27%,这是中国城镇化的一个标志性的节点,标志着中国社会从农业社会进入了城市社会,完成了从农业社会向城市社会的转型。在这个转型过程中,产生了以下正面的社会效应。①减少了贫困。通过人口合理的转移有效地进行了生态环境保护和建设,实现了经济与生态的良性互动,促进了经济社会的可持续发展。世界环境与发展委员会认为"贫困是生态及其他灾难的根源"。通过推进城镇化,吸引贫困地区劳动力向城镇转移,不仅能让进入城镇的劳动力获得较高的收入,摆脱贫困,客观上也由于生态脆弱区农牧民人口的减少,人地关系得以改善,提高了农牧业生产效率和规模效益,单位面积土地更高的土地收益也使农牧民的收入得以增加,减少了贫困人口。②有效地降低了生育率,提高了人口质量。城镇就业对劳动力素质的重视和对个体工作能力的技术要求,使进入城镇的居民由重视子女数量和性别转变为重视子女质量(对子女进行智力投资)和追求家庭及个人的生活质量,从而带来的城市居民普遍的晚婚少生优育,有力地缓解了人口数量的无序增长对生态环境的压力。③提高了居民的综合素质,强化了社会认同。城镇优质的文化教育体系和高度集聚的社区生活改变了农牧区流动人口的生活方式,强化了居民的命运共同体意识,提高了人们对城市生活的认知,增强了人们对城市生态环境保护的自觉性,促进了从农牧民向市民的转化。④调整了城乡社会关系,弱化了城乡矛盾,促进了城乡一体化的发展。城乡社会发展不平衡不协调,是中国经济社会发展中最为突出的结构性矛盾,城镇化的发展壮大了城市的力量,为城市反哺乡村,缩小城乡差距提供了条件。城镇化增强了乡村自我发展的内生动力,促进了城乡社会的有效沟通,为政府建立健全城乡融合发展体制机制和政策体系,从根本上破解城乡二元结构的制度"瓶颈",全面提升城乡整合发展动能,推进城乡融合发展,实现城乡一体化提供动能。

但没有相应发育完善的城市面对大量农牧区人口的进入,也产生了诸多的负面效应。

(1)城镇化格局变化带来了社会经济空间结构的变化。城镇化非均衡发展拉大了区域经济社会发展的差距,人口快速向东部地区集聚。从西北地区来看,改革开放 40 多年来,西北地区的人口总体上呈现出净流出状态,使西北地区的城镇集聚人口困难,城镇发育不良,尤其是小城镇人口偏少,没有能力成为带动农村牧区发展的区域增长极。

(2)城乡关系的进一步对立。20 世纪 50 年代以来的城乡二元结构,是通过计划经济和户籍制度,最终以产业布局来实现的。由于绝大多数工业和先进产业都集中在大中城市,大中城市聚集了各种稀缺的高端资源,从而使城乡呈现为两种差异巨大的社会,城市对农村具有绝对的优越性,在这种情形下,农牧民极其渴望成为工人或城镇居民。20 世纪 80 年代以来,城市对乡村形成的"虹吸效应",不仅使人口,也使大量的农村资源向城市聚集,带来了城兴乡衰的后果,乡村振兴面临着艰巨的挑战,城市面临着 2.6 亿农民工及其家属的市民化问题。要解决中国城乡问题,关键在于缩小城乡差别,而缩小城乡差别的关键在于调整产业布局。

(3)城乡居民生活压力增大,城乡养老问题突出。城镇化给人们带来便捷的同时,也带来了人口膨胀、生活节奏过快、人际关系改变、环境污染、交通拥挤等问题,人们身心健康面临严峻挑战。城市的"封闭式"环境限制了人们与社会接触的时间和空间,加上流动人口多、深度交往少等因素,使人们的孤独感、不安全感愈加强烈,心理问题日渐凸显。青壮年劳动力大量转移进城,乡村"空心化"进一步加剧,人口结构畸形。老弱病残妇儿成为农村的主要人口,留守儿童、妇女、老人数量庞大,老龄化加速且高于城市,由于社会保障缺失,养老问题日渐突出。

(4)收入差距拉大,社会矛盾集聚。由于城市人口激增,劳动就业、社会保障面临着巨大压力。城镇化发展带来的社会变迁,使相当一部分人由于社会适应能力跟不上社会发展的变化,导致社会适应能力差,人际关系、社会关系失调,加剧了社会关系的紧张。社会贫富差距加大,上升渠道的固化,新贫困阶层的出现和人数的不断增加,造成了部分人群心理的不平衡。庞大的农民工群体不能有效地融入城镇成为市民而带来的城市二元体制产生的社会不公,农民工及其二代"农村回不去,城市留不下"的生存状态带来新的社会矛盾,隐含着新的社会危机。

（5）区域经济社会发展差距日趋扩大带来的社会风险在不断增长。城镇化是社会变迁的重要方式之一，而社会变迁必然会带来社会文化的变化与冲突，由此带来的区域矛盾、民族矛盾也日渐凸显。更为严重的是由于改革过程中权力、市场和社会三种力量的失衡，导致一些部门权力和资本结合而形成的垄断性既得利益集团的出现，影响着一些地方的政策制定和执行，造成的严重社会不公正带来的风险正在加大。

当前我国人口流动的态势已发生根本性的转变，从改革开放初期农村牧区人口单向流入城市并周期性城乡循环流动，转变为定居城镇及城际间多向流动，人口流动的推拉力机制也逐渐从城乡发展差距转变为人们对美好生活的追求。自2014年流动人口总量达到最高值以来，流动人口数量的变动趋势已逐渐趋于平缓，反映出当前总体发展模式下我国城镇化的人口容纳度可能已经进入"瓶颈"期，稳定和融合既有庞大的流动人口群体及进一步拉动城镇化的人口集聚能力和消解能力成为重要的现实问题。①

3.城镇化的生态效应

自然条件和生态环境对于城镇化发展具有重要的基础作用，城镇化的发展对城镇本身和周边区域的生态环境具有非常大的生态增值和胁迫效应。

（1）城镇化的生态增值效应

①释放生态空间。城镇化通过推进城镇建设，科学规划和合理布局，通过合理利用资源、能源和空间，提高社会生产率和经济效益，发挥聚集效应，减少生态脆弱区相对过剩的农牧业人口等，在一定程度上释放了生态空间，减少了资源浪费，缓解了生态压力。

②城镇化带来的城镇治污方式的集中化和现代化，降低了污染的范围和程度。城镇相对集中的企业生产和小区生活及比较齐全的基础设施为集中治理垃圾和废水等污染提供了条件，使城镇的治污能力和效率高于分散的农牧区，城镇的生态保护能力相对好于农牧区。

---

① 李志刚、陈宏胜：《城镇化的社会效应及城镇化中后期的规划应对》，《城市规划》2019年第9期。

（2）城镇化的生态胁迫效应

①快速城镇化带来的污染源增多。1996年以来,大规模快速推进的城镇化成为中国环境污染越来越严重的主要原因之一。沿海地区大中城市规模迅速扩张和低端产品生产技术落后带来的污染呈现出的大面积扩展,引发了突出的环境问题;中西部中小城市由于大规模开发资源和对资源进行加工而成为区域的污染源,毒害更严重的重金属污染通过水流和土地呈现扩展的趋势,对农作物的污染使人们的食物安全性受到威胁。

②面源污染日趋严重。对农村牧区农药、化肥、塑料地膜等广泛使用带来的环境问题的忽视使我国农村牧区环境问题广泛而突出,面源污染日趋严重。近年来,面源污染已超过点源污染,成为威胁饮用水水源的主要原因。相比于城镇点源污染,农业面源污染对生态破坏更为严重而持久,环境污染已经开始从周边环境进入生态系统并进一步浸入食物链开始影响人体健康,污染的区域范围遍及全国主要的人口、产业集聚带和城市群且呈现不断扩大的趋势。越来越严重的面源污染,不仅导致土地生态系统严重退化,生态灾害事件频繁发生,也为人们的食物安全敲响了警钟。

③城镇基础设施供给和城镇化进程不匹配。城市要求大规模的电力、优质的能源和大型的集中水源作为支撑,人均能耗、水耗以及垃圾集中排放量都要比农村大得多。目前,我国大部分城市缺水,大部分饮用水水源受到污染。垃圾围城现象突出,无害化处理率很低。大规模工业化和城镇化使我国北方15个省市区的水资源供应出现了全面紧张,北方地区依赖"开源"解决缺水问题面临着极限的挑战。虽然各级政府在给排水、环保等城市基础设施方面的投资逐年增加,但资源和环境供应保障的缺口并没有相应缩小。这从另一个角度表明,我国城镇化的速度快于城市的自身建设能力。

④生态脆弱区域对都市区和产业人口密集区域发展所造成的影响越来越突出。大城市与周围广大的区域构成了以生态服务和生态补偿为纽带的生态互动关系,产业和城市集聚区域的发展需要城镇基础设施的供应,资源、环境等的适应和匹配以及更大范围内生态服务功能的支撑面

对快速的城镇化。由于城市周边生态脆弱区域生态失衡带来的水源减少、污染,环境恶化等对都市区和产业人口密集区域发展所造成的影响越来越突出,城市缺水、饮用水水源受到污染、垃圾围城、雾霾等现象日渐突出,城市环境污染日益严重、生态服务功能日趋弱化,城镇化的规模受周边生态脆弱区环境承载力变化的制约越来越大。

⑤城市内部的生态问题日益突出。城市作为人工设计、人工建造,体现人类意志的产物,构成了有别于自然生态环境的城市生态系统。在城市生态系统中,人起着重要的支配作用,是整个系统的营造者,他们按照自己的需要从农田生态系统、森林生态系统、草原生态系统、湖泊生态系统、海洋生态系统中人为地输入城市运转所需要的大部分能量和物质。同时,城市中的人类在生产活动和日常生活中所产生的大量废弃物,由于不能完全在本系统内分解和再利用,必须输送到其他生态系统中去。由此可见,城市生态系统对其他生态系统具有很强的依赖性,因而也是非常脆弱的生态系统。[1] 在我们快速的城镇化进程中,大量的人口短期内在城市的高度集聚带来的高密度的城市人口和高强度的人口流动,不仅影响着城市的生态系统,也对其他生态系统的生态产生了很大的负面影响。由于没有很好地解决城市生态系统与其他生态系统的关系,对外部生态系统强烈的依赖性和密集的人流、物流、车流、能源流等带来的交通拥堵、垃圾围城、水源污染、热岛效应、雾霾等不仅影响着人们的生活质量,也使城市生态系统效应面临着不断恶化的趋势。

第二节　新常态与新型城镇化

一、新常态与中国经济发展的趋势

（一）经济新常态
基于对国内外宏观经济形势的正确分析和准确研判,2014 年 5 月 10

---

① 参见杨小波、吴庆书等编著:《城市生态学》,科学出版社 2003 年版,第 47—69 页。

日,习近平总书记在河南考察时指出:"我国发展仍处于重要战略机遇期,我们要增强信心,从当前我国经济发展的阶段性特征出发,适应新常态,保持战略上的平常心态。"[1]首次提出了"新常态"的概念。提出,我们要注重处理好经济社会发展的各类问题,既要防范增长速度滑出底线,又要理性对待高速增长转向中高速增长的新常态;既要强调改善民生工作,又要实事求是地调整一些过度承诺;既要高度关注产能过剩、地方债务、房地产市场、"影子银行"、群体性事件等风险点,又要采取有效措施化解区域性和系统性金融风险,防范局部性问题演变成全局性风险。[2]

习近平总书记提出的"新常态"重大战略判断,深刻揭示了中国当前经济发展阶段的新变化,准确研判了中国未来一段时期的宏观经济形势、充分展现了党中央高瞻远瞩的战略眼光和决策定力。以新常态来判断当前中国经济的特征,并将之上升到战略高度,表明了党中央对当前中国经济增长阶段变化规律的认识更加深刻,正在对中国经济宏观政策的选择、行业企业的转型升级产生方向性、决定性的重大影响。

(二)中国经济发展的趋势

国际经验表明,当发展中国家处在经济起步的发展阶段时,往往致力于追求经济的快速增长,容易忽视技术进步、结构优化,以致出现经济与社会、城乡之间、地区之间、收入分配等结构失衡。随着问题的累积,容易出现经济停滞不前,甚至严重下滑的情形。

从中国国内来看,当前我国进入了增长速度换挡、结构调整阵痛、前期刺激政策消化的三期叠加期。我国经济增长速度从 2012 年开始结束了近 20 年 10% 以上的高速增长,进入了增速换挡期。经济增速逐步趋于平稳(见表9-1),经济总量稳步增加,到 2020 年,国内生产总值(GDP)突破了 100 万亿,达到 101.6 万亿元人民币。

从国际上来看,国际经济格局正在进行深刻调整。目前全球经济增长缓慢,强国重定规则,各国在进行经济结构和发展模式调整,培育新的

---

① 中共中央文献研究室编:《习近平关于全面建成小康社会论述摘编》,中央文献出版社 2016 年版,第 22 页。

② 新华社:《习近平总书记有关新常态论述摘登》,《光明日报》2016 年 3 月 3 日。

经济增长点。因此,提出经济新常态是由经济发展的客观规律所决定的,是加快经济发展方式转变的主动选择,是化解多年来积累的深层次矛盾的必经阶段,是对国际经济格局正在进行深刻调整的准确判断。

表 9-1　2001—2020 年中国 GDP 年度增长率　　　　（单位:%）

年份	GDP 增长率	年份	GDP 增长率
2001	8.34	2011	9.54
2002	9.13	2012	7.86
2003	10.04	2013	7.76
2004	10.11	2014	7.30
2005	11.40	2015	6.90
2006	12.72	2016	6.70
2007	14.23	2017	6.90
2008	9.65	2018	6.60
2009	9.40	2019	6.1
2010	10.64	2020	2.3

资料来源:国家统计局编:《国家统计年鉴 2020》,中国统计出版社 2020 年版,第 56 页。

二、新型城镇化战略的提出与发展方向

(一)新型城镇化战略的提出与要求

1.新型城镇化战略的提出

自 2008 年以来,在应对国际金融经济危机的历程中,城镇化成为中国扩大内需、调整产业结构、转变生产方式的战略重点和重要依托,成为中国保持经济平稳发展的强大内在动力。2012 年 11 月,党的十八大报告提出:"坚持走中国特色新型工业化、信息化、城镇化、农业现代化道路。"[1] 2013 年 11 月召开的党的十八届三中全会指出:当前,我国发展进入新阶段,改革进入攻坚期和深水区。要"完善城镇化健康发展体制机制。坚持走中国特色新型城镇化道路,推进以人为核心的城镇化,推动大

---

[1]　本书编写组:《中国共产党第十八次全国代表大会文件汇编》,人民出版社 2012 年版,第 19 页。

中小城市和小城镇协调发展、产业和城镇融合发展,促进城镇化和新农村建设协调推进。优化城市空间结构和管理格局,增强城市综合承载能力"①。2013 年 12 月召开的中央城镇化工作会议强调,"走中国特色、科学发展的新型城镇化道路"②。2014 年 3 月中共中央、国务院印发的《国家新型城镇化规划(2014—2020 年)》是根据中国共产党第十八次全国代表大会报告、《中共中央关于全面深化改革若干重大问题的决定》、中央城镇化工作会议精神、《中华人民共和国国民经济和社会发展第十二个五年规划纲要》和《全国主体功能区规划》编制的,按照走中国特色新型城镇化道路、全面提高城镇化质量的新要求,明确了未来城镇化的发展路径、主要目标和战略任务,统筹相关领域制度和政策创新,是指导全国新型城镇化健康发展的宏观性、战略性、基础性规划,为推进我国新型城镇化的进程提供了明确的指导。《国家新型城镇化规划(2014—2020 年)》指出:"工业革命以来的经济社会发展史表明,一国要成功实现现代化,在工业化发展的同时,必须注重城镇化发展。"③从党的十八大到中央城镇化工作会议,到《国家新型城镇化规划(2014—2020 年)》的发布,"中国特色新型城镇化道路"的提法逐步成型,内涵逐步丰富。《国家新型城镇化规划(2014—2020 年)》的印发,标志着中国新型城镇化战略的成型。

2. 新型城镇化战略的发展目标

《国家新型城镇化规划(2014—2020 年)》提出了五大发展目标:一是城镇化水平和质量稳步提升;二是城镇化格局更加优化;三是城市发展模式科学合理;四是城市生活和谐宜人;五是城镇化体制机制不断完善。经过 6 年的努力,基本完成了有序推进农业转移人口市民化、优化城镇化布局和形态、提高城市可持续发展能力、推动城乡发展一体化四大战略任

① 本书编写组:《中共中央关于全面深化改革若干重大问题的决定辅导读本》,人民出版社 2013 年版,第 7、23 页。
② 人民日报社论:《积极稳妥引导城镇化健康发展》,《人民日报》2013 年 12 月 15 日。
③ 中共中央、国务院:《国家新型城镇化规划(2014—2020 年)》,《光明日报》2014 年 3 月 17 日。

务。城镇化得以健康有序发展,该规划的目标得到了全面的实现。到2019年年末,中国常住人口城镇化率达到60.60%,户籍人口城镇化率达到44.38%;实现了1亿左右农业转移人口和其他常住人口在城镇落户。"两横三纵"为主体的城镇化战略格局基本形成,城市群集聚经济、人口能力明显增强。城市规模结构更加完善,中心城市辐射带动作用更加突出,中小城市数量增加,小城镇服务功能增强。中西部地区城市群成为推动区域协调发展新的重要增长极。

(二)新型城镇化的发展方向

1. 以人为本、可持续发展

新型城镇化是以科学发展观为指导,以城市群为主体形态,以新型工业化为动力,按照以人为本的原则,以全面、协调、可持续发展为特征,推动城镇现代化、生态城镇化、城乡一体化,全面提升城镇化质量和水平,走城乡统筹、产城互动、集约高效、环境友好、社会和谐、个性鲜明、大中小城市和小城镇协调发展的多元化城镇化道路。新型城镇化的实质是要在经济增长方式上,实现从粗放向集约转型;在发展重心上,从注重经济增长向关注品质提升、社会发展和民生改善转型;在城乡关系上,从城乡分割向城乡一体化、公共服务均等化转型;在空间结构上,从无序开发向有序开发转型。

2. 高质量发展

从我国城镇化发展的现状来看,区域发展对城镇化的作用在逐步加强;城市的产业结构在整体上仍以第二产业为主导;城市中流动人口和暂住人口在迅速增加;城市空间拓展的速度较快,城市用地结构日趋完善,城镇化发展正在从增加数量向提升质量转变。

3. 适应新常态,培育新的经济增长点

从我国经济发展的方向来看,从2002—2011年,年均近10%持续10年的高增长,使我国成为世界第二大经济体。但随着我国国民经济总量等基数的增大,支撑经济发展的人力资源、自然资源以及制度安排、经济政策和国际市场等要素正在发生较大的变化。从劳动力、资本、技术进步等生产要素结构和三次产业结构来看,这些要素都已不足以支撑我国经济保持持续的高速增长。

从国际上来看,在 2008 年国际金融危机影响下,全球经济增长放缓,贸易保护主义抬头,强国力主重定规则,各国在进行经济结构和发展模式调整,培育新的经济增长点,这些变化对中国出口的制约作用日益显现,增速呈现逐级放缓的态势是中国经济发展的必然现象,是一个发生在实体经济层面上的自然过程。因此,习近平总书记指出,"'十三五'时期,我国经济发展的显著特征就是进入新常态","要把适应新常态、把握新常态、引领新常态作为贯穿发展全局和全过程的大逻辑"。①"中国经济呈现新常态,有几个主要特点。一是从高速增长转为中高速增长。二是经济结构不断优化升级,第三产业、消费要求逐步成为主体,城乡区域差距逐步缩小、居民收入占比上升,发展成果惠及更广大民众。三是从要素驱动、投资驱动转向创新驱动。"②

基于新常态的判断,习近平总书记在 2016 年 1 月 16 日亚洲基础设施投资银行开业仪式上的致辞中指出,未来中国经济的发展方向是随着经济从高速增长转为中高速增长,要"按照创新、协调、绿色、开放、共享的发展理念,着力推动创新驱动发展,增强经济发展新动力"③。发展的动力从要素驱动、投资驱动转向创新驱动,推动经济结构不断优化升级,引导第三产业消费需求逐步成为主体,逐步缩小城乡区域差距,居民收入占比上升,发展成果惠及更广大民众。

第三节　新时代中国城镇化思想的发展与丰富

党的十八大以来,习近平总书记高度重视中国新型城镇化的建设问题,坚持中国特色社会主义的基本原则,从当今中国城镇化的实际出发,

---

① 中共中央宣传部:《习近平总书记系列重要讲话读本》,学习出版社、人民出版社 2016 年版,第 141 页。

② 中共中央文献研究室编:《习近平关于社会主义经济建设论述摘编》,中央文献出版社 2017 年版,第 74 页。

③ 《十八大以来重要文献选编》(下),中央文献出版社 2018 年版,第 156 页。

就深入推进新型城镇化建设作出了一系列重要论述,深刻而系统地对中国城镇化问题做了许多重要指示,这些讲话和指示构建的习近平总书记关于新时代中国特色社会主义城镇化问题一系列重要讲话精神,是对改革开放以来中国城镇化建设思想的发展与丰富,成为新常态下中国新型城镇化建设的重要指导思想,为中国新型城镇化发展指明了方向。

一、习近平总书记关于新时代中国特色社会主义城镇化问题系列重要讲话精神的基本内容及其特征

(一)习近平总书记关于新时代中国特色社会主义城镇化问题系列重要讲话精神的基本内容

1. 以人为本的城镇化建设思想

"以人为本",就是突出人在城镇化建设中的本体地位,更多地从人的需求和发展出发,以城镇化建设的实效满足人民群众对幸福生活的追求。城镇化不仅仅是物的城镇化,更重要的是人的城镇化。城镇的发展终究要依靠人、为了人,以人为核心才是城市建设与发展的本质。习近平总书记强调,要"以人为本。推进以人为核心的城镇化……把促进有能力在城镇稳定就业和生活的常住人口有序实现市民化作为首要任务"。[①]社会主义国家的基本属性决定了我们的城镇化建设必须是以人为本的城镇化建设,实现好、维护好、发展好最广大人民的根本利益是党和国家一切工作的出发点和落脚点。新型城镇化建设是我国现代化建设的必然趋势,这既是重大民生工程,也有利于扩大有效投资和消费,促进城乡、区域协调发展。长期存在的城乡二元经济结构,决定了我国由农业主导型国家向工业、商业、服务业等非农业主导型国家的转型,必须要注重人的问题,特别是数以亿计的农民工市民化的问题。只有坚持以人为本的新型城镇化建设才能解决农民工的市民化问题,才能释放出更大的发展潜力,实现产业升级和经济转型。

2. 以民生为本的城镇化发展目标

中国是一个发展中的大国,14亿人口的基本生存和生活状态、基本

---

① 《十八大以来重要文献选编》(上),中央文献出版社2014年版,第592页。

发展机会、基本发展能力和基本权益保护的状况决定着社会的稳定和社会的和谐发展。习近平总书记特别强调,"增进民生福祉是发展的根本目的。必须多谋民生之利、多解民生之忧,在发展中补齐民生短板、促进社会公平正义"。① 2017年10月25日,习近平总书记在十九届中共中央政治局常委同中外记者见面时的讲话中明确指出,"我们要牢记人民对美好生活的向往就是我们的奋斗目标,坚持以人民为中心的发展思想,努力抓好保障和改善民生各项工作,不断增强人民的获得感、幸福感、安全感,不断推进全体人民共同富裕"。② "人民对美好生活的向往,就是我们的奋斗目标。"③

3. 健康可持续发展的城镇化发展道路

党的十八届五中全会强调,要全面推动城乡协调发展,城镇化是走向现代化的必由之路。新型城镇化道路就是要改变传统发展思维模式,以因地制宜、以人为本、城乡协调、统筹兼顾、绿色发展等作为工作理念,帮助农民工融入城市、城市带动农村,推进第一、第二、第三产业协同发展,加强各级领导干部的全局意识,努力推动城乡共同繁荣。习近平总书记强调:"要按照人口资源环境相均衡、经济社会生态效益相统一的原则,整体谋划国土空间开发,科学布局生产空间、生活空间、生态空间,给自然留下更多修复空间……要牢固树立生态红线的观念。在生态环境保护问题上,就是要不能越雷池一步,否则就应该受到惩罚。"④

(二)习近平总书记关于新时代中国特色社会主义城镇化问题系列重要讲话精神的基本特征

从上述论述可见,新时代中国城镇化的指导思想就是习近平总书记关于新时代中国特色社会主义城镇化问题的一系列重要讲话精神,是习近平新时代中国特色社会主义经济思想体系的一个重要组成部分,是具

---

① 习近平:《决胜全面建成小康社会 夺取新时代中国特色社会主义伟大胜利——在中国共产党第十九次全国代表大会上的讲话》,人民出版社2017年版,第23页。

② 《习近平谈治国理政》第三卷,外文出版社2020年版,第66页。

③ 《习近平谈治国理政》,外文出版社2014年版,第4页。

④ 《习近平谈治国理政》,外文出版社2014年版,第209页。

有很强的针对性、指导性和战略性的指导思想,具有如下的鲜明特征。

1. 理论与实践的统一

习近平总书记关于新时代中国特色社会主义城镇化问题的一系列重要讲话精神是习近平总书记在改革开放中立足于我国城镇化的实践,对实际工作经验的理性总结和提炼,是把实践经验上升为系统化的理性思考,是对中国新型城镇化新问题、新特点、新规律的揭示,对推进中国新型城镇化和小城镇建设具有现实针对性和切实的指导性。

2. 经济与政治的统一

站在全球的高度立足国际政治风云的变化考虑经济问题,是习近平新时代中国特色社会主义经济思想的最大特点。进入 21 世纪以来,以信息技术为先导的新技术革命和经济全球化进程日益改变着社会经济运行的基础,世界经济正朝着区域化、集团化方向发展。与之相适应,经济活动的空间组织形态也趋向于城镇与区域一体化,城镇区域化与区域城镇化已成为区域发展的全球性主导趋势。2008 年国际金融危机爆发以来,中国经济发展面临的外部环境和内部条件发生了很大变化。世界经济持续低迷,贸易保护主义明显抬头,发达经济体推行的量化宽松货币政策,对中国经济发展带来了巨大冲击。城镇化作为区域经济社会发展的主要驱动力,选择什么样的城镇化发展道路,成为决定一个国家或区域的发展方向和现代化与可持续发展战略目标能否实现的关键因素。习近平总书记关于新时代中国特色社会主义城镇化问题的一系列重要讲话不仅是对中国城镇化建设中成败得失思考的结果,更是站在当今中国政治大局和国际斗争战略全局的高度,对世界局势进行研判和考量的结果。

3. 人与自然的统一

人类依赖于自然界,不能脱离自然界,我们的衣、食、住、行中的任何一样需求,如果离开了自然界,都是无法进行的,没有这些方面的满足,人的幸福则无从谈起。良好的生态环境是人民群众幸福生活的自然根基,追求蓝天、白云、青山、绿水以及绿色有机食品等生态生活已经成为当下事关中国人民幸福的大事。在中央城镇化工作会议上,习近平总书记指出:"粗放扩张、人地失衡、举债度日、破坏环境的老路不能再走了,也走不通。在这样一个十分关键的路口,必须走出一条新型城镇化道路。"①习近平总书记反复强调要破除经济发展与环境保护是有你没我的对立思维与行为,认为只要把经济发展与环境保护之间的关系把握好、处理好,就可以在保护好环境的基础上实现经济的发展,并形象地把两者比喻成"绿水青山"和"金山银山"。"我们既要绿水青山,也要金山银山。宁要绿水青山,不要金山银山,而且绿水青山就是金山银山。"②要坚持"绿水青山就是金山银山",合理确定城镇建设规模,完善生态功能,突出"科技、生态、宜居、智能"发展方向,创造优良人居环境,构建蓝绿交织、清新明亮、水城共融、多组团集约紧凑发展的生态城市。习近平总书记的这一重要论述,从辩证法的角度把生态环境保护和加快经济发展统一了起来,深刻体现了尊重自然、以人为本的价值理念,具有很强的现实指导意义。

二、以习近平总书记关于新时代中国特色社会主义城镇化问题系列重要讲话精神为指引,推进新型城镇化建设

习近平总书记关于新时代中国特色社会主义城镇化问题的一系列重要讲话以"以人为本"为核心理念,以民生、爱民、可持续发展为基本内容,在推进我国新型城镇化进程中,认真学习和运用习近平总书记关于新时代中国特色社会主义城镇化问题的一系列重要讲话精神,是推进西北地区新型城镇化和小城镇建设的重要前提。

(一)树立以人为本的意识,尊重人的选择,有序推进农村转移人口市民化

2013 年 12 月 12 日,习近平总书记在中央城镇化工作会议上的讲话中指出:"解决好人的问题是推进新型城镇化的关键,城镇化最基本的趋势是农村富余劳动力和农村人口向城镇转移。从目前我国城镇化发展要求来看,主要任务是解决已经转移到城镇就业的农业转移人口落户问

---

① 中共中央宣传部:《习近平总书记系列重要讲话读本》,学习出版社、人民出版社 2016 年版,第 161 页。

② 中共中央宣传部:《习近平总书记系列重要讲话读本》,学习出版社、人民出版社 2016 年版,第 230 页。

题，……如果几亿城镇常住人口长期处于不稳定状态，不仅他们潜在的消费需求难以释放，城乡双重占地问题很难解决，而且还会带来大量社会矛盾和风险。"①城镇化是农村人口向城镇集聚的过程，要充分认识、尊重、顺应城市发展规律，健全促进农牧业转移人口市民化的体制机制，实现城市人口与资源环境协调发展，改变重物轻人的城镇化思维。在推进农民工市民化进程中要着力提升其就业能力和综合素质。

（二）树立民生为本的意识，破除制度障碍，同城同权，保障农村转移人口的权利

历史上形成的城乡二元户籍管理制度承载了太多的社会福利和社会管理功能，使农民不仅成为一种职业，而且成为一种身份，不仅限制了农民的流动自由，而且使农民难以享受与城镇居民同等的社会待遇。2014年6月6日，习近平总书记在中央全面深化改革领导小组第三次会议的讲话中着重指出，要"尊重城乡居民自主定居意愿"，"合理引导农业转移人口落户城镇的预期和选择"。② 建立城乡统一的户籍管理制度，让已经在城镇稳定就业和居住的农民变成市民，把附着在户口上的社会利益落在实处，在就业、医疗、教育、养老等方面给予他们与城镇居民同等的待遇，实现城乡社会保障制度有效对接，特别是实现新农合与城镇居民医疗保险、新农保与城镇居民养老保险制度的对接，建立城乡居民统一的医疗保险制度和养老保险制度。

（三）树立全面发展的意识，以城带乡，为乡村振兴创造条件

1. 以稳步推进新型城镇化带动社会全面发展

2012年12月12日，在中央城镇化工作会议上，习近平总书记指出，"城镇化是一个自然历史过程，是我国发展必然要遇到的经济社会发展过程。……必须从我国社会主义初级阶段基本国情出发，遵循规律，因势利导，使之成为一个顺势而为、水到渠成的发展过程。"③"推进以人为核

---

① 中共中央文献研究室编：《十八大以来重要文献选编》（上），中央文献出版社2014年版，第593页。

② 《十八大以来重要文献选编》，中央文献出版社2016年版，第28—29页。

③ 《十八大以来重要文献选编》（上），中央文献出版社2014年版，第590—591页。

心的新型城镇化,要提高城镇建设用地利用效率,按照促进生产空间集约高效、生活空间宜居适度、生态空间山清水秀的总体要求,形成生产、生活、生态空间的合理结构。提高城镇建设水平,体现尊重自然、顺其自然、天人合一的理念,让城市融入大自然,让居民望得见山、看得见水、记得住乡愁;保护和弘扬传统优秀文化,延续城市历史文脉,努力把城市建设成为人与人、人与自然和谐共处的美丽家园。"①推进新型城镇化建设的根本目的是推动城乡协调发展,促进城乡共同繁荣。新型城镇化一方面是人的城镇化,让城镇中的农牧业转移人口真正成为市民,或者通过大力发展小城镇,实现农牧业转移人口的就地市民化;另一方面,城镇化的结果是城乡产业融合化,实现城镇化与农牧业现代化同步发展。习近平总书记在 2005 年 1 月 12 日所写的《务必统筹城乡兴"三农"》一文中指出,"工业化、城市化、市场化,是推动'三农'发展和现代化建设的强大动力,农业劳动生产率和综合生产能力的不断提高,是工业化、城市化水平不断提升的必要条件。只有农村人口和农村劳动力不断有序转入城市与第二、第三产业,工业和城市的发展才会有持续的动力,才会充满生机活力。"②由此可见,城镇化是乡村振兴的前提,乡村振兴是城镇化发展的必然条件,而农村人口的有序流动是推动工业化和城镇化的持续动力。

2. 以小城镇建设为抓手,带动乡村振兴

带动乡村发展是我国城镇化的重要任务。党的十九大以来,以城市群为中心的区域协调发展战略和以"三农"问题为核心的乡村振兴战略,被提到空前的高度和更加重要的位置。城市群要解决的基本矛盾,是区域内大中小城市日益突出的不协调不均衡问题,乡村振兴的一个主要目标是"建立健全城乡融合发展体制机制和政策体系",而小城镇作为城市体系的最低层级,是农村地区与城市交流联系的通道,建设好这个城乡枢纽,可以实现以城带乡,城乡共同发展,实现城乡一体化。

习近平总书记指出,"推进城乡一体化要坚持从国情出发,从我国城

---

① 中共中央宣传部:《习近平总书记系列重要讲话读本》,学习出版社、人民出版社 2016 年版,第 162 页。

② 习近平:《之江新语》,浙江人民出版社 2007 年版,第 103 页。

乡发展不平衡不协调和二元结构的现实出发,从我国的自然资源禀赋、历史文化传统、制度体制出发,既要遵循普遍规律,又不能墨守成规;既要借鉴国际先进经验,又不能照抄照搬"。①小城镇的自然条件决定了自然地貌和传统空间格局,而小城镇独特的文化传统则决定了小城镇独特的发展路径和产业构成。我们必须要把自然环境保护、人文活化传承和产业创新结合起来,作为特色小城镇建设的重点,以之为支点,与产业规划、政府体制机制改革等结合起来,进而发展出一个个有实力"有内涵"有风格的特色小城镇来,以小城镇为依托,实现农牧业人口的就地就近城镇化,进而带动乡村实现振兴。

城镇化是现代化的必由之路,既是经济发展的结果,又是经济发展的动力。"当今中国,城镇化与工业化、信息化和农业现代化同步发展,是现代化建设的核心内容,彼此相辅相成。工业化处于主导地位,是发展的动力;农业现代化是重要基础,是发展的根基;信息化具有后发优势,为发展注入新的活力;城镇化是载体和平台,承载工业化和信息化发展空间,带动农业现代化加快发展,发挥着不可替代的融合作用。"②面向未来,"城镇化是我国现代化建设的历史任务,也是扩大内需的最大潜力所在","未来几十年最大的发展潜力在城镇化"。③习近平总书记关于新时代中国特色社会主义城镇化问题的一系列重要讲话精神必将指引中国新型城镇化建设快速推进,不断深入。

第四节　西北地区推进小城镇发展的战略选择

西北地区生态环境普遍脆弱,生态保护能力低下,局部虽有所改善,但总体仍在恶化,面临着一系列严重的生态破坏及退化问题,而且城市环

---

① 中共中央文献研究室编:《习近平关于社会主义经济建设论述摘编》,中央文献出版社2017年版,第188页。

② 中共中央、国务院:《国家新型城镇化规划(2014—2020年)》,《光明日报》2014年3月17日。

③ 赵鹏飞:《中央经济工作会议解读:城镇化是扩大内需最大潜力》,《人民日报(海外版)》2012年12月18日。

境问题突出,污染治理水平较差,整体可持续发展能力低下。从国家的发展战略和目标的角度分析,城镇化不仅是西北地区提高资源优化配置程度、人口集聚程度以及改善基础设施条件的过程,而且也是培育新的经济增长点、有效提高区域人均收入、解决就业问题、实现"退耕还林还草"目标推进"生态移民"和调整产业结构的过程。目前,西北地区在以水资源为核心的生态问题日益严重的背景下,以习近平总书记关于新时代中国特色社会主义城镇化问题一系列重要讲话精神为指导,将西北地区小城镇发展置于可持续发展框架内,探求基于区域生态承载力的西北生态型城镇化发展战略问题不仅具有理论意义,更具有实践意义,不仅是实施西部大开发战略、"丝绸之路"经济带战略、乡村振兴战略和大力发展小城镇的迫切需求,也是西北地区实现可持续发展的要求,更是确保国家生态安全、经济安全的需要。

一、生态保护与《全国主体功能区规划》

(一)生态环境是制约西北城镇化发展的核心要素

由于发展历史、经济区位和自然条件的差异,未来经济增长和进一步城镇化的重点区域,必然是气候、地形及水土资源条件比较适宜和优越的区域。这些区域主要是沿海地带和中西部地带生态环境较好的平原和盆地,其在现代化支撑体系保障下,可以建成"高效率、节约型、现代化"的发展空间。在经济全球化和信息化迅速发展的今天,沿海地区经济面向国际化的大规模发展,进一步强化了发展优势,经济地位进一步提升。而西北地区大多是生态脆弱的区域,有些是水土资源严重缺乏的区域,很难普遍实施大规模的工业化和城镇化。而且,由于生态环境的普遍恶化,西北地区在全国的生态地位随着国家经济的发展进一步得到彰显,"确保一江清水向东流",成为西部地区的重要责任。因此,西北地区在自然环境和国家责任的双重约束下,其城镇化的重点应是在确保保护好生态的前提下,在生态环境相对较好的、适合人类生活的区域大力发展对生态环境影响小、生态能承载的小城镇是符合国家要求和客观实际的战略选择。

（二）《全国主体功能区规划》对西北地区的定位

经过对全国陆地国土空间土地资源、水资源、环境容量、生态系统脆弱性、生态系统重要性、自然灾害危险性、人口集聚度以及经济发展水平和交通优势度等因素的综合评价，基于中国国土空间东、中、西部三大阶梯的地理划分和各自在中国经济发展中的地位，从工业化、城镇化发展角度，根据不同区域的资源环境承载能力、现有开发强度和发展潜力，国务院于 2010 年 12 月 21 日制定和颁布了《全国主体功能区规划》，推进形成主体功能区。其目的在于根据不同区域的资源环境承载能力、现有开发强度和发展潜力，打破行政区划界限，制定实施更有针对性的区域政策和绩效考核评价体系，加强和改善区域调控，推进经济结构战略性调整，加快转变经济发展方式，按照以人为本的理念推进区域协调发展，缩小地区间基本公共服务和人民生活水平的差距，引导人口分布、经济布局与资源环境承载能力相适应，促进人口、经济、资源环境的空间均衡，从源头上扭转生态环境恶化趋势，促进资源节约和环境保护，应对和减缓气候变化，实现可持续发展，成为我国国土空间开发的战略性、基础性和约束性规划。《全国主体功能区规划》的颁布对推进形成人口、经济和资源环境相协调的国土空间开发格局，加快转变经济发展方式，促进经济长期平稳较快发展和社会和谐稳定，实现社会主义现代化建设长远目标，具有非常重要的战略意义。西北地区作为生态脆弱区，资源环境承载能力弱，大部分地区处于限制和禁止开发区，在生态和资源环境可承受的范围内，在点状分布的城镇格局下，对新型城镇化的推进带来了一定的挑战。

二、西北地区的特殊性与生态型城镇化的战略构想

（一）生态型城镇化是西北地区推进新型城镇化发展战略的必然选择

1.《全国主体功能区规划》的要求

《全国主体功能区规划》依据资源环境承载能力进行开发的理念，按开发方式、开发内容和层级从区域分工的角度对国土进行了功能划分。规划特别强调指出："本规划的优化开发、重点开发、限制开发、禁止开发

中的'开发',特指大规模高强度的工业化、城镇化开发。"西北地区大部分土地处于《全国主体功能区规划》规定的限制和禁止开发区,不能进行高强度的工业化和城镇化开发,只能走绿色、生态发展之路。

2. 自身地理环境的制约

从西北地区的地理环境来看,人们普遍认为,西北地区的最大功能不在于经济功能,而在于其显要的生态保障功能、生态服务价值和其无可替代的生态安全地位。西北地区海拔高,气候条件以高寒、干旱为主,多大风、雷暴和冰雹;水资源供需紧张,水资源开发利用程度达到了48%,水体污染、水生态环境恶化问题突出。西北地区的生态系统十分脆弱,生态脆弱区域面积广大,脆弱因素复杂。土壤年轻,土层瘠薄,植被生长缓慢,森林覆盖率低。恶劣的自然条件和脆弱的生态系统决定了西北大部分地区不利于人口的聚集和城镇的形成,大规模高强度的工业化、城镇化开发只能在适宜开发的有限区域集中展开。再加上这里人口规模小、密度低、分布分散,西北地区不适宜走以增加城镇数量为重点的外延型城镇化道路,只能走提升质量的集约型城镇化之路。

3. 保证国家生态安全是西北城镇化发展的前提条件

生态环境不仅构成西北地区经济发展的自然基础,影响本区域社会发展和居民生活质量,而且也导致了毗邻地区乃至更广大范围生态环境的变化,影响这些地区的社会发展及居民的生活质量,关乎着全球生态环境和人类的生存质量。因此,对西北地区城镇化发展战略的选择,必须超越西北地区局部的经济利益,要从国家生态安全和影响全球生态变化的战略高度,认识和考虑西北地区区域城镇化、经济发展与生态环境的关系。

(二)生态型城镇化的含义及发展目标

1. 生态型城镇化的含义

生态型社会是后工业化时代人类追求的美好生活方式,是真正实现人与自然和谐的可持续发展道路。我国的生态脆弱区要实现脱贫和全面建成小康社会的战略目标,必须走跨越式发展道路。如何越过以牺牲生态环境为代价的资源型工业化发展阶段,在生态约束背景下实现西北地区经济、社会和生态的和谐发展,采用绿色、低碳、环保、集约的城镇化发展方式,把生态文明理念和原则全面融入城镇化全过程,走绿色低碳生态型城镇化道路是最佳的战略选择。

2. 生态型城镇化思想的提出与发展

在学术界,将城镇化与生态环境相结合进行研究的是城镇化发展理论中的生态学派理论。生态学派理论强调人与自然、人与生态环境的协调,这些思想与观点主要源于霍华德(E.Howard)提出的田园城市理论、派克(R.E.Park)等提出的芝加哥古典人类生态学理论、依利尔·沙里宁(E.Sarinen)提出的有机疏散理论等。他们中有部分学者运用了生态学中的竞争、淘汰、演替和优势理论解释了城镇的形成、发展与演化历程,另一些生态学派学者则运用美国生态学家福曼(Forman)和法国生态学家戈德罗恩(Godron)提出的生态区空间结构的基质(Matrix)、斑块(Patch)和廊道(Corridor)理论①,解释了城镇间的相互作用关系及城镇与环境之间的互动关系,甚至还对城镇—城镇、城镇—区域的物质流、能量流、信息流等的流量和流向进行了定量分析。这些理论对揭示生态脆弱区的城镇化在生态背景下的发展规律有一定的启示。

20世纪80年代以后产生并盛行的新城市主义(New Urbanism)对当代城镇化及城市规划理论有深远的影响,尤其对人类活动受到生态约束的生态脆弱区的城镇化更具有重要的现实指导意义。具有丰富思想内涵的新城市主义的一个重要的方面即生态学思想及理念,将生态学思想运用到城镇研究主要有两个切入点,一是研究城镇如何与生态环境和谐发展,二是将生态学理论用于城市设计使其空间结构和景观形式符合生态学原理的要求。前者对研究生态脆弱区的城镇化更具有实践意义。

新城市主义的重要人物安德雷斯·杜安尼(Andres Duany)和伊丽莎白·普拉特(Elizabeth Plateer)夫妇(简称DPZ)在城镇化过程中所倡导的生态学思想中提出了有边界的城市发展模式——城市发展的生态极限问题。新城市主义者认为,限定城市规模最重要的因素是自然生态环境,

---

① Forman R.T.T, *Godron*, *Lanscape Ecology*, New York: John Wiley and Sons, 1986.

他们主张城镇的发展要有一定的边界,这一边界是由自然环境容量所决定的,人们不能模糊和消除这一边界的存在。为了阻止城镇的无序蔓延,应在大城市外围建设卫星城镇,并应同时确定中心城市的边界和确定地区的绿色边界,城市的生长应以不破坏重要的不可再生的自然资源为原则。除了 DPZ 外,比特利(T.Beatly,1995)也认为,生态城市发展存在生态极限;生态城市运动创始人里查德·雷吉斯特(Richard Register,1987)认为,城市人的活动必须限制在一定的生态极限之内。通过发展生态城市,人类能够摆脱目前的城市发展模式——浪费的、生态上不健康的城市蔓延。在城市生态系统及城市—区域生态系统中,影响其结构、功能行为的因素很多,但往往是处于临界量的生态因子对系统功能的发挥具有最大的影响力,有效地改善并提高其量值,会大大地增强城市生态系统及城市—区域生态系统的功能与产出。生态学和地理学的观点都认为地表系统的结构是十分复杂的,地球表层不可能存在两处完全相同的地表区域,地方性是生态环境的本质特征。新城市主义者认为,在既考虑城镇与生态环境的和谐,又考虑城镇的内部设计与环境协调的前提下,不同区域的城镇应有不同的特色和个性。

自 20 世纪 80 年代以来,无论是在生态脆弱区还是非生态脆弱区,城镇发展的生态化倾向得到了不断张扬,各国和地区都在积极谋求重建和谐的人居空间,并取得了一些成功的典范。国际上迅速发展的生态城市(Ecocity,Ecological City,Ecopolis,Ecov-ille)理论认为,城市发展存在生态极限。① 第二届和第三届生态城市国际会议都通过了国际生态城市重建计划(The International Ecological City Rebuilding Program),该计划得到了各国生态城市建设者的一致赞成。

3. 生态城市建设的原则与山水城市

生态脆弱区的理想化发展模式是生态城市。1984 年雷吉斯特(Richard Register)提出了建立生态城市的四点原则:(1)以相对较小的城

---

① Beatley T., "Planning and Sustainability: The Elements of a New(Improved)Paradigm", *Journal Planning Literature*, Vol.9, No.4, 1995, pp.383–395.

市规模建立高质量的城市。无论城市规模多大,生态城市的资源消耗和废弃物总量应大大小于目前城市和农村的水平。(2)就近出行(Access By proximity)。如果足够多的土地利用类型都彼此邻近,基本生活出行就能实现就近出行。(3)小规模地集中化。从生态城市的角度看,城市、小城镇,甚至村庄在物质环境上应该更加集中,根据参与社区生活和政治生活的需要,在地域上适当分散。(4)物种多样性有益于健康。在城市、农村和自然的生态区域,多样性都是有益于健康的。这说明建立在混合土地利用理念上的城市是正确的方向。在具体确定生态脆弱区的城镇化规模和空间布局优化方案时,必须解决的一个问题是合理确定区域的生态承载力。① 1992年加拿大不列颠哥伦比亚大学社区与区域规划系教授威廉·里斯(William Rees)在研究区域社会经济的可持续发展问题时,首先提出了生态痕迹(Ecological Footprint)概念,这一概念及其分析方法对生态脆弱区的城镇化研究具有重要的参考价值。生态痕迹分析方法基于两个假设:其一,能够计算出人类消费的大多数资源和人类产生的大多数废弃物;其二,这些资源和废弃物能够被转换成产生这些资源和同化这些废弃物的生产性土地面积。具有这种功能的生产性土地面积就是人类的"生态痕迹"。② 生态痕迹的计算为确定一定生态脆弱区内在不考虑生态移民的情况下所必需的最低城镇化规模提供了依据,同时为城镇自身的生态"寄生性"大小(著名生态学家奥德姆把城市称为"生物圈唯一的寄生虫")③以及城乡关系等提供了定量方法,生态痕迹量化了城市对生态系统寄主的依赖性。运用生态痕迹的分析方法,也可以通过对比计算自然村落状态下与城镇积聚状态下的不同生态痕迹,从而确定生态脆弱区的集中与分散策略,并可进一步确定积聚的合理规模。在国内有关生态脆弱区城镇化的实践主要集中在城市规划界,大致可以分为两条主线。

---

① 黄肇义、杨东援:《国内外生态城市理论研究综述》,《城市规划》2001年第1期。

② 黄肇义、杨东援:《测度生态可持续发展的生态痕迹分析方法》,《城市规划》2001年第11期。

③ Costanza R.,"The Dynamics of the Ecological Footprint Concept",*Ecological Economics*,Vol.32,No.3,2000,pp.341-345.

一是在城镇体系规划中如何通过对"三结构一网络"的合理规划,以实现在较大区域范围内的经济、生态、社会和城镇化的协调发展,以"城市地区理论"为指导处理城乡协调发展问题。[①] 毛刚、樊晟(2002)在对西南高海拔山区的城镇化研究时认为具有生态脆弱性的山区的城镇化发展应采取集中在"中心地"发展的区域低密度城镇化模式,具体要形成"大分散、小集合"的树枝状网络空间结构,少而精、分步骤的城镇发展策略。周复多在《中国城市化道路的必然选择——可持续发展》一文中提出,应保持适宜的城市化速度和城市化的有序性,衡量城市发展与城市化水平不仅要有经济指标,还要有社会指标,要保护和发展城市—区域良好的生态环境,走可持续发展的城市化道路的关键是提高人的素质。吴未等(2000)认为,城市是人类生存和生活的物质载体,为了创造城市可持续发展环境,应转变传统规划思想,承认城市规模极限的存在,实现从"功能规划"到"效能规划"的转变等。南京大学城市规划设计研究院顾朝林(2001、2002)主持的《闽西生态脆弱区内三明和龙岩城镇体系规划》充分体现了构建生态型城镇体系的规划理念,从产业结构调整到空间结构优化都以生态胁迫和经济社会发展作为矛盾统一体加以协调规划。二是从城市本身的景观设计、建筑和空间规划等方面充分贯彻生态思想,以实现城市内部的生态化。以钱学森为代表的中国生态学派认为:"山水城市是 21 世纪的城市。"于 20 世纪 90 年代中期提出了"山水城市"园林艺术、"城市山水"绘画艺术、环境艺术、建筑艺术及至城市艺术,并提出发扬光大祖国的传统园林艺术,把一个个现代化城市建成一座座大园林。[②]

4. 生态型新型城镇化战略的目标

针对西北地区特殊自然生态环境和经济社会发展状况,我们根据以上理论提出的生态型城镇化概念,强调了生态脆弱区域城镇化战略的选择不仅要担负起国家和区域经济社会发展极的作用,同时还必须符合可

---

① 吴良镛:《城市地区理论与中国沿海城市密集地区发展研究》,中国城市规划学会 2002 年年会报告。

② 参见鲍世行、顾孟潮:《杰出科学家钱学森论城市学与山水城市、山水城市与建筑科学》,中国建筑工业出版社 1999 年版,第 138—139 页。

持续发展的基本要求,以城镇化带动人口、资源、环境和发展的良性互动。选择的关键是使生态和环境的保护和改善成为城镇化过程所关注和追求的重要目标,并通过城镇化的加快促进区域的持续发展;同时还应当有助于区域人口质量的提高和人口布局的合理化,有助于各类资源的利用和保护,有助于自然生态环境的保护和改善,有助于促进区域经济社会的长期可持续发展。因此,作为一种经济社会发展模式,生态型新型城镇化战略正是以建设环境友好型城镇为目标,强调通过强化大城市功能、扩大中等城市数量、完善小城镇功能来促进城镇化发展,并以城镇化为契机,通过人口转移,减轻人口对生态脆弱区域的压力,走可持续发展的城镇化道路,是可持续发展要求在推进新型城镇化进程中的实践路径之一。

(三)西北地区生态型城镇化发展战略构想

在推进新型城镇化进程中,把握城镇化质与量的对比关系是非常重要的。2013 年 12 月 12 日,习近平总书记在中央城镇化工作会议的讲话中指出:"城镇化是涉及全国的大范围社会进程,一开始就要制定并坚持好正确原则,一旦走偏,要纠正起来就很难了。……基本原则,我看主要是四条。一是以人为本。推进以人为核心的城镇化,提高城镇人口素质和居民生活质量,把促进有能力在城镇稳定就业和生活的常住人口有序实现市民化作为首要任务。二是优化布局。根据资源承载能力构建科学合理的城镇化宏观布局,把城市群作为主体形态,促进大中小城市和小城镇合理分工、功能互补、协同发展。三是生态文明。着力推进绿色发展、循环发展,低碳发展,尽可能减少对自然的干扰和损害。节约集约利用土地、水、能源等资源。四是传承文化。发展有历史记忆、地域特色、民族特点的美丽城镇,不能千城一面,万楼一貌。"[1]一般而言,在城镇化初期主要表现为数量的增加,而当城镇化提高到一定水平以后,人们开始重视城镇化质量。城镇化的质量一般体现在两个方面:一是城市的发展质量,即城市的现代化水平;二是区域的发展水平,即城乡一体化的状态。[2] 鉴于

---

[1]　《十八大以来重要文献选编》(上),中央文献出版社 2014 年版,第 592 页。

[2]　叶裕民:《中国城市化之路——经济支持与制度创新》,中国商务出版社 2001 年版,第206 页。

西北地区脆弱的生态环境以及有限的生态承载力,西北地区不可能采取类似于东部地区的城镇化模式和城镇格局,城镇化战略的选择必须充分考虑生态承载力及其资源供给的有限性。赵雪雁、张志良在《人民日报》撰文指出:面对日趋严峻的生态压力,尤其是水资源供需矛盾,未来的城市发展应在原有基础上更加重视水资源与生态环境的约束,强化水资源承载力对城镇化的核心驱动作用,以水资源承载力为基础,选择生态经济型城镇化战略,寻求最佳状态的城市规模扩张模式和可持续性的城市网络发展模式,走生态经济型的城镇化道路。[①] 然而城市又是由市而生,市场机制是城镇化的内生机制。因此,西北地区的城镇化战略必须要在生态承载力与市场机制的双重导控下,以提高城镇化质量为核心,以带动区域全面发展为目标,以保护生态为前提,实现经济社会的全面发展。

多核分散型空间理论认为,在一个区域内以多个中小城镇为基本结构,依托发达的交通网络将它们有机地结合起来,组成大、中、小城镇体系,让各个城镇发挥各自的作用,共同发展,可以形成城镇布局合理、城镇体系比较健全的城镇发展模式,从而可以避免大城市的高度膨胀和乡村的衰落。生态型新型城镇化战略的基本思路是从西北地区在《全国主体功能区规划》中的总体定位出发,结合区域发展的需要,将这块占全国1/4土地面积的高原地区开辟为中华民族生态安全保障区和中国生态经济区,并以城镇化为切入点,促进这一构想的实施。为此,西北地区新型城镇化模式的战略构想可概括为以下内容:以政府主导、自上而下、以强化大城市核心带动能力、扩大中等城市数量、完善小城镇功能的"抓大扩中完小"的生态型新型城镇化战略引领西北地区全面发展,把生态文明理念和原则全面融入城镇化全过程,走集约、智能、绿色、低碳的新型城镇化道路。

1. 西北地区新型城镇化发展的战略构想

从西部大开发战略的视角来看,城镇化不仅是西北地区提高人口集聚程度、优化产业结构、优化资源配置以及改善基础设施条件的过程,同

---

① 赵雪雁、张志良:《建设生态经济型城市》,《人民日报》2003 年 8 月 28 日。

时也是培育新的经济增长点、有效提高区域人均收入、解决就业问题及其保障国家生态安全的过程。从城镇化的进程来看,西北地区正处在城镇化加速发展时期,在新的机遇和起点上要推进西北地区的科学发展,引领西北地区的建设,必须加强新型城镇化、新型工业化、农业现代化和信息化的良性互动,走一条新型城镇化引领区域经济社会转型发展的新路。

从《西部大开发"十三五"规划》的要求和从西北地区区域特殊性出发,我们认为,以新型城镇化引领西北地区经济社会的发展,首先要"抓大"。即要进一步抓好做强以西安市、兰州市、银川市、乌鲁木齐市和西宁市为核心的省会大城市和城市群,通过强化省会大城市和以省会城市为核心的城市群建设,来引导人口和资源向大城市集聚,以大城市的集聚效应促进西北地区产业结构的调整,实现新型城镇化和新型工业化的良性互动。

着力发展大城市(城市群)是因为西北地区与东部沿海地区有显著不同的特点:东部地区人多地少,人口密度大,城市密集,水资源相对丰富,生态环境相对较好,基础设施和城镇化水平较高,像江浙、潮汕、珠江三角洲地区的村庄集镇都已建设得如同现代化小城市,生活居住水平甚至超过了一般城市居民,民营经济相当发达,吸纳人口的能力很强,每年都要吸收大量外地农民去打工,这些地区有条件以现有城镇为基础,大中小城市协调发展,甚至以发展中小城市为主。而西北地区与此相反,人口稀少、地域广大,欠发达的经济和恶劣的生态环境制约下的现实使西北地区不可能建立密集的城市带,也不可能实现大中小城市和小城镇同时发展,建立均衡的城镇体系。因此,西北地区要赶超东部地区,完成西部大开发的宏伟战略目标,而又不能破坏生态环境,应在加快新型城镇化建设中,走集约化城市建设的道路。

根据西北地区地广人稀、交通不便、生态脆弱、高寒缺氧、工业化不足、受生态环境制约的特点,要实行"人口集中、投资集聚、资源集约、产业集群"战略,适当集中人口,优先发展大城市、城市群,以留出大面积的生态保护区,着力于生态环境的保护和建设。通过大力发展大城市、城市群作为实现西部大开发、"丝绸之路"经济带建设和乡村振兴目标的立足点和支点,为产业集群的形成和降低企业的生产成本提供条件,这样就可以节约基础设施投资,加快新型城镇化进程。如果大量人口仍然被限制在生态环境脆弱、地理条件不利的地方,当地政府在追求招商引资、GDP增长、解决就业中,一定会降低对环境保护的要求,从而不利于生态环境的保护。城市规模大、人口密集度高的城市才能使成本更低,更有利于发挥规模效应,更有利于降低企业的生产成本和产业集群的形成。城市在达到一定规模后能够形成重要的聚集经济机制,正是这种聚集经济,促成了城市的进一步发展。此外,大城市在综合经济实力、经济和社会发展效益以及对区域经济社会发展的组织作用等方面都要比小城市大,城市规模扩张引致的结构变化将维系城市经济增长的稳定性。同时,我们也注意到,20世纪80年代以来,随着经济全球化、国际化进程的加快,无论是国际还是国内,竞争越来越集中于大城市、城市群。大城市、城市群的发展越来越受到重视,并在区域经济、世界经济的发展中发挥着越来越大的作用,缺乏大城市(城市群)引领的区域被越来越边缘化。因此,着力发展大城市、城市群是城镇化发展的一个世界性趋势。

其次要扩大中等城市的数量。中等城市是连接大城市和乡镇农牧区的中间地带,是发展地方区域经济、带动农村牧区发展的龙头,是转移制造业和农村劳动力、承接大城市溢出产业和功能的承接地,是大城市在区域的补充,是带动小城镇发展的中间环节。西北地区地域广大,中等城市稀少,缺乏区域发展中承担承上启下作用的区域中心城市。大力推进西北地区中等城市的建设,扩大中等城市的数量,既有利于形成区域增长极,也有利于承接大城市产业转型升级带来的产业分工和产业外溢,还有利于带动小城镇发展,形成具有区域特色的产业结构。要争取在2020年前把西北地区的部分市、地、州所在地的城关镇培育成20万人以上的中等城市,把有条件的建制镇培育成小城市,在大城市周围发展一批卫星城,在风景旅游地区发展一批旅游城镇,形成西北地区合理的城镇体系。

最后要完善小城镇的功能。即完善现有以县城为主的城关镇、一般建制镇的各项功能,使之发展成为既具有相应人口规模和经济实力,又具有各自风貌和特色的功能健全、设施配套、环境整洁,对农牧区有较强辐射能力的新型小城镇。由于西北地区农牧区,特别是牧区,地域广大、人口稀少、环境恶劣,缺乏建设大中型城市的条件,小城镇的建设应该成为支撑广大农牧区发展的区域基地。要大力发展一批基础条件好、发展潜力大、吸纳人口能力强的中心镇,适当扩大人口规模和容量,因地制宜推动小城镇整合。以特色产业为依托,建设好一批交通节点型、旅游度假型、加工制造型、资源开发型、商贸流通型等特色鲜明的小城镇,形成层次分明、结构合理、互动并进的城镇化发展格局。加大投入力度,加强县城和中心镇基础设施建设。积极稳妥推进户籍管理制度改革,支持符合条件的农牧业转移人口在城镇落户。要提升小城镇的综合承载能力,加快供排水、供暖、供气、道路、污水处理、垃圾集中处理等公用设施建设,注重文化传承与保护,改善生活和人文环境。通过完善以县城为主的小城镇的各项功能,可以为面积广大的农牧区腹地提供服务,为农牧业及农牧产品的深加工和生产现代化提供条件,为提升农牧业的发展水平和农牧民的生活水平提供基地,保障农牧区的持续发展,推进城乡一体化。

2. 政府主导自上而下的推动是西北地区城镇化发展的主导力量

从城镇化的推进机制来看,推进城镇化的动力大体分为三种:政府动力、市场动力与民间动力。从西北地区多个制约因素的特殊性和生态环境保护的前提出发,经济不发达的西北地区由于市场机制的不完善、畜牧业的弱质性、草地资源的生态压力、自身经济基础的薄弱性、人力资本的低水平以及历史原因和地理环境所形成的特有的非正式制度性因素,决定了西北地区更适合政府主导的"自上而下"的城镇化制度安排。即西北地区的城镇化主要应由政府主导,以"外部力量"进行拉动,市场动力与民间动力作为辅助力量。如果以市场机制为主导,会造成农牧区过分注重经济效益,而牺牲林草地资源的生态效益,并且从农牧区当前的市场机制来看,交易费用会远大于其他地区。

从政府制定的生态保护和可持续发展的目标来看,西北地区的城镇化也只有政府有能力全面推进。其原因如下:(1)生态环境的保护具有很大的效益外部性,体现为公共利益,市场很难以利益引导社会资金进入。此外,环境保护需要大量的基础设施的高投入,如水电、燃气、公路和绿地等都是高投入的公共设施,需要政府投入资金大力推动。(2)生态移民需要社会保障的高投入,一旦农牧民变为市民,社会保障就是必需的,巨额的社会保障需要政府财政的大力投入。(3)大量的公共支出如教育、环保和城市运营等都需要政府财政支持。作为经济欠发达的西北地区,只有政府才有能力消除抑制城镇化的制度障碍,才能有大规模的资金投入来进行城镇建设。因此,政府必须要发挥好其主导作用,自上而下地推动西北地区区域的户籍制度、土地制度、社会保障制度、投融资制度的改革,使人口从户籍的约束中解放出来,在促进生态移民的同时,努力实现由农牧区向城镇及城镇之间人口的自由迁移和平等就业,让那些够流转土地草山的农牧民在流转出土地草场后,能尽快获得失业保险、医疗保险、工伤保险和养老保险等必要的社会保障并尽快市民化。

3. 抓好大城市建设对推进西北地区全面发展的意义

(1)大城市在区域发展中具有优势地位。

大城市超先增长规律(城镇人口占总人口比重达 30% — 70% 后发生)是世界城镇化进程中适应不同地区、不同类型国家城镇化的普遍规律,又是城镇化进程中加速发展的阶段性规律。主要原因是大城市在资金、人才、信息、交通、市场、管理和效率等方面,比中小城市具有更大的优势。据王建等(2014)的研究,2009 年中国百万人口以上的大城市的人均占地是中小城市的 1/6,单位土地产出率却是中小城市的 40 倍。人口高度集中的大城市,便于集中供水供电,提供教育、医疗,便利信息的交流。基础教育的普及,也使第三产业的服务对象相对集中,使第三产业发展空间更大,且成本更低。而如果人口散布在广大空间,要达到现代化目标,成本会非常高。

从世界发达国家的历史经验来看,很多国家都走了以大城市为主导的城镇化道路,在人口高度集中的情况下实现了现代化。日本经济从 20 世纪 50 年代中期伴随制造业大规模集聚和城市人口再次快速增长,形成了以东京为核心城市的东京都市圈,包括东京都及周边的埼玉县、千叶县、神奈川县的"一都三县",面积仅有 1.34 万平方公里(占全国的 3.5%),人口规模却为 4000 多万(占全国约 1/3),经济总量接近全日本的一半,城市化率超过 90%。美国人口高度集中于三大块:从华盛顿到波士顿,中间的纽约临着大西洋;五大湖流域有底特律、芝加哥、克里夫兰等大城市;从圣地亚哥到旧金山的太平洋沿岸,中间有洛杉矶,其中纽约都市圈(又名美国东北部大西洋沿岸城市群)是世界十大都市圈之一,北起缅因州,南至弗吉尼亚州,跨越了美国东北部的10个州,面积约占美国本土面积的1/5。纽约都市圈地跨纽约、康涅狄格、新泽西3个州,拥有纽约、波士顿、费城、巴尔的摩和华盛顿5座大城市,以及40个10万人以上的中小城市。在这个区域中,人口达到6500万,占美国总人口的20%,城市化水平达到75%以上。纽约都市圈的制造业产值占全美的30%以上,被视为美国经济的中心。①

大城市可以极大地节省资源,主要体现在大城市的"集聚效应"和"规模效益"方面:一是城市规模越大,土地、基础设施的利用效率就越高。城市基础设施一次性的投入很大,但它一旦建成,使用的边际成本就会很小。也就是说,一条道路、一条通信线路一旦建成,使用的人越多,成本越低,最后一个使用者总比前一个使用者的成本低,这就是"边际成本递减"。二是城市会形成产业链。一个农产品加工厂,上游需要设备、原料,下游需要包装、销售,自然就促进了农业、加工业、商业的发展,这些行业也会带动其他相关产业的兴起,于是就业增加,消费增多。城市里的企业增多,为抢占市场、增加利润,它们之间相互竞争,迫使企业加强管理,改进技术。由于人口集中,经济主体间的交换多,资金流量大,就会促进包括居民生活服务业、金融保险业等第三产业的发展,各大行业间的互动性,使城市的经济总量和就业总量像滚雪球般地增长。从人口规模来说,一个城市只有在市区人口达到30万人规模的条件下,才能显示出规模效应,而城市市区人口规模达到50万人以上时,基础设施建设才会发挥出最大效益。

法国经济学家弗朗索瓦·佩鲁(Francois Perroux)在《略论增长极概念》(1955)一文中指出,"增长并非同时出现在所有地区,而是以不同的

---

①　马淑肖:《纽约和东京都市圈演化机制比较研究以及对京津冀都市圈发展启示》,《时代金融》2014年第7期。

强度出现在增长点或增长极,然后通过不同的渠道扩散,对整个经济具有不同的终极影响"。大城市在整个区域的国民经济和社会发展中占据核心地位、发挥主导作用,它实际上就是增长极理论中的增长极。佩鲁从技术创新、资本的集中和输出以及聚集经济三个方面分析了增长极对区域经济增长产生的重要作用,指出大城市尤其是中心城市作为所属区域的经济中心,与一般城市相比,具有极大的聚集功能、扩散功能和创新功能,是区域经济发展的龙头和窗口,能够促进整个区域的经济协调发展和共同繁荣。大城市与腹地之间借助物质和智力交往而相互联系,进而会使增长极所在地的整个经济状况改观。大城市可以带来更多的人口集聚,只有通过足够多的人口集聚,才能形成产业发展所需的人口规模,才能发挥大城市的相关功能。大城市凭借各种优势发展成为区域中的增长极,并通过发挥强大的功能和作用,在区域和国家经济发展中占据重要的地位。在区域发展当中,由于非均衡发展规律的存在,集中投资可以产生更高的投资效果,促进各类产业迅速发展。把投资集中在一个中心城市,可以促进城市的快速增长,使中心城市成为区域经济发展的一个重要的、最具活力的增长点和聚集地,进而通过中心城市的聚集和辐射作用,影响和带动整个区域经济的振兴和发展。

(2)大城市作为区域经济中心具有的主要特征。

①经济规模大、聚集程度高。大城市的经济规模在所属区域内占据较大的份额,人均国民生产总值高于区域平均水平。城市居民的消费能力大,带动区域内消费产业的发展能力也大,这是大城市的最基本特征,并影响其他功能的发挥和未来的发展潜力。聚集是城市的一个核心特征。聚集不仅可使城市本身成为资源要素的采集地,成为一个区域经济活动的中心,而且可以使城市带动整个区域的发展,实现程度更高、规模更大的聚集,从而形成城市聚集经济及其效应。城市作为资源聚集的中心,在资本、技术、人才、信息、基础设施、交通运输、市场容量、文化活动以及居住条件等方面,比周边地区拥有更多的优势,各种资源、生产要素和生产活动不断向城市聚集,从而产生聚集的规模效应和经济效益,使城市成为区域经济发展的增长点。因此,大城市的聚集功能较区域内的其他

城市更为突出。由于聚集程度高,大城市可以提供更多的就业机会和更高的工资收入吸引周边地区的大量人口进入,成为区域内的人口聚集地,大城市优越的投资环境能吸引大批竞争力很强的企业群体,从而成为区域内的资本聚集地。企业的集中有效地促进了大城市生产能力的提高和市场规模的扩大。同时,大城市经济活动聚集的特征,决定了城市经济运行的高效率,有利于市场体系的完善,实现城市发展的规模化、专业化和国际化,客观上会刺激第三产业的发展。

②城市产业结构优化。城市的产业结构状况决定了城市的发展空间和竞争能力。大城市产业结构优化主要表现在:其一,第三产业在城市国民经济中的比重较大。由于第一、第二产业劳动生产率的极大提高,对产前产后服务提出了更高的要求,同时还改变了竞争格局,使原来对商品的竞争转向包括商品和服务在内的"一揽子"竞争或者完全是服务的竞争,促进了第三产业在城市中的快速发展,服务业在第三产业中的比重快速上升。其二,具备产业结构的自升级能力。大城市产业结构的自升级能力源于城市中产业技术和组织的创新。大城市与其腹地之间通过创新—转移—扩散—再创新的循环往复过程推动产业结构不断升级。扩散是城市的另一个显著特性。主观上,城市作为一个确定的利益主体,它总会不断地以自己所具有的实力拓展自己的腹地空间,为自己的产品、服务寻求足够大的市场,客观上,城市以其技术、资金、管理、观念、生产体系等优势提高和带动腹地的经济发展,从而进一步确立对腹地的主导性作用。然而,规模效益并不是要求城市经济规模无限扩大,过分的城市集聚往往会导致规模不经济,如资源短缺、环境恶化和诸多的社会稳定问题。

在市场经济条件下,城市经济系统受利润和价值规律的支配,本质上有一种与其他经济系统在技术上、经济上、组织上以及再生产过程中相互渗透、融合的趋势。这种趋势包含了四个方面:第一,工业内部各行业的渗透;第二,产业间的相互渗透;第三,城乡之间的相互渗透;第四,城市与区域之间的相互渗透。它们的共同组合形成城市的扩散效益。这种扩散趋势的存在保证了集聚在一个合适的度内进行,从而保证了集聚的效益。另外,扩散是为了进一步增强集聚的能力。城市的产品与服务的价值最终必须在市场上才能实现,但城市本身的市场是有限的,因此,城市必须向农村牧区、向其他城市扩散。通过这个扩散过程,城市的综合实力进一步增强,集聚力进一步增加。

③基础设施完善、科技实力强。完善的基础设施是大城市的基本特征之一,它保障了大城市高效、畅通、有序地运转,并为居民的生产、生活提供良好的条件。便捷的交通运输系统、先进的通信网络和优良的人居环境不仅可以满足居民生活和城市经济发展的需要,还提供了与周边地区联系的高效率的通畅渠道,为大城市功能的发挥创造了条件。先进的科学技术、雄厚的科技实力是大城市的一个重要标志,它主要表现为智力资源的密集和良好的文化氛围。大城市是区域内人才技术、科研和设备的聚集地,拥有众多高水平的高等院校和科研机构,有相当数量的科技工作者和专业技术人员,有充足稳定的科研投入和发育良好的科技市场。大城市拥有完善、先进的文化设施,有全面、系统的教育体系,为城市培养人才、开发智力资源提供了良好的基础。

④对外开放程度高。大城市作为所属区域甚至整个国家的发展中心,是区域或国家对外交流的窗口,是对外开放程度最高的城市,主要表现在外贸依存度和投资依存度较高。大城市进出口贸易繁荣,能够充分利用外资,对外开放领域比较广阔,参与国际分工和国际合作的层次较高。

⑤大城市在区域发展中起着龙头带动作用。大城市凭借各种优势,吸引区域内的资源、资金、人才、信息、产业等生产要素向该城市聚集,从而产生规模聚集效益,提高城市经济效率,使其成为所属区域中经济发展的龙头。一方面,大城市对周边地区具有示范效应。大城市作为区域中的龙头,在经济发展、科技进步、生活方式的改变等各个方面都走在周边地区的前面,对周边地区具有很强的示范效应。另一方面,大城市发挥调节功能促进区域经济协调发展。大城市通过发挥聚集功能和扩散功能,能够对区域内部发展横向经济实行有效的控制和引导;通过在对外联系中建立和发展区域性生产协作网络,大城市能够调节区域内的社会再生产系统,并控制、协调、监督其运行;通过统筹运用经济杠杆,大城市能够加强区域经济的综合平衡;通过发达的教育科研机构,大城市能培养更多

的人才和科研人员,为区域经济发展提供人才和科技创新。

（3）从经济学意义来讲,城镇化的实质是生产方式和经济制度的转型

生产的社会化分工、需求的扩大、交换关系的扩展等,这些都是促进城镇化发展的根本性要素。一方面,现代社会的城镇化是由于生产发展和技术进步所引起的必然趋势;另一方面,城镇化又是推进经济发展的重要途径。生态型城镇化强调通过加快推进城镇化进程,促进西北地区经济的发展,以城镇化缓解城乡二元经济结构。西北地区是我国经济发展水平最低的区域,由于城乡二元经济结构引发的农牧区和农牧民的贫困问题十分突出,要彻底解决城乡二元经济结构的矛盾,根本出路在于通过发挥城镇化的人口聚集功能,实现人口转移,缓解农牧区的人地矛盾。从表面上看,西北地区人口规模小,面积大,自然资源丰富,是我国人口密度最低的区域;但由于特殊的地理位置,人口与资源、经济匹配不当,农业区人地矛盾突出,牧业区草原载畜量无法支撑牧民增收的需要,农牧业资源承载力十分有限,造成大量相对过剩人口,构成西北地区持续发展的巨大负担。要解决这一问题,根本点是在发展农牧区经济的同时,通过加快城镇化进程,以城镇化促进工业化进程,以城镇化培育经济中心和经济发展极,实现人口转移,缓解人地矛盾。随着城镇化的发展,人口、资源和生产的集聚,城市逐渐成为区域的经济中心,成为带动区域经济的发展极。城市通过资金流、物资流、人才流、技术流和信息流与周边地区形成一个有机整体,通过自己拥有的经济总量、举足轻重的地位带动周边地区经济的发展。城市还通过高科技的研究、开发潜能的不断释放和以高科技为基础的知识密集型产业的不断成长,使城市经济成为所在区域和周边农牧区经济发展的首要和持续推动力。当前,西北地区最缺的就是这种经济中心和发展极,进一步做大做强现有的区域中心城市,是带动西北地区区域全面发展的最佳路径选择。

4. 完善小城镇功能对西北地区农牧业现代化的重要作用

小城镇处于城市与农牧区的接合部,是农牧区政治、经济、文化的中心,是城乡连接的枢纽。它一头连接着城市,是大中城市辐射功能的"接

收器"和"差转台",另一头连接着农牧区,作为小区域的政治、经济、文化中心,起着对本区域内各类产业发展的协调和指导作用。并通过发挥自身的辐射功能来带动周围乡村发展,把大量的生活资料和工业原料聚集在一起,将城市的技术、信息和生产资料送到农村,为农牧业生产和农牧民生活提供服务。同时,小城镇也是实现农牧区工业化和农牧业产业化的载体。其主要作用为:(1)通过小城镇将农村工业、个体私营企业、第三产业经营者和小微企业逐步聚集于镇区,有利于市场主体的形成与壮大,有利于经济增长方式的根本转变。(2)通过小城镇比较完备的市场体系,促进城乡商品顺利地进行交换,使农村牧区的市场体系得到进一步的发育,进而带动整个农村牧区商品生产更快地发展。(3)通过小城镇比较齐全的市场设施和比较灵敏、快速、准确的商品供求信息,有利于市场机制的建立健全。(4)通过小城镇的集聚辐射功能促进农牧业产业化发展。如依托城镇吸纳人、财、物的功能,带动农牧业产业化向高效经济发展;依托小城镇的辐射功能,带动农牧业产业化向外向型经济发展。

从西北地区的牧区来看,茫茫草原上的小城镇就像沙漠里的绿洲、大海里的孤岛,对于一大片草原来说,一个功能完善的小城镇就是它一切活动的中心,是带动这片区域经济社会发展的核心,这个核心作用的发挥程度对这片草原的发展至关重要。

三、"抓大扩中完小"生态型新型城镇化战略构想的区域适用性

城镇化是社会经济发展到一定程度的阶段性产物,其标志是分散的农村工业化和农村非农经济成分的膨胀。如果忽略经济发展水平的制约而强制性地超前向城镇化过渡,不仅不能拉动经济、刺激消费,相反会出现硬件规模浪费、土地闲置,楼宇守空,失去可持续发展的动力因素。对于西北地区区域城镇化,实施政府主导下自上而下的"抓大扩中完小"的城镇化发展战略有其特殊的区域适用性。首先,生态型新型城镇化战略是基于对中华民族生态安全的关注,基于对西北地区特殊生态安全保障功能的关注,从西北地区的生态战略地位出发,通过实施能够切实保护和

改善西北地区生态环境的城镇化战略,保护西北地区对中华民族生存并持续发展所必需的资源和环境,避免因这一区域的自然衰竭、资源生产率下降、环境污染和退化而给本区域乃至全球造成短期灾害和长期不利影响。其次,环境问题一方面是由经济落后造成的,其原因是生产力水平的相对低下,人口压力过大造成的生态环境退化。另一方面是由发展带来的,主要是现代工业部门的发展,造成了空气、水、土壤的污染。相较而言,由落后所带来的生态环境恶化却更为严峻。据中科院兰州沙漠研究所的研究,造成沙漠化面积不断扩展的原因中,草原过度农垦占 25.4%,过度放牧占 25.3%,过度采樵占 31.8%,水资源利用不当占 9%,其他原因占 8.5%。[1] 从上述数字可以看出这样一个基本事实:落后地区生态环境问题的主要矛盾是由落后而不是由发展造成的,生态环境破坏在空间地域上主要是在农牧区而不是城市,主要的破坏活动是农牧业活动而不是工业活动,活动主体是农村人口而不是城市人口。生态型新型城镇化战略正是从这一现状出发,强调通过加快城镇化进程,从根本上解决贫困问题,通过区域经济社会的发展来遏制西北地区因"发展不足"造成的生态危机,并通过把工业化、城镇化建立在"生态安全"的基础之上,真正做到在发展中保护,在保护中发展,遏制因"发展加快"引起的生态危机,实现区域生态功能强化与经济社会发展的紧密衔接。最后,完善小城镇功能是推动农牧业产业化的支点和载体,没有小城镇功能的完善,农牧民无法向小城镇转移,农牧业产业也无法对接更广大的市场。

生态型城镇化发展战略下的城镇化,其主要特点是依靠发挥和增强现有城市和城镇的功能,吸纳生态脆弱区人口的转移。因此,生态型城镇化发展战略是以现有城市人口集聚规模的扩大来促进大城市的发展,实现城镇化水平的提高,以扩大中等城市数量联结小城镇与乡村,带动区域一体化发展,以完善现有的小城镇的功能来促进农牧业的产业化和人口向小城镇的集聚来实现生态保护的目标。

---

① 涂元季:《钱学森和沙产业》,《光明日报(时代周刊)》1996 年 11 月 11 日。

第五节　西北地区实施生态型新型城镇化战略的对策

一、以政府主导的自上而下的生态型新型城镇化战略带动西北地区全面发展

目前,在西北地区实施的城镇化战略,是以新城区建设和城市改造中心外移为特征的城市规模扩张建设为主,宁夏沿黄城市群、陕西关中城市群、新疆乌昌石城市群、兰西城市群建设在加速进行,城镇化发展趋势具有明显的资源集聚特点,不仅基础设施投入向城市集中,而且新兴产业也在向城市集中,中心城市和城市群的功能在逐步显现。我们在西北地区的建设中应抓住"一带一路"和《西部大开发"十三五"规划》等给我们提供的历史机遇,在政府主导下,进一步解放思想,大胆创新,在遵循城镇化发展规律的前提下,通过"抓大扩中完小"的区域生态型新型城镇化战略,进一步强化核心城市的地位,完善核心城市集聚辐射的带动作用,积极稳妥地推进中心城市带动战略;强化分工明确、功能完善、组合有序的城市群建设,以城市群建设带动西北地区新一轮产业结构布局的调整和优化升级,以城镇化建设带动西北地区经济增长方式的转变。同时要考虑到西北地区人口总量少和生态承载力不足的现实,应进一步依托城镇化建设,加快县域建制镇的建设,在有序地转移生态脆弱区的人口向大中城市和小城镇集聚的基础上,通过解决户口、社保等途径解决人的城镇化问题。在注重人才培育和引进,解决农牧民市民化的过程中,依赖城市为企业培养和提供持续的、合格的劳动力供给,以防因劳动力质量不高而降低企业竞争力。要依靠人的科技化改变过去那种对当地资源高度依赖的状况,从资源导向型战略逐步转变为市场导向型战略,提升企业的竞争优势。

西北地区应当做好区域发展与国家西部大开发政策的衔接工作,积极争取中央财政性建设资金、国家政策性银行贷款、国际金融组织和外国

政府优惠贷款,建立西北地区区域开发促进基金和专项开发基金。优先发展水利、交通、能源和环保等基础设施,促进优势资源的开发与利用以及有特色的高新技术项目的建设,尤其是选择最有发展前途的、最能带动整个西北地区区域经济发展的特色项目,争取国家有关政策的支持。把握好政府管理与市场配置的关系,明确政府在社会公益事业和公共设施建设等方面的责任,提供好服务,创造好投资环境。深化科技体制改革,努力营造科技创新的社会环境和氛围,推进技术创新,加快培养和提高自主创新能力,建立和完善企业的技术支持与服务体系。制定有利于西北地区吸引人才、留住人才、鼓励人才创业的政策。大力培养少数民族各类人才,提高民族地区转化科技成果和科技创新的能力,积极促进科技成果向民族地区转移。把优秀人才集聚到高新技术产业的优势企业,推进科技力量进入市场创新创业、转化科技成果。

二、以大城市建设促进西北地区生态型城镇化与新型工业化协调发展

(一)加快西北地区新型工业化建设,促进产业结构调整

工业化与城镇化应该是同步的,这是城镇化发展的一般规律。"工业化是城镇化的经济内涵,城镇化是工业化的空间表现形式;工业化是因,城镇化是果。如果没有体制、政策等方面的强制约束,工业化必然带来城镇化。"①生态城镇化模式下的工业化,意味着要走一条既促进经济与社会发展,又保持生态系统平衡的新型工业化道路。新型工业化道路所追求的工业化,不是只讲工业增加值,而是要做到"科技含量高、经济效益好、资源消耗低、环境污染少、人力资源优势得到充分发挥",并实现这几方面的兼顾和统一。这是新型工业化道路的基本标志和落脚点。

从西北地区区域生态保护的前提出发,西北地区的新型工业化必须是建立在绿色可持续发展之上的循环工业和生态型工业。要通过调整产

---

① 叶裕民:《中国城市化之路——经济支持与制度创新》,商务印书馆2001年版,第47页。

业结构消除传统工业带来的高污染、高耗能,鼓励绿色、环保、有特色的循环工业的发展。由于历史、区位、资源的丰富度等原因,西北地区产业结构呈现出具有典型初级性特征的农牧业经济为主、现代工业发展严重滞后的特征,资源密集型产业比重过大。而且人力资本积累、综合知识能力也处于绝对劣势,以高科技产业和知识密集型产业来推动城镇化的可能性不大。如果以城镇为依托,以现有的农业和畜牧业为特色主导产业来推动城镇化进程,是比较可行的途径。通过聚集农畜产品的初加工、深加工的完整产业链条,实现县域产业的多元化,就会逐步优化西北地区的整个社会经济结构,扩大农牧业产业化链条,把依靠土地草地资源初级利用的农牧业人口转移至整个产、销、服务为一体的农牧业产业化链条中,从根本上解决农牧民就业的问题。从交易费用的角度来看,以城镇为依托,聚集产业,可以通过共同利用基础设施、能源以及市场渠道、信息资源,进行产业协作,达到降低交易费用的目的。最后,农牧区城镇产业聚集可以促进农牧区交通运输业、商业、服务业等第三产业的发展,可以促进农牧业产业化,可以扩大不同年龄和不同知识水平的农牧民就业。总体来说,随着农牧区经济的发展,产业聚集、发展与农牧区城镇化互动效应会越来越强,最终形成良性循环。

(二)大力发展特色产业,构建西北地区的产业基础

基于生态保护为前提的西北地区特色产业的发展,应以市场需求为导向,以提高竞争力为核心,立足资源优势,充分利用西北地区独特的自然环境提供的特色资源,以推进资源精深加工为启动点,以先进适用技术为动力,以推进产业化为突破口,集中引进技术和人才,深度开发独特资源,迅速形成优势产业,发展专业化、规模化、可循环、可持续、绿色的特色经济,培育新的经济增长点,最终形成全国的盐化工及综合利用基地、高原生态畜牧业、中藏药基地及水电—高耗能有色金属工业基地、石油天然气工业基地,成为促进和带动西北地区经济发展的支柱,为西北地区区域经济发展奠定坚实基础。依靠以西宁、格尔木、兰州、银川、乌鲁木齐、西安等中心城市,以青藏铁路、青藏公路等交通线路为依托,以交通便利、发展迅速的小城镇为支点,形成西北地区主要工业产业带、民族商贸中心带和民族传

统风情为特点的文化资源旅游带。以特色经济的发展,带动西北地区城市的壮大和小城镇的发展,促使农牧区人口向城镇转移,推动城镇化进程。

(三)协调各方利益,促进共同发展

西北地区在加快形成新的开放格局的过程中,在开放政策上要完成几个转变:(1)西北地区与内地的关系要由单纯的单向受援向互惠合作转变。(2)西北地区的开放要由单纯的政策吸引向优化整体投资环境转变,由单向开放向双向开放转变,由局部开放向全方位开放转变。(3)西北地区的开放格局由重在对内开放向对内、对外开放并重转变,在重点对内开放的同时加强对外开放,充分利用地缘优势,积极开展邻国贸易,融入国际市场。放宽西北地区在一些领域对外商投资的限制,积极吸引外商参与西北地区的基础设施建设、特色农业和生态工程建设以及国有企业嫁接改造等方面的工作。(4)在环境保护方面适度引进非政府环保组织,通过教育宣传影响公众的环保意识及行为,倡导并推广环保的生活方式,开展各种形式的环境保护、生态保护、动物保护、绿化植树等活动,抵制污染企业,监督地方政府,影响政府决策,通过援助环境受害者、资助基层组织开展活动等,加强环境保护的公益性建设力度,倡导全民共建。

(四)加快人口城镇化步伐,提升大城市的质量

生态型新型城镇化战略下的人口城镇化与其他地区不同,其人口转移的主要部分是以减轻环境压力,改善区域生态环境质量为目标的生态移民,这部分人口的转移带有明显的公共性和外部性。这些人口的城镇化转移主要不是通过城市和乡村的经济发展来带动的,而是以追求区域乃至全球的生态保护和可持续发展为目标,以非经济的公益因素来促进人口转移的。在人口转移的方式上,主要是通过政府主导的方式实现,即通过政府的投资、引导和鼓励,实现环境恶劣、生态脆弱而敏感地区的人口向城镇移民。这里的城镇化进程主要是为了保护和改善生态环境的需要,以城镇化为契机实现人口的转移。也正是由于这一特殊性,生态型新型城镇化战略的生态意义、社会意义远远大于其经济意义。此外,人口向城镇的聚集还可以缩小西北地区在区位条件上的劣势以及降低交通建设成本。从西北地区区域的特殊性来看,人口少和高度分散是制约西北地

区区域产业发展的重要因素。西北地区的城镇只有实现了一定规模的人口聚集,才能减少自然地理环境因素的限制,形成产业发展所需的人口规模,发挥区域城镇的相关功能以及对整个区域经济的带动作用。从人口聚集产生的作用来看,人口聚集将会改变牧区半自给自足的生产生活方式,有利于扩大牧区牧民整体的消费水平。[1] 从人口转移的目的地来看,应主要通过提升大中小城市和小城镇的质量及规模来吸引人口的入住,以规模效益提升经济效益,以集聚效益减少分散的人口对生态环境的压力,为生态的自我修复提供空间。

三、扩大中等城市的数量,为区域发展创造条件

中等城市是连接大城市和乡镇农村的中间地带,是发展地方区域经济、带动农村牧区发展的龙头,是转移制造业和农村劳动力的承接地,是大城市在区域的补充。西北地区应大力将一些规模较大、基础设施完善的小城市、建制镇适时发展为中等城市,改善西北地区大城市"一家独大"、小城镇多,缺乏中等城市支撑的城镇体系,强化中等城市在区域发展中的功能,发挥其在城市体系中的中介优势,构建合理的城镇体系,增强城市的轴向拉动力,吸引农牧区人口向各级城市聚集,增加城市人口的总量。

四、以完善小城镇功能建设带动农牧业现代化发展

西北地区的大部分小城镇属于以地方政府所在地为主的"服务基地型"城镇。这类小城镇,主要是以为农牧业生产提供服务为主要功能,多建有饲料生产、良种繁育、兽医防疫、农牧业产品贮藏、加工和运输、生产资料供应和农副产品销售,以及金融、信贷、科技咨询、社会保险等多种服务设施。充分完善这些设施,提高它们服务农牧业的能力,可以有效地促进农牧业产业化、现代化,促进农牧地流转,实现大(农)牧场运作,提高

---

① 戴正、闽文义:《对青藏高原牧区城镇化特殊性和政策取向的研究》,《中国藏学》2008年第1期。

牧业生产的效率。以大(农)牧场为主的农牧业现代产业化生产,在以各项服务功能完善的小城镇的保障下,其生产效率、对生态的保护能力会大大增强,会高于"一家一户"的自然经济形态的农牧业生产,既有利于生态的保护和农牧区的经济发展,也有利于促进农牧区的城镇化。

五、加强国际合作,发展地缘经济,提升西北地区城镇化质量

人类在地球上的活动由于受到各种地理条件的限制从而形成了不同的地缘经济。地缘经济是以地理因素为其基本要素,研究一个国家或区域的地理区位、自然资源对国家或地区的发展、经济行为产生的重要影响。在国家或地区的经济活动中,基于一定的目的,总会选择邻近国家或地区进行合作,这种合作关系通常表现为联合或合作即经济集团化。西北地区的生态问题直接涉及中国的邻国不丹、尼泊尔、印度、巴基斯坦、阿富汗、塔吉克斯坦、吉尔吉斯斯坦等周边国家,中国作为一个地区大国,以区域生态保护为主题与这些发展中国家加强多方面的国际合作,可以强化区域经济交往,建立区域环保组织或经济合作组织,以此可以强化西北地区各城市之间的合作与交往,这些合作与交往必将促进城镇化的建设与质量的提升。

六、实施积极的区域政策,加快多国合作的西北地区区域生态经济圈建设

中国青藏高原研究会副理事长洛桑·灵智多杰指出:"环境问题本身就是一个国际性问题。"①西北地区不仅是长江、黄河、澜沧江的发源地,而且也是亚洲许多著名河流的发源地,维护西北地区良好的生态环境不仅符合本地区居民的利益,也将惠及周边其他国家的居民乃至全人类。因此,对西北地区生态价值的认识必须要有超越西北地区局部利益的整

① 洛桑·灵智多杰主编:《青藏高原环境与发展概论》,中国藏学出版社1996年版,第295页。

体观,必须要看到其生态效益远远大于其经济效益。西北地区作为地球地势最高的一级,其降水、冰雪、气候、植被及资源开发过程中的生态环境演化状态,必然影响相关区域,引起区域乃至全球生态环境的变化,西北地区的生态环境保护问题不仅影响当地经济社会发展的自然基础,影响当地经济社会发展和居民的生活质量,而且会导致毗邻地区乃至更广泛地区的生态环境的变化,影响这些地区的经济社会的发展。维护好西北地区良好的生态环境,既符合中国的利益,也符合周边各国的利益,同时也将惠及全球其他地区的利益。与西北地区毗邻的国家都是些发展中国家,都面临着迫切的经济发展任务。中国作为发展中大国,经过四十多年的改革开放,有能力也有义务与这些国家加强合作,构筑西北地区区域生态经济圈,打造西北地区区域生态经济区,通过合作发展生态经济,推动西北亚地区各国共同发展,提升区域的发展水平,促进区域经济一体化进程。因此,确立超越西北地区局部利益的整体观,实施积极的区域政策,加快与西北地区毗邻各国合作的西北地区区域生态经济圈建设,有其现实的合作基础。

第十章 结论与展望

通过以上各章的研究,在对西北地区及各省(自治区)的地理环境、经济、人口、社会、文化等特点简要介绍和对改革开放以来西北地区城镇化的进程、小城镇的发展及其特点作出初步分析的基础上,对小城镇建设与西北地区发展的关系做了分析论证。根据对小城镇建设在西北地区发展中重要作用的认知,对小城镇发展中的人口问题、旅游业问题、县域经济发展问题及牧区小城镇的发展问题做了专题研究,并在实地调研的基础上以海西州乌兰县茶卡镇、黄南州同仁县旅游业发展的成功经验为案例,对西北地区小城镇发展旅游业的模式、路径进行了实践经验的总结;以果洛州玛沁县拉加镇、久治县智青松多镇为案例,对牧区小城镇的特点、地位、作用、建设路径进行了案例分析。提出西北地区要走以"抓大扩中完小"为目标的生态型城镇化发展战略。为了进一步说明西北地区走生态型城镇化道路,强化小城镇建设的重要性,在对果洛州小城镇进行问卷调研的基础上,以果洛州 4 个小城镇的问卷统计数据为依据,对西北地区的小城镇建设进行了实证分析,以期对西北地区小城镇建设、特别是牧区小城镇建设给予了一个直观的考量。本章通过对以上各章研究成果的总结,得出了本书的最终结论,并基于研究结论提出了进一步促进西北地区小城镇发展的政策建议和对西北地区小城镇未来发展的展望及愿景。

第一节　主要结论与政策建议

一、对研究背景与对象的基本把握

（一）对研究背景的基本把握

1. 中国城镇化的阶段定位

改革开放四十多年来,中国城镇化获得了快速发展,2011 年中国的城镇化率超过 50%,达到 51.3% 后,中国完成了一个由农业人口占主体的农业社会向城镇人口占主体的城市社会的历史性转变。到 2019 年年末城镇化率达到了 60.60%;城镇常住人口由 1978 年的 1.72 亿提高到了 2019 年的 84843 万人。美国地理学家诺瑟姆于 1979 年提出的城镇化"S"形曲线理论认为,城镇化率在 30%—70% 是城镇化快速发展时期,而且凡城镇化开始较早的国家,城镇化发展速度较慢,而城镇化和工业化开始较晚的国家,城镇化达到相同水平所用时间较短,即一个国家工业化开始得越晚,城镇化进程将越快。因此,快速发展的中国城镇化仍处在城镇化快速发展的战略机遇期,其城镇化发展正处在由量的高速度扩张向高质量发展转变的关键时期。

2. 中国城镇化发展战略的变化

2014 年 3 月 16 日,中共中央、国务院印发的《国家新型城镇化规划(2014—2020 年)》依照中国城镇化所处时期的要求,对中国新型城镇化作出了规划并提出:要按照走中国特色新型城镇化道路、全面提高城镇化质量的新要求,以人的城镇化为核心,有序推进农业转移人口市民化;以城市群为主体形态,推动大中小城市和小城镇协调发展;以综合承载能力为支撑,提升城市可持续发展水平;以体制机制创新为保障,通过改革释放城镇化发展潜力,走以人为本、"四化"同步、优化布局、生态文明、文化传承的中国特色新型城镇化道路,促进经济转型升级和社会和谐进步,为全面建成小康社会、加快推进社会主义现代化、实现中华民族伟大复兴的中国梦奠定坚实基础。

（二）对研究对象的基本认知

1. 西北地区的特殊性及战略定位的变化

（1）西北地区的特殊性。西北地区的特殊性主要表现在生态系统的脆弱性、地理环境的复杂性、民族文化的多样性和经济发展的落后性。西北地区地理环境的复杂性导致生态系统非常脆弱。近年来,中国西北地区在特殊的干旱气候和自然资源制约下形成的生态脆弱性问题已严重威胁到地区的经济社会发展和生态安全。虽然多民族集聚形成的文化多样性为西北地区的经济发展,特别是旅游业的发展提供了丰富的人文资源,但作为全国主要的牧区集中地,西北地区第一产业中畜牧业占有很大比重,许多地区甚至主要以畜牧业为主,第二、第三产业中传统的民族饮食服务业、商贸流通业占有较大比重,现代经济发展不足,整体经济发展落后于东中部地区。

（2）西北地区战略定位的变化。中国经济进入新常态以后,东部地区的发展态势是稳中有升,中部地区增速加快,西部地区发展能力有限,发展的动力不足。2000年国家西部大开发战略的实施以及2013年"一带一路"倡议的提出与推进,为西部的发展提供了良好的机遇。西北地区作为中国西部的欠发达地区,抓住机遇实现了快速的发展,但生态环境问题的凸显,使西北地区的发展面临着生态保护和生态承载力的制约。随着《全国主体功能区规划》的出台,西北地区的大部分地区被划为限制开发区和禁止开发区,如何通过推进新型城镇化、乡村振兴战略和小城镇建设,推进西北地区的发展,成为西北地区经济社会发展的一个重要选项。

2. 西北地区小城镇建设的特殊意义

（1）为区域发展提供条件。西北地区镇域范围广大,下辖农村牧区人口高度分散,小城镇的建设可以为广大的农牧区提供一个区域治理与服务的中心,为推进乡村振兴战略的实施和区域城乡融合发展提供条件。

（2）节省草场耕地。农牧区极度分散的农牧民住宅和产业占用了大量可耕地,强化小城镇建设,不但可以大大减少农牧区现代化进程中的交通、通信、市场、水电供应、文化教育、科技普及、卫生、住宅、污水垃圾处理等方面的建设与运营成本,而且可以通过吸引人口和产业向小城镇的集聚来节省大量可耕地和对草原牧场的占用。

(3)为区域发展提供基地。通过完善小城镇基础设施建设,使小城镇成为经常性的市场主体,使市场要素、市场体系和市场功能全面发展,吸引乡村企业和为农牧业服务的公司、企业向小城镇集聚,在解决农牧区企业布局过于分散、成本高问题的同时,为以家庭农牧场和合作社为主要形式的农牧业现代化提供全方位的服务。

(4)强化产业发展。产业是连接大中小城市和小城镇的纽带,小城镇产业的发展能提高小城镇产业承接能力,会带来大中小城市对小城镇的产业转移、资源扩散和科学技术辐射强度的增加。

3. 西北地区小城镇建设面临的主要问题

随着中国经济进入创新驱动的发展阶段,所有的创新资源几乎全部集中在大城市和省会城市。"十二五"时期开始,每个省都在做大做强省会城市,省会城市全部都在快速发展,中国进入了大城市主导发展的阶段。党的十九大之后,中国进入了城市群引领新型城镇化发展的新阶段,人口千万级以上的省会城市、大城市、超大城市成为中国创新发展、国际竞争的主要平台。以开拓创新为己任,面向国际竞争的大城市,为小城镇的发展留出区域空间。从区域经济发展的视角来看,小城镇发展虽然面临着诸多的问题,但国家新型城镇化规划、乡村振兴战略规划、特色小镇建设、田园综合体建设、发展文化旅游业、健康养生基地建设等的实施,也为小城镇的发展带来了诸多的机遇,中小城市、小城镇正在逐步成为农牧区新型城镇化的主角。

从西北地区来看,小城镇的发展面临着如下主要问题:(1)规模小,自我发展能力不足。(2)小城镇的功能模糊、综合承载能力不足。(3)特色产业弱小,发展和承接产业转移的能力不足。(4)城镇化的质量比较低,对周边农牧区的辐射带动能力受到限制。(5)金融支持小城镇发展的机制尚未建立。(6)城乡要素双向流动不畅。(7)基础设施建设滞后,小城镇生活质量不高,集聚人口的能力不足。(8)居住人口以农牧民为主,高比例的居民从事农牧业生产或兼业从事第二、第三产业,农牧业性强而城镇性弱。

二、主要结论

（一）不同区域应选择适合本区域发展的城镇化战略

虽然一个国家的城镇化程度大致反映着该国经济社会的发展水平，但在一个国土广大的国家，由于地理环境、民族文化、工业化的发展程度等的不同，各区域之间城镇化的起步、进程、结果不可能完全一致，也不是一个一一对应的关系。尤其是工业化的进程对区域城镇化具有决定性的制约作用。因此，不同的区域应在服从国家大战略的前提下，可以选择适合本区域发展的城镇化战略。西北地区因其工业化水平、地理环境和生态环境的特殊性，强化小城镇建设具有特殊的价值和意义。

（二）西北地区应走生态型城镇化之路

基于西北地区生态作用在全国乃至世界的重要性，西北地区的城镇化应实施以"抓大扩中完小"为主要目标的生态型新型城镇化战略，走生态型城镇化之路。

（三）加快农牧业现代化的步伐

推动土地流转，加快发展以农牧业合作社和家庭农牧场为主的农牧业现代化，把小城镇建设成为为农牧民居住生活、为农牧业现代化生产提供服务的基地。

（四）强化镇区建设 推动城乡融合发展

以镇区建设为核心，以镇域全面发展为目标，立足镇区建设推进乡村振兴战略的实施，积极推动区域城乡融合发展。

（五）推进县域小城镇的城镇化

西北地区的县域规模比较大，小城镇作为县域的经济单元，对县域新型城镇化的推进和经济的发展具有决定性作用。积极推进小城镇的城镇化进程，提高小城镇的城镇化水平，对发展以镇区为核心的镇域经济，带动农牧业的发展和实施乡村振兴战略具有重要的实践价值。

（六）大力发展旅游小城镇

西北地区多民族聚居带来的多民族文化，使很多小城镇具有丰富的民族文化资源和独特的自然资源,大力发展旅游小城镇是小城镇建设的重要内容。

(七)以小城镇镇区建设为重心推进牧区城乡融合发展

西北地区的大部分地区是牧区,牧区地域广大、人口少、大中城市少、小城镇相对较多,小城镇建设是牧区推进新型城镇化的主要内容,是实施乡村振兴战略、实现农牧业现代化、城乡一体化的重要抓手。

(八)强化与周边国家的生态保护合作机制建设

西北地区的生态问题直接涉及中国的邻国不丹、尼泊尔、印度、巴基斯坦、阿富汗、塔吉克斯坦、吉尔吉斯斯坦等周边国家。中国作为一个地区大国,以区域生态保护为主题与这些发展中国家加强多方面的国际合作,可以强化区域经济交往,通过建立区域环保组织或经济合作组织来强化与西北地区各城市之间的合作与交往,这些合作与交往必将促进西北地区城镇化质量的提升。

(九)加快西北地区区域生态经济圈建设

维护好西北地区良好的生态环境,既符合中国的利益,也符合周边地区各国的利益,而且也将惠及全球其他地区的利益。因此,确立超越西北地区局部利益的整体观,实施积极的区域政策,促进与西北地区毗邻各国合作的西北地区区域生态经济圈建设,有其现实的合作基础。

三、政策建议

第一,在立足生态保护的前提下,进一步强化大城市(城市群)的区域综合作用,适度扩大中等城市的规模和数量,完善小城镇的功能,强化小城镇的区域核心作用,推动城乡融合发展。

第二,城镇是人们生活居住的空间和精神家园,要把握新型城镇化的内在要求,把生态文明理念融入小城镇的规划之中,用科学态度、先进理念、专业素养巧用山水林田湖草,搞好小城镇规划,打通小城镇的山脉、水脉、人脉、文脉,让居民望得见山、看得见水、记得住乡愁。在城镇发展规划中,明确小城镇的类型及发展方式,定位布局,分类指导,完善小城镇发展规划和建设规划。

第三,破除制度障碍,加快统筹新型城镇化与乡村振兴的对接,畅通城乡生产要素的双向流动。发挥城镇化和乡村振兴的"双轮驱动"作用,统筹小城镇发展与产业支撑、人口集聚与宜居宜业,以分类指导、分层推进的方式,积极培植小城镇经济发展的增长极,打造特色城镇经济,推动实现产业功能、城镇功能、生态功能的融合发展。优化城镇空间结构和管理格局,增强城镇综合承载能力,推动城镇化健康发展。

第四,挖掘小城镇的特色文旅资源和特色自然资源,将具有一定条件的小城镇打造成生态旅游小城镇,以旅游小城镇为核心,带动乡村旅游业的发展,以旅游业带动城乡融合发展。

第五,坚持以人为本,围绕依靠人、服务人,寓管理于服务之中,在服务中管理、在管理中服务的理念,以管理和服务为重点,理顺小城镇的治理体系,完善管理和服务流程,提高区域治理效率,增强镇域活力。

第六,改革户籍管理制度,完善土地牧场流转制度和土地评估交易市场,促使更多的农牧区人口向宜居的小城镇转移,提高小城镇的人口总量和密度。

第七,完善社保体系,妥善解决好小城镇的失业、贫困及人口老龄化问题,确保社会安定祥和。

第八,合理规划生态移民与异地扶贫安置,实现与小城镇建设的有效对接。

第九,完善学前教育机构和中小学校的布局,提升小城镇的基础教育能力,提高人口素质。

第十,鼓励县级政府积极创造条件,促进符合条件的城关镇向小城市发展。

第十一,强化小城镇的基础设施建设,完善供排水、污水垃圾处理等设施,提高小城镇居民的生活质量。

第十二,完善文化设施建设,满足小城镇居民精神生活的需求,"以文化人",提升城镇内涵,建设和谐社会。

第十三,加强国际合作,努力发展地缘经济,提升西北地区区域城镇化的质量。

第十四,实施积极的区域政策,加快多国合作的西北地区区域生态经济圈建设。

第二节　西北地区小城镇发展的展望与愿景

一、西北地区发展小城镇的机遇与挑战

(一)西北地区发展小城镇的机遇

西北地区的城镇化率虽然滞后于全国的城镇化发展,但西北地区的小城镇也面临着良好的发展机遇。从政策方面来看,新一轮西部大开发、推进"一带一路"建设、生态文明建设、推进新型城镇化和城市群建设、乡村振兴战略的实施、对口援建等多重政策的叠加提供了重要机遇。从基础设施建设来看,兰—青、兰—新、青—藏、格—库铁路及众多州市县机场等的建设成为国家向西开放的重要通道,人流、物流、资金流、信息流将为城镇注入源源不断的发展动能,为西北地区的小城镇发展提供着物质层面的条件。从全国城镇化发展的趋势来看,目前我国城镇化率正处于从30%—70%的快速发展阶段,未来还有15—20个百分点的增长空间,"两横三纵"的城镇化战略格局正在加快构建,城镇发展重点将由东部向中西部加快推进,西北地区小城镇建设面临着后发优势。

(二)西北地区发展小城镇面临的挑战

展望未来,从小城镇发展面临的问题来看,未来西北地区小城镇的发展面临如下挑战:第一,地广人稀的自然环境条件和资源禀赋,构造了西北地区城镇体系中省府"一城独大"、中小城市少而弱、小城镇多而疏的城镇布局,如何合理调整城镇格局,构建适合西北地区经济社会发展的城镇体系是第一个挑战。第二,随着"新四化"进程的加快,人口从农牧区向小城镇和中心城市集聚、从重点生态功能区向东部地区流动的势头会有增无减,使小城镇发展面临着人口流出和减少的困境,而吸引和凝聚人口是小城镇的"短板"。如何确保小城镇的人口不流失而且能不断增加是小城镇发展的第二个挑战。第三,产业是城镇的基础和动力,城镇是产

业的载体和依托。城镇没有产业,就是个"空城",产业没有城镇做依托,就是个"孤岛"。小城镇如何实现以产兴城、以城聚产是小城镇发展的第三个挑战。第四,把城镇建设得更像城镇,把乡村建设得更像乡村,打造"城乡融合、生态宜居、特色互补、内涵提质"为一体的新型城镇化,势必要正确处理好城乡关系,小城镇能否带动乡村振兴,能否成为区域城乡一体化的核心力量,带动城乡一体化发展是小城镇发展面临的第四个挑战。第五,小城镇的规模和功能决定了小城镇面临的机遇是有限的,抓住机遇的能力也是有限的,能否把握并运用好机遇,是小城镇发展面临的第五个挑战。

二、西北地区小城镇发展的设想与愿景

(一)面对以上机遇与挑战的设想

面对机遇与挑战,未来西北地区小城镇发展要注意以下几点。其一,要确保人口的不断集聚,解决人口的增量问题。只有保持一定规模的人口集聚,小城镇才有发展的基础。人是城镇化发展的第一要素,人口向城镇的集聚只是城镇化的起步,要实现新型城镇化从量到质的转变,推动城镇高质量发展,必须大力推动人口市民化,以人口数量的增长带动空间规模和经济体量的增加,以提升人的综合素质来提升城镇的品质。新型城镇化是以人为本的城镇化,城镇是人们生活居住的空间和精神家园,城镇的发展要为人的自由全面发展提供条件。其二,要确立符合西北地区实际的新型城镇化发展战略,以生态保护和提升城镇化的质量为前提,构建符合区域实际的城镇体系。其三,要引导和促进农牧区的产业转型,通过完善土地草场流转的法律政策和市场机制,引导城镇的资金、技术、人才、企业家进入农牧业,推进农牧业现代化,提升农牧业的生产效率。其四,要在现有镇管村的行政体制下,明确小城镇的区域核心地位,构建以镇带乡的城乡发展模式,实现镇域范围内的城乡融合发展。其五,各级政府要在国家发展的大机遇中寻求小城镇发展的新机遇,要为小城镇的发展提供机会和条件,借助于国家政策的东风积极推进各类小城镇的发展。

（二）西北地区小城镇发展的愿景

党的十九大以来，以城市群为中心的区域城镇化协调发展战略和以"三农"问题为核心的乡村振兴战略，被提到空前的高度和更加重要的位置。城市群要解决的基本矛盾，是区域内大中小城市和小城镇发展日益突出的不协调不均衡问题，乡村振兴的一个主要目标是"建立健全城乡融合发展体制机制和政策体系"，而小城镇作为城市体系的最低层级，是农村牧区与城市交流联系的主要枢纽，建设好这个城乡枢纽，可以实现以城带乡，城乡共同发展，实现城乡一体化。

习近平总书记指出，"推进城镇化不是搞成城乡一律化"。① 小城镇的自然地理和气候条件决定了小城镇的地貌和传统空间格局，而小城镇独特的资源和文化传统则决定了小城镇独特的发展路径和产业构成。我们必须要把自然环境保护、人文活化传承和产业创新结合起来，作为特色小镇的重点"特色"，以此为支点，与产业规划、政府体制机制改革等结合起来，进而发展出一个个有实力、有内涵、有风格的特色小城镇来，以小城镇为依托，实现农牧业人口的就地、就近城镇化，进而推动乡村实现振兴。乡村振兴既是新型城镇化成功的重要标志，也是衡量我国城镇化是否成功的一个重要标志。破除制度障碍，加快统筹新型城镇化与乡村振兴的对接，发挥城镇化和乡村振兴的"双轮驱动"作用，实现城乡要素双向流动，促进城乡融合发展，将改变未来西北地区城镇的面貌和布局。

---

① 《习近平主持召开中央财经领导小组第九次会议李克强等出席》，中国政府网，见 http://www.gov.cn/xinwen/2015-02/10/content.2817442.htm。

参 考 文 献

1. 鲍世行、顾孟潮:《杰出科学家钱学森论城市学与山水城市、山水城市与建筑科学》,中国建筑工业出版社 1999 年版。

2. 本书编写组:《〈中共中央关于全面深化改革若干重大问题的决定〉辅导读本》,人民出版社 2013 年版。

3. 本书编写组编:《中国共产党第十八次全国代表大会文件汇编》,人民出版社 2012 年版。

4. 曹秀玲:《论小城镇化建设》,人民大学出版社 2002 年版。

5. 陈仲伯、沈道义:《小城镇带动区域经济发展战略研究——以湖南省为例》,《经济地理》1999 年第 6 期。

6. 陈修颖:《生态型城镇化:生态脆弱区城镇化道路的必然选择》,《衡阳师范学院学报(社会科学版)》2003 年第 8 期。

7. 陈月辉:《青海省农村牧区小城镇发展总体设想》,《青海科技》2001 年第 10 期。

8. 陈杰:《对玉树震后建设高原生态旅游城市的思考》,《生态经济》2010 年第 8 期。

9. 陈晓雨婧、冯舒芮、夏建新:《基于 P-S-R 模型的甘肃省生态安全评价》,《西安科技大学学报》2019 年第 1 期。

10. 陈艳、成卓:《西部小城镇的功能定位及其发展路径选择》,《北方经济》2008 年第 8 期。

11. 陈炎兵:《健全体制机制 推动城乡融合发展》,《中国经贸导刊》2019 年第 2 期。

12. 陈玲:《农地大规模流转中的利益博弈及困境分析》,《中共宁波市委党校学报》2019 年第 1 期。

13. 曹家宁:《"一带一路"与新型城镇化双重背景下西部地区新生代农民工就近城镇化探讨》,《西部学刊》2019 年第 4 期。

14. 常益飞:《新型城镇化发展道路研究——以甘肃为例》,《兰州大学学报》2010

年第 6 期。

15. 城市规划学刊编辑部:《小城镇之路在何方? ——新型城镇化背景下的小城镇发展学术笔谈会》,《城市规划学刊》2017 年第 2 期。

16. 蔡昉:《读懂中国经济——大国拐点与转型路径》,中信出版集团 2017 年版。

17. 丁生喜:《环青海湖少数民族地区特色城镇化研究》,中国经济出版社 2012 年版。

18. 杜明军:《区域城镇体系等级规模结构协调发展:判定方法与路径选择》,《区域经济评论》2013 年第 9 期。

19. 杜芳:《我国西北地区旅游业发展的路径研究——以内蒙古阿拉善盟为例》,《中共青岛市委党校 青岛行政学院学报》2016 年第 8 期。

20. 董祚继:《以空间治理转型提质促农村社会转型发展——江苏宿城创新城乡统筹土地管理的做法与启示》,《中国土地》2019 年第 1 期。

21. 定光莉:《习近平新时代中国特色社会主义思想的价值分析》,《重庆大学学报(社会科学版)》2018 年第 10 期。

22. 丁波:《费孝通小城镇建设思想与四川藏区甘孜州城镇化的比较——基于城镇化动力结构视角》,《华中师范大学研究生学报》2014 年第 3 期。

23. 戴正、闵文义:《对青藏高原牧区城镇化特殊性与政策取向的研究》,《中国藏学》2008 年第 1 期。

24. [美]D.盖尔·约翰逊:《经济发展中的农业、农村、农民问题》,商务印书馆 2005 年版。

25. 付晓冬:《中国城市化与可持续发展》,新华出版社 2005 年版。

26. 费孝通:《江村经济》,上海世纪出版集团、上海人民出版社 2007 年版。

27. 费孝通:《乡土中国》,北京时代华文书局 2018 年版。

28. 费孝通:《乡土重建》,中信出版集团 2019 年版。

29. 郭震洪、李云娥:《从增长极理论探讨中心经济城市在区域经济中的作用》,《山东社会科学》2006 年第 8 期。

30. 郭曰铎、张荣华:《论习近平总书记关于人民幸福重要论述的时代价值》,《青岛科技大学学报(社会科学版)》2019 年第 1 期。

31. 郭志仪、颜咏华:《西北地区城市化发展水平比较研究》,《人口与经济》2014 年第 1 期。

32. 高云虹:《中国改革以来的城市化战略演变及相关思考》,《当代财经》2009 年第 3 期。

33. 高珮义:《世界城市化的一般规律与中国的城市化》,《中国社会科学》1990 年第 5 期。

34. 侯波:《习近平论科技创新的丰富内涵与时代价值》,《思想理论教育导刊》

2019 年第 2 期。

35. 华生:《城市化转型与土地陷阱》,东方出版社 2013 年版。

36. 郝华勇:《湖北省特色小镇培育路径及对策研究》,《湖北社会科学》2018 年第 6 期。

37. 何苏明、蒋跃庭、赵华勤:《基于产业与文化的特色小镇风貌塑造——以〈浙江青田石雕小镇景观风貌规划〉为例》,《小城镇建设》2017 年第 6 期。

38. 黄肇义、杨东援:《测度生态可持续发展的生态痕迹分析方法》,《城市规划》2001 年第 11 期。

39. 黄肇义、杨东援:《国内外生态城市理论研究综述》,《城市规划》2001 年第 1 期。

40. 胡舒立主编:《新常态改变中国——首席经济学家谈大趋势》,民主与建设出版社 2014 年版。

41. 蒋红奇:《新型城镇化背景下苏北城乡空间结构优化问题研究》,《城市》2016 年第 3 期。

42. 姜安印、刘博:《"一带一路"背景下西北地区畜牧产业扶贫战略研究》,《贵州师范大学学报(社会科学版)》2016 年第 10 期。

43. 纪良刚、陈晓永等:《城市化与产业集互动发展研究》,冶金工业出版社 2005 年版。

44. 加滕弘之、吴柏均:《城市化与区域经济发展研究》,华东理工大学出版社 2011 年版。

45. 李志民、周宝同、张玫:《小城镇的特色发展探析》,《安徽农业科学》2006 年第 14 期。

46. 李志强:《特色小城镇空间重构与路径探索——以城乡"磁铁式"融合发展为视域》,《南通大学学报(社会科学版)》2019 年第 1 期。

47. 李捷:《习近平新时代中国特色社会主义思想对毛泽东思想的坚持、发展和创新》,《湘潭大学学报(哲学社会科学版)》2019 年第 1 期。

48. 李新市:《论习近平新时代战略机遇观》,《湖北省社会主义学院学报》2019 年第 2 期。

49. 李莹、何得桂:《贫困治理背景下贫困县(区)县域经济发展评价——以陕西省为例》,《特区经济》2019 年第 4 期。

50. 李建伟、刘科伟:《西北地区小城镇规划若干问题的探讨——以都兰县总体规划为例》,《开发研究》2010 年第 12 期。

51. 李崴:《我国城镇化进程中发展小城市的必要性探讨》,《中共四川省委党校学报》2015 年第 6 期。

52. 李霄冰:《桂林特色小镇培育模式和对策》,《中共桂林市委党校学报》2018 年第 3 期。

53. 刘权政：《新常态背景下市场如何实现资源配置决定权》，《河北青年管理干部学院学报》2019 年第 3 期。

54. 刘影、池泽新：《新型工农城乡关系：研究进展与述评》，《江西农业大学学报（社会科学版）》2013 年第 6 期。

55. 刘同德：《青藏高原区域可持续发展研究》，中国经济出版社 2010 年版。

56. 刘俊文：《县域经济发展与小城镇建设》，社会科学文献出版社 2005 年版。

57. 李培祥：《城市与区域相互作用的理论与实践》，经济管理出版社 2006 年版。

58. 李澜：《西部民族地区城镇化：理论透视·发展分析·模式构建》，民族出版社 2005 年版。

59. 林玲：《城市化与经济发展》，湖北人民出版社 1995 年版。

60. 洛桑·灵智多杰主编：《青藏高原环境与发展概论》，中国藏学出版社 1996 年版。

61. 厉以宁等：《中国新型城镇化概论》，中国工人出版社 2014 年版。

62. 练艺、傅琼：《习近平民本思想及其在基层治理中的应用》，《商丘职业技术学院学报》2017 年第 2 期。

63. 厉敏萍、尹佳：《试论我国农村城镇化与县域经济的协调发展》，《商业时代》2010 年第 10 期。

64. 陆继霞：《农村土地流转研究评述》，《中国农业大学学报（社会科学版）》2016 年第 12 期。

65. 蓝志勇、刘军：《中国西北地区城镇化的路径探讨》，《中国行政管理》2015 年第 5 期。

66. 林小洁、夏敏慧、林婕：《基于"点—轴系统"理论下环北部湾海洋旅游发展研究》，《海南师范大学学报（社会科学版）》2019 年第 2 期。

67. 罗震东、何鹤鸣：《全球城市区域中的小城镇发展特征与趋势研究——以长江三角洲为例》，《城市规划》2013 年第 1 期。

68. 马维胜：《青藏高原生态城市化模式释义》，《青海民族学院学报》2008 年第 4 期。

69. 马艳花：《青海少数民族地区精准扶贫问题的研究——以果洛藏族自治州为例》，《智富时代》2019 年第 2 期。

70. 马宏杰、常小莉：《论新时期西北少数民族地区小城镇的发展类型》，《甘肃科技》2008 年第 8 期。

71. 毛生武：《西北民族省区城镇化模式与制度创新》，经济出版社 2011 年版。

72. 马成俊、贾伟主编：《青海人口研究》，民族出版社 2008 年版。

73. 马玉英、马维胜：《青藏高原城市化模式研究》，北京大学出版社 2013 年版。

74. 宁越敏、杨传开:《新型城镇化背景下城市外来人口的社会融合》,《地理研究》2019 年第 1 期。

75. 倪鹏飞:《新型城镇化的基本模式、具体路径与推进对策》,《江海学刊》2013年第 1 期。

76. 潘海生、曹晓峰:《就地城镇化:浙江小城镇建设的调查》,《政策瞭望》2010 年第 9 期。

77. 潘振成、杨颐、朱斌:《关于青海省小城镇建设情况的调查报告》,《攀登》1996年第 10 期。

78. 彭震伟:《小城镇发展作用演变的回顾及展望》,《小城镇建设》2018 年第 9 期。

79. 彭震伟:《小城镇发展与实施乡村振兴战略》,《城乡规划》2018 年第 1 期。

80. 倪鹏飞等:《中国新型城市化道路——城乡"双赢":以成都为案例》,社会科学文献出版社 2007 年版。

81. 仇保兴:《新型城镇化带动西部大开发的几点思考——以南疆为例》,《城市规划》2010 年第 6 期。

82. 钱正武:《习近平农民主体观理路探析》,《长白学刊》2019 年第 1 期。

83. 齐立博:《乡村振兴战略下小城镇的"惑"与"道"——江苏省的实践与思考》,《小城镇建设》2019 年第 1 期。

84. 秦娟:《简析西北五省区城镇化》,《人口与经济》2005 年第 1 期。

85. 沈青基:《论基于生态文明的新型城镇化建设》,《城市规划学刊》2013 年第 1 期。

86. 单德启、赵之枫:《从芜湖市三山镇规划引发的思考——中部地区小城镇的规划探讨》,《城市规划》2002 年第 10 期。

87. 苏东海:《西部民族地区城市化进程中失地农民问题研究》,人民出版社 2012 年版。

88. 宋才发、黄伟:《民族地区城镇化建设及其法律保障研究》,中央民族大学出版社 2006 年版。

89. 童玉芬、李若雯:《中国西北地区的人口城市化及与生态环境的协调发展》,《北京联合大学学报(人文社会科学版)》2007 年第 3 期。

90. 童大焕:《中国城市的死于生——走出费孝通陷阱》,东方出版社 2014 年版。

91. 王慧军:《新型小城镇文化建设与人的城镇化问题探究》,《中共天津市委党校学报》2015 年第 4 期。

92. 朱启臻:《小城镇对农村人口缺乏吸引力的原因与对策》,《小城镇建设》2000 年第 10 期。

93. 王志章、孙晗霖:《西南地区新型特色小城镇建设的对策》,《经济纵横》2016

年第1期。

94. 王印传、王海乾、闫巧娜:《自组织与他组织对城镇发展的作用——基于三层分析的城镇发展研究》,《城市发展研究》2013年第4期。

95. 王新萍:《甘肃民族地区城镇化现状及战略》,《甘肃行政学院学报》2007年第11期。

96. 王亮、马林:《中国牧区可持续发展:模型推演、路径选择与对策建议》,《大连民族学院学报》2012年第7期。

97. 王斯莹、朱桂萍、李梅:《新型城镇化背景下的城乡教育一体化面临的挑战》,《理论观察》2018年第10期。

98. 王家庭、张换兆:《中国农村土地流转制度的变迁及制度创新》,《农村经济》2011年第3期。

99. 王连花:《习近平乡村振兴思想略论》,《湖南农业大学学报(社会科学版)》2019年第2期。

100. 王建忠:《内蒙古草原牧区小城镇发展问题研究》,《内蒙古农业大学学报(社会科学版)》2007年第2期。

101. 汪冬梅:《中国城市化问题研究》,中国经济出版社2005年版。

102. 王少农主编:《西部大开发》,天津社会科学院出版社2004年版。

103. 万美强:《山区小城镇最终规模控制法——以松滋市刘家场镇总体规划为例》,《中华建筑》2006年第9期。

104. 吴良镛:《城市地区理论与中国沿海城市密集地区发展研究》,中国城市规划学会2002年年会报告。

105. 吴志军:《谈小城镇的建设规划》,《中国城市经济》2004年第10期。

106. 谢元态:《试论加快小城镇建设的战略意义》,《西北人口》1998年第4期。

107. 肖金成、安树伟:《从区域非均衡发展到区域协调发展——中国区域发展40年》,《区域经济评论》2019年第1期。

108. 《习近平谈治国理政》,外文出版社2014年版。

109. 《之江新语》,浙江人民出版社2007年版。

110. 徐同文:《城乡一体化体制与对策研究》,人民出版社2011年版。

111. 许学强、周一星、宁越敏:《城市地理学》(第2版),高等教育出版社2009年版。

112. 许经勇:《论城镇化进程中的小城镇发展问题》,《长春市委党校学报》2011年第4期。

113. 许经勇:《我国城镇化体系中的小城镇建设问题》,《吉首大学学报(社会科学版)》2011年第1期。

114. 许经勇:《高度重视小城镇不可替代的特殊功能,《吉首大学学报(社会科学版)》2011 年第 4 期。

115. 杨超、陈玲:《以人为本视角下的小城镇规划思考》,《小城镇建设》2017 年第 11 期。

116. 于小明:《小城镇建设要注重特色》,《小城镇建设》2000 年第 4 期。

117. 杨超、陈玲:《以人为本视角下的小城镇规划思考》,《小城镇建设》2017 年第 11 期。

118. 尹小平:《发展小城镇:中国农村现代化的战略选择》,《中共宁波市委党校学报》2000 年第 7 期。

119. 游宏滔、王士兰、汤铭潭:《不同地区、类型小城镇发展的动力机制初探》,《小城镇建设》2008 年第 1 期。

120. 晏群:《小城镇概念辨析》,《规划师》2010 年第 8 期。

121. 奚国金、张家桢主编:《西部生态》,中共中央党校出版社 2001 年版。

122. 叶裕民:《中国城市化之路——经济支持与制度创新》,商务印书馆 2001 年版。

123. 易鹏:《中国新路——新型城镇化路径》,西南财经大学出版社 2014 年版。

124. 姚士谋、汤茂林等:《区域与城市发展论》,中国科学技术大学出版社 2009 年版。

125. 赵雪雁:《西北地区城市化与区域发展》,经济管理出版社 2005 年版。

126. 赵晖等:《说清小城镇》,中国建筑工业出版社 2017 年版。

127. 赵跃龙:《中国脆弱生态环境类型分布及其综合治理》,中国环境科学出版社 1999 年版。

128. 赵俊超:《城镇化改革的突破口》,中国人民大学出版社 2015 年版。

129. 张鸿雁:《城市化理论重构与城市化战略研究》,经济科学出版社 2012 年版。

130. 张宏岩:《青海省藏族地区经济与社会协调发展研究》,中央民族大学出版社 2010 年版。

131. 张维迎、林毅夫:《政府的边界》,民主与建设出版社 2017 年版。

132. 周一星:《中国的城市体系和区域倾斜战略探讨》,黑龙江人民出版社 1991 年版。

133. 中共中央宣传部编:《习近平总书记系列重要讲话读本》,学习出版社、人民出版社 2014 年版。

134. 中共中央宣传部编:《习近平总书记系列重要讲话读本》,学习出版社、人民出版社 2016 年版。

135. 赵文犀:《从刘—费—拉模型分析中国的二元经济历程》,《商场现代化》2011 年第 6 期。

136. 赵灵灵、汤方成:《小城镇发展中存在的土地利用问题分析——以江苏省射阳县东部乡镇为例》,《吉林农业》2013 年第 3 期。

137. 赵雪雁:《西北地区生态经济型城市化战略研究》,《开发研究》2005 年第 4 期。

138. 赵鹏军、吕迪:《中国小城镇镇区土地利用结构特征》,《地理学报》2019 年第 5 期。

139. 张鸿雁:《中国新型城镇化面临的十大难题及对策创新》,《探索与争鸣》2013 年第 11 期。

140. 张爱儒:《青海藏区重要生态功能区生态环境承载力研究——以三江源生态功能区为例》,《兰州大学学报(社会科学版)》2015 年第 3 期。

141. 张永利、阮文彪:《城镇化背景下的农村"空心化"问题》,《赤峰学院学报(汉文哲学社会科学版)》2012 年第 9 期。

142. 张立、白璐:《乡村振兴战略下的小城镇发展》,《建筑时报》2019 年第 1 期。

143. 宗海勇:《空间社会学视阈下城乡空间关系演进研究》,《南通大学学报(社会科学版)》2018 年第 11 期。

144. 章璇:《习近平对马克思主义城市思想的继承和发展》,《福建党史月刊》2019 年第 4 期。

145. 朱虹、吴楠:《人类命运共同体:马克思共同体思想在新时代的继承和发展》,《中共成都市委党校学报》2018 年第 12 期。

146. 朱艳芬:《西北地区发展旅游业现状及发展浅析》,《新疆师范大学学报(自然科学版)》2005 年第 9 期。

147. 朱东风:《江苏小城镇人口发展的时空分异》,《城市规划》2009 年第 12 期。

148. 朱普选:《青海历史文化的地域特色》,《西藏民族学院学报(哲学社会科学版)》2005 年第 5 期。

149. 郑永年:《未来三十年 2——新变局下的风险与机遇》,中信出版集团 2017 年版。

150. 赵曦、赵朋飞:《现代农业支撑下西部农村小城镇建设机制设计》,《经济与管理研究》2015 年第 7 期。

后　　记

　　中国的西北地区对很多人来说,是一个遥远的地方,是一个神秘的地方,是文人笔下"粗犷、雄浑、荒凉、广袤"的地方。在诗人的眼里,西北是一个"北风卷地百草折,胡天八月即飞雪"的地方;是一块有着"大漠孤烟直,长河落日圆"般大美景色的地方。王之涣的一句"黄河远上白云间,一片孤城万仞山",道出了大西北的遥远广袤,王昌龄的"青海长云暗雪山,孤城遥望玉门关",说尽了大西北的荒凉深邃;李贺的"大漠沙如雪,燕山月似钩",勾画出了一幅苍凉幽静的西北夜景。在歌者的心里,西北地区更是一块美妙的地方,王洛宾一首美妙无比的《在那遥远的地方》把大家带进了美丽的金银滩草原,挥动着牧羊鞭的卓玛姑娘带给了大家无尽的想象。作为一个从小读着这些诗词长大的,生于斯长于斯的西北人,对祖国的大西北有着特殊的感情,关注西北、感受西北、研究西北,是我工作生活的主要内容。随着国家西部大开发战略的实施,我专注于西北地区城镇化问题的研究已有二十余年。随着研究的课题越来越多,我走访调研了西北五省(自治区)的很多地方,感受了和诗人歌者眼中不一样的西北风情,感受了西北地区小城镇日新月异的发展变化。

　　以前西北地区的城镇实在是又少又小,一条街道两排房,车开得快一点,未及看清路旁的房子是什么样,就"呼"地过去了,更不要说看清楚人了。尤其在广袤的青藏高原、河西走廊和新疆地区,往往开车数小时,难得遇见一个城镇。昏昏沉沉坐了几个小时车程的旅人,遇到一个小城镇的时候往往昏沉的脑袋立马就清醒了,犹如长途跋涉的旅人遇到了驿站,一定要停车下去,徜徉其中感受一下遇到的"新大陆"。

　　国家实施西部大开发战略以来,"引得春风度玉关",城镇化加速发展,小城镇也发生了质的飞跃。路宽了、车多了、房高了,与外界的交流增多了,饭店、商店都开得有模有样了,虽然高楼后面还有许多待改造的农家小院和低矮的平房,但整体上俨然有了城市模样。现在大部分小城镇随着城镇化建设的步伐,建设得犹如小城市,只是不像城里那般热闹、喧哗,透着幽静与安详。

小城镇不同于大城市,这里可以让人真实地感受大自然的美妙,享受大自然的宁静。调研途中曾留宿在藏族同胞的家中,站在午夜的天空下,第一次感受了青海湖畔黑马河乡湛蓝深邃的夜空,人和天空可以如此的近,近得仿佛一迈步就能趟入星河,一伸手就可以摘到星星、摸到月亮。在黄河环绕的拉加镇,霏霏小雨中站在拉加寺前,面对着古老的寺院,时间停滞了,让人瞬间就进入了一种纯净安宁的世界;安静地走在街上的居民们和小雨中激烈的篮球赛,让人感受到了小城镇的静与动、活力与含蓄;漫步在门源万顷金色的油菜花海中,感受了人入画中、融入自然、流连忘返的乡村情怀;站在秋天祁连的卓尔山,遥看着远处高山上的皑皑白雪,感受到了天境祁连的美妙。

对比大城市的繁华与喧闹,小城镇的魅力在于她的宁静。进入工业革命以来,人类就逐渐远离了自然、远离了山清水秀的乡村,在城市的喧嚣中,难有时间仰望一下灿烂的星空,诗和远方成了城市人的奢望。当我们进入小城,进入了一种宁静的生活状态,在晨钟暮鼓、田园牧歌中与大自然融为一体的时候,蓦然回首,原来生活不是要远离大自然,而是要努力创造条件与大自然更好地拥抱,使人与自然相融合,进入一种更和谐的生活状态。正如习近平总书记所说的"高质量发展,就是能够很好满足人民日益增长的美好生活需要的发展"[1],我们要"永远把人民对美好生活的向往作为奋斗目标"。[2] 适度地放缓脚步,留点时间看看远方、看看周围的风景也许能让我们在前行的路上走得更稳、更惬意、更有诗意。

也许是年龄大了,厌烦了大城市的喧哗与灯红酒绿,每每进到小城镇

---

[1]　《习近平谈治国理政》第三卷,外文出版社 2020 年版,第 238 页。

[2]　习近平:《决胜全面建成小康社会　夺取新时代中国特色社会主义伟大胜利——在中国共产党第十九次全国代表大会上的报告》,人民出版社 2017 年版,第 1 页。

看着周边绵延起伏的群山、长满绿草的山谷、大片开阔的牧场农田，就会有一种融入自然的感觉。清新的微风拂面而过时就有了一种徜徉其中、回归自然、流连忘返的融入感。每当面对工作、生活感觉烦闷的时候就情不自禁地向往小城镇的晨钟暮鼓、绿水青山、万籁俱静和缓慢的时光。小城镇田园牧歌般的宁静与安详造就了我的小城镇情绪，于是就有了《中国西北地区小城镇问题研究》这本书。

此书在对西北地区小城镇发展状况进行简要介绍的基础上，着重对西北地区小城镇与县域经济、小城镇与旅游业发展、小城镇与人口问题、牧区小城镇发展的路径、模式与城乡融合发展等问题进行了研究。同时选择了部分典型小城镇进行了实证研究，为借小城镇发展推进城乡融合发展提供了可借鉴的范例。进而在习近平总书记关于新时代中国特色社会主义城镇化问题的一系列重要讲话精神的指导下，提出了西北地区要促进小城镇发展只能走以大城市为引领、中等城市为枢纽、小城镇为基础、城乡融合发展的城镇化之路的西北地区小城镇发展战略。以此来实现以大中城市辐射带动小城镇、以小城镇服务于广大农牧区，通过形成小城镇与农牧区建设相互促进机制，实现区域城乡融合发展，进而实现西北地区的全面发展的目标。由于篇幅有限，没有对西北地区小城镇发展更深层次的形成及运行机制等问题展开深入研究，甚为遗憾。希望看到此书并有志于西北地区小城镇问题研究的学者和对此问题有兴趣的读者能与我进行探讨、切磋，以聚集更多人的智慧和力量为西北地区的发展尽绵薄之力。

此书的完成和出版得到了众多州县市及小城镇政府部门和专家学者的大力支持，得到了青海师范大学出版基金的资助，特别是得到了人民出版社郑海燕主任的大力支持，他们提供的资料和建议为本书的调研与写作给予了极大的帮助，在此深表谢意！

许光中

2020 年 11 月 21 日

策划编辑：郑海燕

封面设计：姚　菲

责任校对：周晓东

图书在版编目（CIP）数据

中国西北地区小城镇发展问题研究/许光中 著. —北京:人民出版社，
　2021.6

ISBN 978－7－01－023337－6

Ⅰ.①中…　Ⅱ.①许…　Ⅲ.①小城镇-城市建设-研究-西北地区
Ⅳ.①F299.274

中国版本图书馆 CIP 数据核字（2021）第 065220 号

中国西北地区小城镇发展问题研究

ZHONGGUO XIBEI DIQU XIAOCHENGZHEN FAZHAN WENTI YANJIU

许光中　著

人民出版社 出版发行
（100706　北京市东城区隆福寺街 99 号）

中煤（北京）印务有限公司印刷　新华书店经销

2021 年 6 月第 1 版　2021 年 6 月北京第 1 次印刷
开本:710 毫米×1000 毫米 1/16　印张:20.5
字数:286 千字

ISBN 978－7－01－023337－6　定价:102.00 元

邮购地址 100706　北京市东城区隆福寺街 99 号
人民东方图书销售中心　电话 （010）65250042　65289539